Weiterbildungsmanagement in der Praxis: Psychologie des Lernens

D1674284

Urs Blum · Jürg Gabathuler · Sandra Bajus
Hrsg.

Weiterbildungs-management in der Praxis: Psychologie des Lernens

Geleitwort von Christoph Negri

 Springer

Hrsg.
Urs Blum
IAP Institut für Angewandte Psychologie,
Co-Leitung Zentrum für Human Resources,
Development & Sportpsychologie,
ZHAW Zürcher Hochschule für
Angewandte Wissenschaften,
Zürich, Schweiz

Sandra Bajus
IAP Institut für Angewandte Psychologie,
Zentrum Leadership, Coaching & Change
Management, ZHAW Zürcher Hochschule
für Angewandte Wissenschaften,
Zürich, Schweiz

Jürg Gabathuler
IAP Institut für Angewandte Psychologie,
Zentrum Human Resources, Development &
Sportpsychologie, ZHAW Zürcher Hochschule
für Angewandte Wissenschaften,
Zürich, Schweiz

ISBN 978-3-662-62630-6   ISBN 978-3-662-62631-3   (eBook)
https://doi.org/10.1007/978-3-662-62631-3

Die Deutsche Nationalbibliothek verzeichnet diese Publikation in der Deutschen Nationalbibliografie;
detaillierte bibliografische Daten sind im Internet über http://dnb.d-nb.de abrufbar.

Springer

Springer ist ein Imprint der eingetragenen Gesellschaft Springer-Verlag GmbH, DE und ist ein Teil von
Springer Nature.
Die Anschrift der Gesellschaft ist: Heidelberger Platz 3, 14197 Berlin, Germany

Geleitwort

Betriebliche Bildung, Bildungsmanagement und Personalentwicklung sind wie alle Branchen und alle Fach- und Führungskräfte in einem stetigen Wandel und gerade in der heutigen Zeit mit vielen neuen Herausforderungen konfrontiert. Wie kann Lernen in Organisationen nachhaltig und wirkungsvoll gestaltet werden und wie kann die betriebliche Bildung und Personalentwicklung einen relevanten Anteil für den Unternehmenserfolg und gleichzeitig auch für die individuelle Entwicklung der Mitarbeitenden leisten? Mit diesen Fragestellungen beschäftigt sich das IAP seit nahezu 100 Jahren, und seit über 40 Jahren bietet das IAP Weiterbildungen zu Methodik/Didaktik und Bildungsmanagement an und berät viele Organisation bei der Entwicklung und Gestaltung von Lernprozessen.

Das IAP setzt sich zum Ziel, die Entwicklung von Unternehmen zu fördern und Fach- und Führungskräfte sowie Teams bei der Erreichung ihrer Ziele zu unterstützen. Dabei geht es uns immer auch um die Entwicklung der einzelnen Menschen und die Wirksamkeit ihrer Zusammenarbeit. Denn Führungskräfte und Mitarbeitende sind die treibende Kraft eines erfolgreichen Unternehmens. Gerade da spielen Bildungsfachleute und Personalentwickler/innen eine wesentliche Rolle und können mit lernpsychologisch begründeten, adressatenorientierten, zeitgemäßen und auf den eigentlichen Bedarf ausgerichteten Konzepten und Angeboten sowohl das Individuum wie auch die Organisation nachhaltig unterstützen.

In meiner Rolle als langjähriger Leiter des MAS-Ausbildungsmanagements, als Bildungsmanager sowie als Begleiter und Berater vieler Organisationen bei der Entwicklung von neuen Bildungskonzepten für einzelne Angebote, für ganze Organisationseinheiten wie auch für Unternehmen durfte ich immer wieder das Zusammenspiel zwischen theoretischen Grundlagen und Anwendung mitgestalten und mitprägen. Ich durfte von den Teilnehmenden und den verschiedenen Kunden viel lernen und ihnen auch viel mitgeben. Dieses Wechselspiel ist uns am IAP ein großes Anliegen. Wir betrachten die Fragestellungen unserer Kund/innen ganzheitlich und beziehen all ihre Wirkungsfelder ein. So kann eine nachhaltige und wirkungsvolle Entwicklung entstehen. Ich bin überzeugt, dass wir Bildungsmanager/innen und Personalentwickler/innen mit dieser Grundhaltung heute wie auch in Zukunft eine Schlüsselrolle in jeder Art von Organisationen einnehmen können.

Das vorliegende Buch beschäftigt sich mit den aktuellen und relevanten Herausforderungen von Lernen im betrieblichen Kontext. In den vielfältigen Beiträgen werden die aktuellen und wichtigen Themen aufgegriffen und in Verknüpfung von Wissenschaft und Praxis diskutiert.

Gleichzeitig führt das Buch die lange Tradition des IAP weiter, sich aus psychologischer Perspektive und wissenschaftsbasiert sowie praxisnah mit Fragestellungen des betrieblichen Lernens zu beschäftigen, Weiterbildungsangebote zu entwickeln, Unternehmen dazu zu beraten und immer wieder auch zu Teilaspekten wie z. B. die Gestaltung von nachhaltigem und wirkungsvollem Lernen zu beforschen sowie darüber zu schreiben. In dem Sinn sind das vorliegende Buch und die zwei weiteren geplanten Bänder eine kontinuierliche Weiterentwicklung des 2010 erschienen Buches „Angewandte Psychologie für die Personalentwicklung". Als Herausgeber dieses Buches freut es mich besonders, dass ich nun das Geleitwort schreiben darf und dass meine Kollegin Sandra Bajus und meine Kollegen Urs Blum und Jürg Gabathuler die drei Nachfolgebänder herausgeben und wir hier nun den ersten Band lesen können. Es freut mich auch sehr, dass Fachpersonen mit langjährigen Erfahrungen in der betrieblichen Bildung, Personalentwicklung sowie der arbeits- und organisations-psychologischen Forschung als Autor/innen mitgewirkt haben, die mehrheitlich auch durch eine Dozierenden- und/oder Beratungsfunktion mit dem IAP in Zürich verbunden sind.

Ganz im Sinne von Psychologie hilft und Psychologie in vielen täglichen Arbeits- und Lebenssituationen nutzen zu können, leistet dieses Buch wertvolle Beiträge dazu. Das lernpsychologische Wissen wird damit für die Praxis für uns Learning- und-Development-Verantwortliche und für alle an diesen Themen interessierten Führungskräfte greifbar und anwendbar. Betriebliches Lernen wird wieder zunehmend in den Arbeitsalltag integriert, und informelles Lernen gewinnt weiterhin an Bedeutung. Dabei findet die Wissensaneignung vermehrt über digitalisierte Lernangebote satt. Lernen soll jederzeit und individuell sein und zudem die interne Vernetzung fördern. Neben der Bereitstellung von digitalen Lernerfahrungen dürfen aber die Urformen und der Urantrieb des menschlichen Lernens, wie die Aktivierung von Emotionen, nicht vernachlässigt werden. Lernen setzt sich also auch in Zukunft aus den vier Urformen „Arbeit", „Gespräch", „Feier" und „Spiel" zusammen. Dazu brauchen wir auch inspirierende Lernräume, die möglichst viele Bedürfnisse der unterschiedlichen Lerntypen und Lernsituationen aufnehmen können. Zu diesen aktuellen Entwicklungen und Fragen ist im vorliegenden Herausgeberband eine Vielfalt an Anregungen zusammengefasst, die allen Leserinnen und Lesern die Möglichkeit bietet, sich kritisch mit Trends und Praxishinweisen auseinanderzusetzen und eine begründbare, fundierte Vorgehensweise zu wählen.

Ich danke allen mitwirkenden Autorinnen und Autoren für die fachlich fundierte und engagierte Mitarbeit, dem IAP Herausgeberteam Sandra Bajus, Urs Blum und Jürg Gabathuler für die tolle aktuelle inhaltliche Gestaltung und dem Springer-Verlag für die Unterstützung bei der Entwicklung und Publikation dieses Buches sowie für die langjährige sehr wertvolle und konstruktive Zusammenarbeit.

Nun wünsche ich allen Leserinnen und Lesern eine inspirierende und interessante Lektüre!

Christoph Negri

Oktober 2020

Prof. Dr. Christoph Negri

Leiter des Instituts für Angewandte Psychologie IAP der Zürcher Hochschule für Angewandte Wissenschaften ZHAW

Vorwort

Die Aus- und Weiterbildungsbranche befindet sich analog zur gesamten Arbeitswelt in Zeiten des Umbruchs. Veränderungen zeigen sich sowohl auf der Ebene der externen wie internen Anbieter als auch in der veränderten Rolle von Fachpersonen und dem Stellenwert von digitalen und informellen Lernformen. Die Reihe „Weiterbildungsmanagement in der Praxis" hat zum Ziel, den Akteuren der Aus- und Weiterbildung Kompetenzen zu vermitteln, um diese Veränderungen aktiv gestalten zu können.

Die Reihe steht in der über 35-jährigen Geschichte der Weiterbildung von Fachleuten aus der beruflichen Bildung am Institut für Angewandte Psychologie IAP der Zürcher Hochschule für Angewandte Wissenschaften ZHAW. Aufbauend auf dem 2010 erschienenen Buch „Angewandte Psychologie für die Personalentwicklung" umfasst die Reihe drei Bände, die sich an Anwenderinnen und Anwender richten. Der Fokus liegt dabei sowohl auf dem Vermitteln von Fachwissen als auch auf dem Transfer in das persönliche Anwendungsfeld. Neben Theorie und Empirie umfassen die einzelnen Kapitel Beispiele, Leitfragen, Checklisten und Anwendungsmöglichkeiten.

Im 1. Band „Psychologie des Lernens" steht der Lernprozess mit all seinen Facetten im Zentrum. Der 2. Band „Bildungsangebote entwickeln" befasst sich mit der konzeptionellen Gestaltung von Lernangeboten von der Entwicklung bis zur Evaluation. Der 3. Band „strategische Personalentwicklung" schließlich hat das Potenzial von Aus- und Weiterbildung zur Kompetenzentwicklung in der Arbeitswelt 4.0 zum Thema.

Der vorliegende Band mit dem Titel „Psychologie des Lernens" befasst sich mit den psychologischen Aspekten von Lernprozessen. Zum einen geht es dabei um lernpsychologische Grundlagen und neurowissenschaftliche Aspekte des Lernens. Weiter werden Ansätze zur Gestaltung des Lernprozesses durch didaktische Reduktion und digitale Lernformen beschrieben. Weitere Themen sind der Umgang mit Widerständen in Gruppen sowie die Beratung von Anspruchsgruppen anhand des Ansatzes der lösungsorientierten Beratung. Schließlich werden Potenziale von informellen Lernprozessen sowie Aspekte des lebenslangen Lernens beleuchtet.

Wir hoffen, dass wir Sie mit diesem Buch unterstützen können, Ihre persönlichen Kompetenzen zu erweitern, um in Ihrer Rolle Erfolg und Zufriedenheit zu erfahren.

Unser Dank gilt den Autorinnen und Autoren, die mit ihrer Expertise dieses Buch erst möglich gemacht haben. Dank gebührt auch unseren Kundinnen und Kunden, die durch ihr Engagement und ihre Erfahrung in der Weiterbildung und der Beratung das Themengebiet weiterbringen und wesentlich zu unserem Lernprozess beitragen. Zudem möchten wir uns beim Institut für Angewandte Psychologie IAP, speziell bei

Prof. Dr. Christoph Negri für die fachliche und materielle Unterstützung bedanken. Weiterer Dank gilt Frau Marion M. Krämer und Frau Anja-Raphaela Herzer vom Springer Verlag für die Betreuung der Publikation. Schließlich möchten wir Claudia Helen Moser für die Unterstützung in der Umsetzung des Buches danken.

Urs Blum

Jürg Gabathuler

Sandra Bajus
Zürich, Schweiz
September 2020

Inhaltsverzeichnis

1 **Neurowissenschaftliche Grundlagen von Lernen und Gedächtnis** 1
   Silvia Maier und Rafael Huber

1.1 Neurowissenschaftliche Grundlagen von Lernen und Gedächtnis 2
1.2 Kognitive Neurowissenschaften: Worum geht es hier eigentlich? 3
1.3 Generelle Funktionsprinzipien und Aufbau des Gehirns und Nervensystems 4
1.4 Was ist Lernen und Gedächtnis? 8
1.5 Formbarkeit des Gehirns 10
1.6 Was lernen wir daraus für die Praxis? 12
   Literatur 13

2 **Das Konzept des lebenslangen Lernens** 17
   Erich Schäfer

2.1 Die Idee des lebenslangen Lernens 18
2.2 Die anthropologischen Grundbedürfnisse lebenslangen Lernens 22
2.3 Der archimedische Punkt lebenslangen Lernens 24
2.4 Das Lehren und Lernen gestalten 27
2.5 Die Hochschule als Ort lebenslangen Lernens 29
2.6 Neues Lernen in der VUKA-Welt 32
2.7 Die Bedeutung der Reflexion für das lebenslange Lernen 38
   Literatur... 41

3 **Leben heißt lernen: Nutzen von informellen Lernprozessen**.............. 47
   Urs Blum

3.1 Informelle Lernprozesse 48
3.1.1 Hintergrund und Abgrenzung 48
3.1.2 Informelles Lernen als Modell 50
3.2 Informelle Lernprozesse nutzen 52
3.2.1 Potenziale und Herausforderungen von formellem und informellem Lernen 52
3.2.2 Integration von formellen und informellen Lernprozessen 54
3.3 Die Zukunft des informellen Lernens 59
3.3.1 Informelles Lernen in der Arbeitswelt 4.0 59
3.3.2 Kommende Herausforderungen 60
   Literatur... 62

4 **Die „digitale Transformation" verändert die Art und Weise,
   wie Menschen lernen. Dozierende müssen Inhalte didaktisch
   reduzieren und Komplexität vereinfachen.**............................. 65
   Wüest Yvo

4.1 Die Klärung des Vorwissens erleichtert die Planung 67
4.2 Binnendifferenzierung ist gefragt: Wer hat wann welchen Lernbedarf? 68
4.3 Persönliche Standortbestimmung zum Thema „didaktische Reduktion" 70

4.4	**Didaktische Reduktion mit der 3-Z-Formel**	70
4.5	**Der Stofffülle begegnen und Inhalte auswählen**	73
4.5.1	Checkliste für die Auswahl von Inhalten mit der 4-Schritt-Methode	73
4.5.2	Kernbotschaften herausarbeiten	75
4.5.3	Aufgabe: Kernbotschaften herausarbeiten	77
4.5.4	Checkliste zur Reduktion von Komplexität mit einer sinnvollen Struktur	77
	Literatur	80

5	**Effektivität von digitalem Lernen, Gelingensbedingungen und Trends**	**83**
	Hartwagner Fabia	
5.1	**Einführung**	85
5.2	**Effektivität von mediengestütztem Lernen**	85
5.2.1	Effektivität von Flipped Classroom-Settings	86
5.2.2	Effektivität weiteren Medien und Formaten	87
5.2.3	Qualität der Lernaktivitäten	89
5.2.4	Lernen durch Lehren	90
5.3	**Die Rolle von Lehrenden, Lernenden, Führungspersonen und Content**	92
5.3.1	Führungspersonen	92
5.3.2	Lehrende	93
5.3.3	Lernende und Mitarbeitende	94
5.3.4	Content	94
5.4	**Systeme**	96
5.5	**Trends**	98
5.5.1	Artificial Intelligence (AI)	98
5.5.2	Learning Analytics (LA) und Educational Data Mining (EDM)	102
5.6	**Nützliche Links zum Thema**	103
5.7	**Wiederkehrende Veranstaltungen in der DACH-Region**	105
5.8	**Kurz & knapp (Glossar)**	106
	Literatur	109

6	**Widerstand in Lehr- und Lernsituationen**	**111**
	Milesi Rita	
6.1	**Definitionen von Widerstand**	112
6.2	**Ursachen von Widerständen**	115
6.2.1	Psychosoziale Vorstruktur	115
6.2.2	Befürchtungen	115
6.2.3	Bevorzugte Lernformen	116
6.2.4	Unterschiedliche Lernstile	116
6.2.5	Unfreiwilligkeit	116
6.3	**Gruppenentwicklung und Widerstand**	117
6.3.1	Orientierungsphase	117
6.3.2	Positionskampf und Rolle	118
6.3.3	Vertrautheit, Intimität und Differenzierung	119
6.3.4	Trennung und Ablösung	119
6.4	**Beispiele aus der Praxis**	119

6.5	**Modelle und hilfreiche Prinzipien**	120
6.5.1	TZI	120
6.5.2	Die vier Seiten einer Nachricht (Friedemann Schulz von Thun)	123
6.5.3	Didaktische Überlegungen	124
6.6	**Widerstand als Zeigerpflanze**	126
6.7	**Hilfreiches in Kürze**	127
	Literatur	129

7	**Lösungsorientierte Beratung in der Ausbildungstätigkeit**	131

Elisa Streuli und Urs Blum

7.1	**Einleitung: Die Rolle der Beratung in der Ausbildung**	132
7.1.1	Kompetenzen der Ausbildenden	133
7.1.2	Beratung im Lernkontext	133
7.2	**Der Beratungsbegriff**	134
7.2.1	Formen der Beratung: Fach- und Expertenberatung	135
7.2.2	Abgrenzung zu verwandten Begriffen	140
7.3	**Lösungsorientierte Beratung**	142
7.3.1	Methoden und Werkzeuge	144
7.3.2	Fünf Schritte des lösungsorientierten Kurzzeitcoachings	147
7.4	**Integration von lösungsorientierter Beratung (Prozessberatungsmodell) und Fachberatung (Expertenmodell)**	148
7.4.1	Beratungsmodell in 7 Schritten	150
7.5	**Möglichkeiten und Grenzen der lösungsorientierten Beratung in der Ausbildung**	151
	Literatur	158

8	**Lern- und Lehrpsychologie, Bedeutung für die betriebliche Weiterbildung und Auswirkungen auf eine moderne betriebliche Bildung/Personalentwicklung**	159

Gabathuler Jürg und Bajus Sandra

8.1	**Wie lernen Menschen?**	161
8.1.1	Das Lernen durch Verstärkung/Konditionierungslernen	162
8.1.2	Lernen am Modell	163
8.1.3	Lernen durch Einsicht	164
8.1.4	Lernen und Konstruktivismus	165
8.2	**Lehre in der beruflichen Bildung – oder wie sind effektive Lernumgebungen zu gestalten**	167
8.2.1	Was hat Lehre mit Lernen zu tun	167
8.2.2	Theoretische Ansätze des Lehrens	168
8.2.3	Lerntheoretischer Ansatz	169
8.2.4	Curriculumtheoretischer Ansatz	169
8.2.5	Konstruktivistischer Ansatz	169
8.2.6	Problemorientierter Ansatz	170
8.3	**Prinzipien des Lehrens**	170
8.3.1	Zielgruppen- und Teilnehmendenorientierung	171
8.3.2	Anwendungsbezug	171

8.3.3	Perspektivenverschränkung	171
8.3.4	Selbstreflexion	171
8.3.5	Erlebnisqualität	172
8.3.6	Konstruktivistische Gestaltungsprinzipen	172
8.4	**Effektive Gestaltung von Lernumgebungen**	174
8.4.1	Wichtige Erkenntnisse aus der Lern- und Lehrpsychologie für in der betrieblichen Bildung tätige Personen	174
8.5	**Wann ist meine Weiterbildungsabteilung fit für die Zukunft?**	175
8.5.1	Welche Handlungsfelder ergeben sich daraus für eine moderne Personalentwicklung?	177
8.6	**Veränderte Rollen für eine moderne Personalentwicklung**	181
	Literatur	183

Serviceteil
Stichwortverzeichnis	187

Autorenverzeichnis

Sandra Bajus

Am Institut für Angewandte Psychologie IAP der Züricher Hochschule für Angewandte Wissenschaften ZHAW als Dozentin und Beraterin im Bereich betriebliche Bildung tätig. Davor Tätigkeiten als Personal- und Organisationsentwicklerin an einer Hochschule, als Learning & Development Specialist in einem globalen Finanzdienstleistungsunternehmen und als Sportlehrerin an verschiedenen Kantonsschulen. Studium der Arbeits- und Organisationspsychologie an der Universität Zürich sowie Abschluss des eidg. dipl. Turn- und Sportlehrerdiploms II an der ETH Zürich.

Urs Blum

Arbeit an der Schnittstelle Mensch und Organisation als Pflegefachmann in interdisziplinären Teams im Gesundheitswesen. Berufsbegleitendes Studium in Arbeits- und Organisationspsychologie an der Universität Zürich. Operative Tätigkeit als HR Business Partner in der Industrie. Langjährige Erfahrung als Unternehmensberater im Themenfeld Arbeit und Gesundheit, mit Fokus auf die Umsetzung von Initiativen der betrieblichen Gesundheit. Am Institut für Angewandte Psychologie IAP der Zürcher Hochschule für Angewandte Wissenschaften ZHAW als Dozent und Berater im Bereich Ausbildungsmanagement, Organisationsberatung und Selbstmanagement tätig. Studienleiter des DAS Ausbilder/in Organisationen und Co-Leiter des Zentrums für Human Resources, Development und Sportpsychologie.

Jürg Gabathuler

Studium der Psychologie, Psychopathologie und Betriebswirtschaftslehre an der Universität Zürich.

Langjährige Erfahrung als Leiter Personalentwicklung im Bereich Finanzdienstleistungen, stellvertretender Leiter HR und Leiter Personalentwicklung in der Telekommunikationsbranche.

Zertifizierter Trainer für das Process Communication Model (PCM) in München und Wien, diverse Weiterbildungen im Bereich Assessment und Development.

Seit 2017 Studienleiter für das MAS Ausbildungsmanagement, Dozent und Berater am IAP der Zürcher Hochschule für Angewandte Wissenschaften im Bereich Human Resources, Development & Sportpsychologie.

Interessensschwerpunkte: Lernen und Verhaltensveränderung, Wirksamkeit und Transfer in der betrieblichen Bildung sowie agile Personalentwicklung und Führung in der Zukunft.

Fabia Hartwagner

Lizentiatsstudium in Romanistik und Germanistik an den Universitäten Bern, Fribourg, Neuchâtel und Göttingen inkl. Diplom für Höheres Lehramt. Langjährige Erfahrung als Gymnasial- und Praktikumslehrkraft sowie Fachvorstand Französisch am Gymnasium Bern-Neufeld.

Berufsbegleitende Weiterbildung im Bereich E-Learning mit Master of Advanced Studies in Educational Technologies und diversen Zertifikaten in Grafik-, Multimediadesign und Technik.

Seit 2012 wissenschaftliche Tätigkeit im Bereich digitales Lehren und Lernen im bildungspolitischen Kontext an der Schnittstelle ICT und Bildung (educa.ch) sowie Gastdozentin an der PHBern in der Gymnasiallehrerausbildung.

Ab 2014, firmenweite Einführung von digitalem Lernen, Konzeption und Produktion von E-Learnings in der Telekommunikationsbranche sowie Koautorin und Herausgeberin des 2015 im hep-Verlag erschienenen Titels „Digitale Lehr- und Lern begleiter".

Ab 2017 Leiterin Digitales Lernen & LMS in der Versicherungsbranche und seit 2018 Gastdozentin an der ZHAW. Seit 2019 Leiterin Learning Solutions & IT und Mitglied der Geschäftsleitung in der Versicherungsbranche sowie nebenberufliche Gründung und Aufbau der learn&rise GmbH mit Beratung und Dienstleistungen im Bereich Lerndesign und digitales Lehren und Lernen.

Rafael Huber

Rafael Huber ist promovierter Psychologe und Neurowissenschaftler und arbeitete mehrere Jahre in der Forschung. Dort beschäftigte er sich mit der Frage, wie das menschliche Gehirn ökonomische Entscheidungen unter Unsicherheit verarbeitet. Von 2016 bis 2019 war als wissenschaftlicher Mitarbeiter und später als Dozent und Berater am IAP Institut für Angewandte Psychologie an der Zürcher Hochschule für angewandte Wissenschaften tätig. Bevor und nach seiner Zeit am IAP fungiert(e) er als Unternehmensberater und unterstützt(e) Organisationen, Teams und Individuen aus verschiedenen Branchen. Sein Arbeits- und Interessensschwerpunkt liegt heute im Bereich der Führungskräfte-, Personal- und Organisationsentwicklung, insbesondere bei Organisationen auf dem Weg in Richtung mehr Agilität. Seit 2020 tut er dies mit der Einzelfirma Dr. Rafael Huber | Organizational Development auch unter eigenem Namen.

Silvia Maier

Dr. Silvia Maier hat in Neuroökonomik an der Universität Zürich promoviert und forscht am Zurich Center for Neuroeconomics (Universität Zürich) und der Translational Neuromodeling Unit (Universität Zürich & ETH Zürich). Sie untersucht die neuronalen Grundlagen der menschlichen Selbststeuerungs- und Lernfähigkeit. Mithilfe der funktionellen Magnetresonanztomographie, Hirnstimulation und mathematischer Modellierung erforscht sie, welche Mechanismen im Gehirn Menschen ihre Ziele erreichen lassen und es ihnen erlauben, sich bei Bedarf flexibel auf neue Anforderungen einzustellen. Ein weiterer Schwerpunkt ihrer Arbeit als Mitglied der Jungen Akademie Schweiz (2020–2025) widmet sich der Frage, wie für komplexe Fragestellungen gute Entscheidungen getroffen und von öffentlichen Organisationen umgesetzt werden können. Zuvor studierte sie Philosophy & Economics (Bachelor, Universität Bayreuth) und Cognitive Science (Master, Universität Wien & Eötvös Lorand Universität Budapest).

Rita Milesi

Dipl. Erwachsenenbildnerin HF, Organisationsberaterin und ausbildungsberechtigte Trainerin für Gruppendynamik DGGO.

Langjährige Tätigkeit als Ausbilderin und Beraterin bei Swissair. Seit 1991 selbstständig tätig in den Bereichen Ausbildung für Ausbildende, Beratung, Einzel- und Teamsupervision. Schwerpunkt heute sind die Leitung von gruppendynamischen Trainings und die Ausbildung von Gruppendynamikern.

Erich Schäfer

Prof. Dr. Phil., Dipl. Soz. Erich Schäfer ist Professor für Methoden der Erwachsenenbildung am Fachbereich Sozialwesen der Ernst-Abbe-Hochschule Jena. Er lehrt und forscht in den Fächern kulturelle Kommunikation, Medienpädagogik, außerschulische Jugend- und Erwachsenenbildung, wissenschaftliche Weiterbildung, Führung, Coaching und Organisationsentwicklung. Erich Schäfer ist Studiengangsleiter des berufsbegleitenden Masterstudienganges „Coaching und Führung" sowie Coach, Lehrcoach (DGfC) und Organisationsberater. Als Vorsitzender des Instituts für Weiterbildung, Beratung und Planung im sozialen Bereich testiert er anerkannte Einrichtungen der Erwachsenenbildung und Bürgermedien. Erich Schäfer ist Mitglied in verschiedenen Fachgesellschaften und Gremien, u. a. im Landeskuratorium für Erwachsenenbildung des Freistaats Thüringen und im Pädagogischen Ausschuss des Thüringer Volkshochschulverbandes e. V. sowie der Deutschen Gesellschaft für wissenschaftliche Weiterbildung und Fernstudium e. V. Er ist geschäftsführender Herausgeber der Zeitschrift für Sozialmanagement. Neben zahlreichen Artikeln sind von ihm in den letzten Jahren u. a. Bücher zum lebenslangen Lernen, zum Coaching als Führungskompetenz und zur Intervision erschienen.

Elisa Streuli

Studium der Soziologie, Volkswirtschaftslehre und Sprachwissenschaft an den Universitäten Basel und Zürich. Diverse leitende und mitarbeitende Funktionen in Klein- und Großunternehmen und in der öffentlichen Verwaltung. Professorin an der Fachhochschule Nordwestschweiz (FHNW) und Lehrbeauftragte an der Universität Basel. Seit 2012 am Institut für Angewandte Psychologie (IAP) der Zürcher Hochschule für Angewandte Wissenschaften (ZHAW) als Dozentin und Beraterin im Bereich Leadership, Coaching und Konfliktberatung. Diverse Publikationen (u. a. zu Reichtum in der Schweiz, Verschuldung junger Erwachsener, Führungskarrieren: „Mit Biss und Bravour – Lebenswege von Topmanagerinnen").

Wüest Yvo

Wüest Yvo ist vom Hintergrund her Übersetzer und Dolmetscher. Mehrere Jahre arbeitete er in der internationalen Zusammenarbeit mit dem Schwerpunkt Karibik und Lateinamerika. Er verfügt über langjährige Erfahrung in der Erwachsenenbildung auf der Stufe Dozent, Studienleiter und Schulleiter. Sein Spezialgebiet ist die didaktische Reduktion. Er ist Autor von „Auf den Punkt – Didaktisch reduziert lehren und präsentieren" (2017) und Koautor von „Competence-Oriented Teaching and Learning in Higher Education – Essentials" (2018). Als Trainer für Reduktion und Transkulturelle Kompetenz ist er in der Schweiz und international unterwegs.

Neurowissenschaftliche Grundlagen von Lernen und Gedächtnis

Silvia Maier und Rafael Huber

Inhaltsverzeichnis

1.1   Neurowissenschaftliche Grundlagen von Lernen und Gedächtnis – 2

1.2   Kognitive Neurowissenschaften: Worum geht es hier eigentlich? – 3

1.3   Generelle Funktionsprinzipien und Aufbau des Gehirns und Nervensystems – 4

1.4   Was ist Lernen und Gedächtnis? – 8

1.5   Formbarkeit des Gehirns – 10

1.6   Was lernen wir daraus für die Praxis? – 12

Literatur – 13

© Springer-Verlag GmbH Deutschland, ein Teil von Springer Nature 2021
U. Blum et al. (Hrsg.), *Weiterbildungsmanagement in der Praxis: Psychologie des Lernens*,
https://doi.org/10.1007/978-3-662-62631-3_1

1

- Dieses Kapitel erklärt die neurobiologischen Grundlagen von Lernen und Gedächtnis.
- Es führt zunächst kurz in die Grundlagen und Denkweisen der kognitiven Neurowissenschaft ein.
- Danach stellt es ein bekanntes Gedächtnismodell und den aktuellen Stand der Forschung zur Gedächtnisbildung vor.
- Aus diesen Funktionsprinzipien und neurobiologischen Erkenntnissen werden im letzten Abschnitt konkrete Tipps für Lehrende und Lernende abgeleitet.

1.1 Neurowissenschaftliche Grundlagen von Lernen und Gedächtnis

Neurowissenschaften haben auch einen Praxisnutzen.

Als Praktiker in der organisationalen Erwachsenenbildung gilt Ihr berufliches Alltagsinteresse vermutlich nicht hirnphysiologischen und anatomischen Zusammenhängen.

Und dementsprechend haben Sie sich beim Lesen des Titels dieses Kapitels vermutlich auch die Frage gestellt: Was nützt mir das eigentlich? Diese Frage ist berechtigt. Aus unserer Sicht als Autorin und Autor dieses Kapitels ist ein grundlegendes Verständnis der hirnphysiologischen und anatomischen Zusammenhänge heute aber nicht mehr nur für Ärztinnen, Ärzte und Forschende relevant. Es bietet auch Ihnen als Erwachsenenbildende spannende und gewinnbringende Einsichten und – so hoffen wir – auch einen Mehrwert für Ihre berufliche Praxis. Wir haben dieses Kapitel deswegen immer mit einem Ziel im Hinterkopf geschrieben: Die doch verhältnismäßig komplexe Thematik so einfach wie möglich (und so schwierig wie nötig) darzustellen.

Die Handlungskompetenzen der Mitarbeitenden befähigen die Organisation zur Strategierealisation.

Um die Frage nach dem Nutzen zu beantworten, überlegten wir zunächst, wozu es eine organisationale Erwachsenenbildung braucht.

Jede Organisation will bestimmte Ziele erreichen. Ihre Mitarbeitenden brauchen dafür ein bestimmtes Wissen und Können (Handlungskompetenzen). Die Entwicklung des für die Organisation strategisch relevanten Wissensschatzes und Könnens kann damit als zentrales Anliegen der organisationalen Erwachsenenbildung gesehen werden.

Wie entwickeln wir nun diese Handlungskompetenzen? Indem wir lernen. Der Prozess des Lernens wiederum ist ohne die Fähigkeit zur zeitüberdauernden Abspeicherung von Informationen (Gedächtnis) nicht möglich. Grund genug also, so finden wir, die zwei Themen Lernen und Gedächtnis in einem Praxishandbuch für Erwachsenenbildung vertieft zu beleuchten. Ein Schritt – der vielleicht zentrale – fehlt nun noch. Derjenige von Lernen und Gedächtnis zu den Neurowissenschaften. In den letzten Jahrzehnten hat unser Verständnis der Zusammenhänge von Lernen und Gedächtnis große Fortschritte gemacht. Durch moderne Methoden verstehen wir heute besser denn je, welche biologischen Prozesse dem Lernen und Erinnern zugrundeliegen.

1.2 Kognitive Neurowissenschaften: Worum geht es hier eigentlich?

Historisch betrachtet liegt die Zuständigkeit für die Erforschung des menschlichen Erlebens und Verhaltens in der Psychologie. Lernen und Gedächtnis zählen dabei zu den Kerngebieten der allgemeinen Psychologie.

Psychologie ist im 21. Jahrhundert ohne Biologie nicht mehr denkbar.

In den vergangenen ca. 30 Jahren hat sich aus der kognitiven Psychologie eine weitere Disziplin entwickelt: die kognitiven Neurowissenschaften (Jäncke 2017, S. 19 ff). Im Jahr 2020 ist eine Psychologie ohne Neurowissenschaften nicht mehr denkbar. Um diese Entwicklungen besser zu verstehen, lohnt sich ein kurzer Blick auf ihre Geschichte.

Die in unserem Erleben immer noch tief verankerte Vorstellung der Existenz zweier getrennter Bereiche, Körper und Geist, ist eng verbunden mit der als *Dualismus* bezeichneten Sichtweise des Gründervaters der modernen Philosophie, René Descartes (1596–1650) (Blackburn 1994). Der Schöpfer des Zitats „Ich denke, also bin ich" („Cogito, ergo sum") unterteilte den menschlichen Körper in eine *res cogitans* (das Psychische) und eine *res extensa* (das Physische). Diese Weltsicht hat in den folgenden Jahrhunderten das (westliche) Denken nachhaltig geprägt und führte dazu, dass wir Leib und Seele, also Körper (mit dem Gehirn als Organ) und Geist als zwei mehrheitlich voneinander unabhängige Bereiche betrachten (Blackburn 1994). Dies zeigt sich auch heute noch im Alltag, etwa wenn wir sagen, etwas sei „nur psychisch". Dass dies so nicht ganz stimmen kann, zeigt sich zum Beispiel an chronisch degenerativen Erkrankungen des Gehirns (wie etwa Demenz oder Morbus Parkinson), welche sich in einer sichtbaren Veränderung des Erlebens und Verhaltens manifestieren.

Körper und Geist sind wie zwei Seiten derselben Medaille.

Inzwischen hat sich in der wissenschaftlichen Debatte eine andere Betrachtungsweise zunehmend durchgesetzt. Die Überzeugung, dass Körper und Geist zwei Seiten der gleichen Medaille sind, bezeichnet man als *Monismus* oder spezifischer auch als *Materialismus* (Blackburn 1994). Glaubt man diese

1

Überzeugung, so folgt daraus zwangsläufig auch, dass wir durch ein besseres Verständnis des Körpers etwas über den Geist lernen können.

Wir glauben, dass ein besseres Verständnis der hirnphysiologischen und anatomischen Zusammenhänge ein besseres Verständnis von Lernen und Gedächtnis ermöglichen und unsere Leser besser verstehen lassen, wie sie die Entwicklung von Handlungskompetenzen in der Praxis fördern können.

Neurowissenschaftliche Daten ermöglichen die Testung von zusätzlichen Hypothesen.

Hat man beispielsweise eine (psychologische) Theorie zum Thema Lernen und Gedächtnis, so lassen sich Hypothesen ableiten. Diese wiederum lassen sich mittels Verhaltensdaten (z. B. aus Interviews, Fragebögen oder Verhaltensexperimenten) überprüfen.

Für einige Zusammenhänge lassen sich aber keine oder nur schwer mit Verhaltensdaten belegbare Hypothesen ableiten – auch deswegen braucht es das Wissen um neurowissenschaftliche Zusammenhänge (Jäncke 2017, S. 27–28). So konnten Whalen et al. (1998) beispielsweise zeigen, dass die unbewusste Präsentation von furchtverzerrten Gesichtern zu einer Aktivierung des Mandelkerns (Amygdala) im Gehirn führt. Mit anderen Worten: Unser emotionales System nimmt die entsprechende emotionale Information wahr, auch wenn uns dies nicht unmittelbar bewusst wird. Ob diese Erkenntnis mit Verhaltensdaten alleine gleichermaßen möglich gewesen wäre, darf man bezweifeln.

Einerseits sind Gehirndaten also eine weitere, relevante und gewinnbringende, Datenquelle zur Überprüfung von aus psychologischen Theorien abgeleiteten Hypothesen. Andererseits ermöglicht ein besseres Verständnis des Gehirns aber auch die Entwicklung neuer psychologischer Theorien und Modelle. So wurden gerade im Kontext des Lernens wichtige psychologische Erkenntnisse aus neurobiologischen Befunden abgeleitet. Nach einer kurzen Einführung in ein paar wenige wichtige Struktur- und Funktionsprinzipien des Gehirns und Nervensystems werden wir dies anhand konkreter Beispiele und Erkenntnisse zu Lernen und Gedächtnis vertiefen.

1.3 Generelle Funktionsprinzipien und Aufbau des Gehirns und Nervensystems

Der Physiker und Molekularbiologe Francis Harry Compton Crick, welcher für seinen Beitrag zur Entschlüsselung der molekularen Struktur der DNS 1962 zusammen mit James Dewey Watson und Maurice Hugh Fredrick Wilkins mit dem Nobelpreis gewürdigt wurde (NobelPrize.org 2020), soll einmal gesagt haben: „Wenn Du die Funktion nicht verstehst, beschäftige dich mit der Struktur" (Crick 1988, S. 150, zitiert nach Mackay 1991, S. 63). Strukturen von Systemen, nicht nur biologischen, sagen uns sehr viel über deren Funktionen – oder würde jemand ernsthaft behaupten, dass es für die Zusammenarbeit von Mitarbeitenden bedeutungslos ist, ob eine Organisation sehr hierarchisch oder gänzlich flach strukturiert ist? Vermutlich nicht, und so ist es auch für das tiefere Verständnis der Funktionsprinzipien von Lernen und Gedächtnis aus unserer Sicht hilfreich, sich auch einmal von Seiten der biologischen Struktur des Lern- und Gedächtnissystems selbst, dem Gehirn und Nervensystem, an die eigentlich interessierenden Fragestellungen heranzutasten.

Die in den nächsten zwei Abschnitten folgenden Angaben und Zahlen zu Anatomie und Physiologie des Gehirns und Nervensystems sind dem Lehrbuch des in Zürich lehrenden und forschenden Neurowissenschaftlers Lutz Jäncke entnommen (Jäncke 2017, S. 33–73). Dieses Buch kann allen vertieft interessierten Leserinnen und Lesern empfohlen werden.

Schätzungen zufolge besteht das menschliche Gehirn aus ca. 86 Milliarden Nervenzellen (den sogenannten *Neuronen*). Weil deren Zellkörper bei der Betrachtung mit dem bloßen Auge gräulich schimmert, werden diese auch oft graue Zellen genannt. Hauptaufgabe dieser grauen Zellen ist es, Signale und Informationen zu verarbeiten. Ein Neuron besitzt dabei durchschnittlich 29.000 Verknüpfungsstellen zu anderen Neuronen (sogenannte Synapsen), und es wird vermutet, dass jedes Neuron im Gehirn mit ca. 10.000 anderen Neuronen verbunden ist. Diese Verknüpfungsstellen befinden sich oftmals an teilweise sehr langen Nervenzellfortsätzen (den sogenannten Axonen). Zur schnelleren Signalweiterleitung sind diese mit einer Fettschicht ummantelt, weswegen die Axone auch weiße Substanz genannt werden. Die meisten Neurone (ca. 81 %) befinden sich im evolutionär älteren Kleinhirn (◘ Abb. 1.1) – und dies, obwohl das Kleinhirn nur ca. 10 % der gesamten Gehirnmasse ausmacht. Woraus besteht das restliche Gehirn? Unter anderem aus ca. 85 Milliarden Hilfszellen (sogenannte Glia-Zellen), welche u. a. für physiologisch wichtige Stoffwechselprozesse verantwortlich sind. Natürlich gibt es daneben im Gehirn auch noch Blutgefäße für den Zu- und Abtransport von Stoffwechselprodukten (etwa Sauerstoff und CO_2) und die Gehirnflüssigkeit (den sogenannten Liquor), welcher das Gehirn polstert und Abfallprodukte abtransportiert. Der Liquor befindet sich zu einem beachtlichen Teil in größeren Hohlräumen, den sogenannten Ventrikeln.

Das Gehirn besteht aus unterschiedlichen Zellarten mit spezifischen Funktionen.

Der vermutlich prominenteste Teil des Gehirns ist das Großhirn, welches viele Verhaltensprozesse übergeordnet steuert und koordiniert. Dazu gehören zum Beispiel Sinneswahrnehmung (beispielsweise in der Großhirnrinde), Motiva-

Der präfrontale Cortex übernimmt wichtige Steuerungsfunktionen.

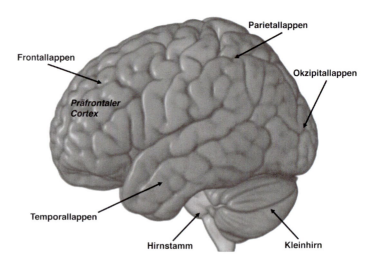

◘ Abb. 1.1 Hirnanatomie. [Quelle: eigene Darstellung Silvia Maier 2020 (Software – mricroGL)]

tion und gesteuerte Bewegung (beispielsweise in den Basalganglien mit der später noch relevanten Substruktur namens Striatum) sowie Prozesse der Emotion, des Lernens und Gedächtnisses (beispielsweise im limbischen System). Das Großhirn besteht aus zwei mehr oder weniger symmetrischen Hälften und ist über das Corpus Callosum (dicke Stränge von Nervenzellfortsätzen) verbunden. Wie ein Mantel legt sich die Großhirnrinde (der sogenannte Cortex und Neocortex) über das Großhirn. Diese Rinde wiederum, eine evolutionär mehrheitlich jüngere Region, wird in vier grobe Regionen unterteilt.

Im vordersten Teil, im präfrontalen Cortex des Frontallappens (◘ Abb. 1.1), befindet sich die Hauptsteuerungseinheit, die Pläne macht und überwacht (Miller 1999, 2000; Miller und Cohen 2001; Duncan 2010) – gewissermaßen der/die CEO des Gehirns. Kurz dahinter, immer noch im Frontallappen, im sogenannten motorischen Cortex, werden Bewegungsprozesse gesteuert. Gehen wir weiter nach hinten, kommen wir zum Parietallappen (◘ Abb. 1.1), welcher uns u. a. bei der räumlichen Orientierung und bei Prozessen der Aufmerksamkeit hilft und in welchem auch verschiedene Sinneseindrücke (z. B. Sehen, Hören, Tastsinn) zusammengeschaltet werden (sensorischer Cortex). Ganz hinten im Gehirn befindet sich der Okzipitallappen (◘ Abb. 1.1), welcher vor allem für das Sehen eine wichtige Rolle spielt. Auf beiden Seiten des Gehirns befinden sich zwischen den Parietallappen und dem Kleinhirn die Temporallappen (◘ Abb. 1.1), in der sich u.a. für Hören und Sprechen wichtige Regionen befinden. Mitten im Temporallappen befindet sich auch eine für das Gedächtnis bedeutende Region, nämlich der Hippocampus.

Doch wie arbeiten diese Strukturen zusammen? Im folgenden Teilabschnitt möchten wir diese Frage übergreifend beantworten, bevor wir uns im darauffolgenden Abschnitt vertieft dem Lernen und Gedächtnis widmen.

Zum besseren Verständnis der Aufgabe des Gehirns soll uns die Analogie des Thermostats dienen. Ein Thermostat misst die Temperatur eines Raums und reguliert diese in Abhängigkeit der Abweichung von einem Zielwert hinauf oder hinunter. Dabei ist es das Ziel des Thermostats, die Schwankungen so gering wie möglich zu halten. Gleichermaßen versucht auch das Gehirn, körperliche Schwankungen zu regulieren und minimieren, um die Bedürfnisse des Körpers optimal zu erfüllen (z. B. Hunger, Durst, Schlaf). Allerdings kann das Gehirn selbst nicht mit der Außenwelt direkt in Verbindung treten. Deswegen bildet es Erwartungen darüber, was als nächstes passieren könnte. Dazu nutzt das Gehirn alle Eindrücke aus der Innen- und Außenwelt, die ihm zur Verfügung stehen. Es leitet daraus Handlungspläne ab, um den Körper zu steuern. In diese Erwartungen fließen z. B. Sinnesreize ein, aber auch Informationen, die aus Büchern oder von anderen Menschen gelernt wurden, oder Regelmäßigkeiten, die über größere Zeiträume hinweg beobachtet wurden. Das Gehirn versucht daraus vorherzusagen, in welchem Zustand der Körper sich als nächstes befinden wird und welche Handlungen er vornehmen muss, um seine Bedürfnisse zu befriedigen. Dabei versucht es ganz grundsätzlich, Überraschungen durch möglichst gute Vorhersagen zu minimieren. Gleich dem oben erwähnten Thermostat ermittelt das Gehirn, ob ausgeführte Handlungen erfolgreich den gewünschten Zustand herbeigeführt haben, oder ob sich dabei eine Abweichung vom Sollwert ergeben hat. Wenn der erwartete Zielwert nicht erreicht wird, entsteht ein sogenannter Vorhersagefehler. Dann muss entweder die Handlung angepasst werden, oder das Modell der Welt, aus dem der Zielwert abgeleitet wurde. In diesem Fall muss also gelernt und das Modell der Welt angepasst werden (Friston et al. 2013).

Bei all diesen gerade beschriebenen Funktionen werden immer Signale verarbeitet (in den Nervenzellen) und weitergeleitet (in den Synapsen und Nervenzellfortsätzen). Diese Signalverarbeitung geschieht sowohl datengetrieben – vom Sinnesrezeptor zum Gehirn (komplexe Analysen folgen auf einfache Analysen) – als auch konzept- oder aufmerksamkeitsgetrieben (schon vorhandene Interpretationen forcieren eine gewisse Interpretation eines Grundreizes (Friston et al. 2013). Ob wir also bei den Liedzeilen „I got the power" oder „All the leaves are brown" Agathe Bauer oder Anneliese Braun hören, hängt weder alleine vom Sinnesreiz (dem Lied) noch allein von unseren Vorerfahrungen ab. Erst das Zusammen-

Extreme Schwankungen werden zur Erhaltung eines Gleichgewichtszustandes so gut wie möglich minimiert.

Unsere subjektive Wahrnehmung entsteht als eine Mischung aus unseren Erwartungen und der äußeren Realität.

1

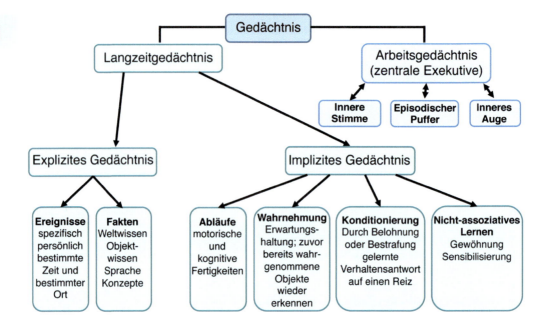

Modifiziert nach Gazzaniga, Ivry & Mangun (2009) *Cognitive Neuroscience*
und Eysenck & Keane (2010) *Cognitive Psychology*

Abb 1.2   Gedächtnisarten. Quelle: nach Gazzaniga et al. 2009 und Eysenck und Keane 2010)

spiel führt zur einen oder anderen inneren Wahrnehmung derselben Außenwelt (vgl. ■ Abb. 1.2, implizites Gedächtnis: die Wahrnehmung hängt von der Erwartung ab).

1.4   Was ist Lernen und Gedächtnis?

Zeitüberdauernd abrufbare
Informationen bilden die
Grundlage des Lernens.

Lernen bezeichnet den Prozess, wie wir uns Wissen aneignen. Dabei lassen sich verschiedene Arten unterscheiden, die im Gehirn jeweils gesondert verarbeitet werden. *Motorisches Lernen* zielt etwa auf den Erwerb von Fähigkeiten ab, die direkt mit einer Handlung oder einem Bewegungsablauf verknüpft sind. Dagegen eignen wir uns beim Erwerb von *Faktenwissen* neue Wissensbestandteile und übergreifende Konzepte an. Diese können günstigstenfalls mit uns bekannten Konzepten verknüpft werden – dann lernen wir schneller (Dudai et al. 2015).

Den Speicher des Gelernten bezeichnen wir als *Gedächtnis*. Das menschliche Gedächtnis hat verschiedene Unterabteilungen, die voneinander unabhängig sind (■ Abb. 1.2), modifiziert nach Gazzaniga et al. 2009, Eysenck und Keane 2010). Wir unterscheiden einen *kurzzeitigen* Speicher (*Arbeitsgedächtnis*) mit einer Spanne im Bereich von Sekunden von einer Speicherung über *lange* Zeiträume, das heißt: über mehrere Minuten, Stunden, Tage, Wochen oder sogar Jahre hinweg.

Der kurzzeitige Speicher besteht nach Baddeley (2001) und Repovš und Baddeley (2006) aus vier Teilen. Koordiniert wird das Arbeitsgedächtnis von einer *zentralen Exekutive*, die die Aufmerksamkeit zwischen drei kurzzeitigen Speichern lenkt. So hält eine Art *innere Stimme (phonologische Schleife)* Informationen in sprachlicher Form fest. Vor unserem *inneren Auge (visuell-räumliches Vorstellungsvermögen)* werden räumliche Informationen und Gesehenes verarbeitet. Im visuell-räumlichen Teil werden durchschnittlich die letzten fünf gesehenen Objekte vorgehalten (Sperling 1960, zitiert nach Eysenck und Keane 2010, S. 206) und im phonologischen Teil eine Art Echo dessen, was in den vergangenen 2–4 Sekunden gehört wurde (Treisman 1964, zitiert nach Eysenck und Keane 2010, S. 206). Ein *episodischer Puffer* kann Informationen aus diesen beiden Systemen mit Informationen aus dem Langzeitgedächtnis verknüpfen.

Wie man an den Beispielen für das innere Auge und die innere Stimme bereits erkennen kann, haben alle vier Teile des Arbeitsgedächtnisses nur begrenzte Kapazitäten (Eysenck und Keane 2010). Seine Erinnerungen reichen jeweils nur wenige Sekunden zurück. Die zentrale Exekutive bildet einen weiteren Kapazitätsengpass, weil sie nicht nur für das Arbeitsgedächtnis gebraucht wird.

> Die Fähigkeit zur Aufmerksamkeit ist eng mit Lernen und Gedächtnis verknüpft.

Sie muss auch andere anspruchsvolle Denkprozesse steuern (Miller und Cohen 2001). Dazu gehören:

- Denkprozesse, die es erfordern, dass die Aufmerksamkeit auf die relevanten Informationen gelenkt wird,
- Denkprozesse, bei denen zwischen zwei Teilaufgaben gewechselt werden muss,
- Denkprozesse, bei denen unpassende Handlungen bzw. Gedanken gestoppt werden müssen.

Informationen, die nicht wieder gebraucht oder verknüpft werden, vergessen wir innerhalb von 18 Sekunden fast vollständig (Peterson und Peterson 1959). Im Schnitt erinnern wir uns fehlerfrei an 7 Dinge ± 2 (Miller 1956). Besonders gut erinnern wir uns oft an das erste (*Primäreffekt*) und das letzte Objekt (*Rezenzeffekt*) einer Reihe (Glanzer und Cunitz 1966; Hockey und Hamilton 1977; Wright 1994).

Nur die Inhalte des Arbeitsgedächtnisses, die ohne Störungen wiederholt oder verknüpft werden, gelangen schließlich ins Langzeitgedächtnis. Innerhalb des Langzeitgedächtnisses unterscheiden wir das *explizite (deklarative)* und das *implizite (prozedurale)* Gedächtnis. Im expliziten Gedächtnis werden Informationen abgelegt, die etwas über die Umstände einer Situation erklären, die wir erfahren haben.

> Wir erlernen auch Neues, ohne dass wir dies mit Worten benennen können.

1

Dagegen werden im impliziten Gedächtnis Prozesse abgespeichert – also die eigentlichen Handlungsabläufe und Fertigkeiten, die wir später wieder abrufen wollen. Untersuchungen an Patienten mit Gedächtnisverlusten (Amnesien) haben gezeigt, dass die verschiedenen Gedächtnistypen unterschiedlich von einem Gedächtnisverlust betroffen sein können. Dies weist stark darauf hin, dass das Langzeitgedächtnis aus voneinander unabhängigen Abteilungen besteht (Eysenck und Keane 2010) und dass verschiedene Arten von Gedächtnisinhalten auf verschiedenen Wegen verarbeitet und gelernt werden.

Das folgende Beispiel des berühmten Patienten H.M. ist dem empfehlenswerten Lehrbuch Biopsychologie von Pinel und Pauli (2007) entnommen (S. 344–349).

Hirnbedingte Störungen des Lernens und Erinnerns betreffen oftmals nicht jeden Gedächtnistyp gleichermaßen.

> ▶ **Beispiel**
>
> Bei dem Patienten H.M. wurden aufgrund eines schweren Anfallsleidens beidseitig Teile des Temporallappens entfernt – der Hippocampus, die Amygdala und Teile des angrenzenden Cortex. Nach der Operation konnte sich dieser Patient nur noch an Ereignisse und Fakten erinnern, die *vor* seiner Operation ins Gedächtnis eingeprägt wurden. Vom Tag seiner Operation an konnte er zwar noch einige neue prozedurale Zusammenhänge und Fertigkeiten erlernen sowie altes prozedurales Wissen abrufen, doch er konnte sich nicht mehr explizit daran erinnern, dass er dieses Wissen besaß oder neu gelernt hatte. So fand der Patient zum Beispiel problemlos den Weg zu seiner alten Wohnung. Er konnte sich aber nicht daran erinnern, wie er in das Krankenhaus gekommen war und fragte jeden Tag die Pflegekräfte aufs Neue danach.
>
> Einige Formen des Lernens funktionierten weiter problemlos, auch wenn der Patient auf Nachfrage nicht angeben konnte, dass er die Aufgaben schon einmal gesehen oder gelöst hatte. So konnte er zum Beispiel weiter motorische Fähigkeiten erlernen. Außerdem funktionierte auch das Lernen durch die sogenannte *Konditionierung* weiterhin. Der Patient konnte beispielsweise nach einer Trainingszeit mit einem Lidschlag seines Auges auf das Abspielen eines spezifischen Tones reagieren. Der Patient H.M. verfügte also über ein intaktes implizites Gedächtnis, aber keine bewussten Erinnerungen im expliziten Gedächtnis. ◄

1.5   Formbarkeit des Gehirns

Das Beispiel des Patienten H.M. zeigt, dass *implizites Lernen* unabhängig vom Lernen expliziter Fakten ist. Im Gehirn sind für das implizite Lernen hauptsächlich das Striatum (eine

Teilstruktur der Basalganglien, die besonders für das Erlernen prozeduraler Fertigkeiten und Gewohnheiten relevant ist), die Amygdala (Lernen emotionaler Assoziationen) und das Kleinhirn (Bewegungslernen der Skelettmuskulatur) sowie die Reflexpfade (Gewöhnung und Sensibilisierung) gefordert (Kandel et al. 2000, zitiert nach Eysenck und Keane 2010, S. 254).

Das *explizite Lernen* hingegen greift auf den präfrontalen Cortex zurück (◘ Abb. 1.1) sowie den mittleren Temporallappen und darin insbesondere den Hippocampus. In der Reife und Ausprägung des präfrontalen Cortex (also darin, wie viele Nervenzellen in diesem Bereich vorhanden und wie gut diese verdrahtet sind) zeigen Personen große Unterschiede. Diese schlagen sich in unterschiedlich guter exekutiver Steuerung nieder (Casey et al. 2011; Schmidt et al. 2018) und damit auch in unterschiedlich guten Lernfähigkeiten. Die Steuerungsfähigkeiten der zentralen Exekutive (Miller und Cohen 2001; Duncan 2010) unterstützen das Lernen, indem sie helfen, die Aufmerksamkeit auf die wesentlichen Inhalte zu lenken (Oberauer 2002), sowie unwesentliche Informationen zu unterdrücken (Feredoes et al. 2006, 2007; Tabibnia et al. 2011; Aron et al. 2014). Beides ist wichtig, um die richtigen Informationen mit dem bestehenden Wissen zu verknüpfen. Störungen in diesem Prozess können das korrekte Speichern oder Abrufen der Information verhindern.

Störend wirkt zum Beispiel Ablenkung von den wesentlichen Lerninhalten (Dudai et al. 2015), wenn es die zentrale Exekutive nicht schafft, die unwesentlichen Informationen auszublenden.

Das eigentliche Bilden von Verknüpfungen geschieht biologisch durch den Prozess der *Langzeitpotenzierung*. Dabei werden neue Verbindungen zwischen den Synapsen gebildet. Dies ist ein Prozess, der Minuten bis wenige Stunden dauert (Dudai et al. 2015). Das Festigen der Informationen im Gedächtnis ist keine einmalige Angelegenheit: Die gelernten Informationen werden auch später, zum Beispiel im Schlaf, weiter an andere Hirnbereiche verteilt (Rasch und Born 2007).

Heute weiß man auch, dass Erinnerungen formbar sind und ständig angepasst werden. Das Gehirn muss die bereits gelernten Informationen aufrechterhalten, die sich in der Vergangenheit als nützlich zur Bewältigung seiner Aufgaben erwiesen haben. Zugleich muss das Gehirn aber auch in der Lage sein, seine Erwartung an eine sich ständig verändernde Umwelt anzupassen. Deswegen werden alle, auch die bereits gefestigten Lerninhalte, regelmäßig wieder aufgerufen und nötigenfalls umgebaut, um unser Wissen den aktuellen Umständen anzupassen (Dudai et al. 2015).

> Lernen heißt auch Ausblenden von Unwesentlichem.

> Anpassungsfähigkeit zeigt sich auch in der Modifikation von Erinnerungen.

1

1.6   Was lernen wir daraus für die Praxis?

Emotionen und Kognitionen schließen sich nicht aus – sie ergänzen sich.

Um das Lernen zu vereinfachen, sollten Inhalte gut unterscheidbar sein (vgl. Eysenck und Keane 2010).

Ein potenter Mechanismus unseres Gehirns ist die Verstärkung der Wichtigkeit von Informationen durch emotionale Erregung: So können wir uns Fakten und Ereignisse, die mit starken positiven oder negativen Eindrücken einhergehen, besser merken (Roozendaal und McGaugh 2011). Neutrale Informationen müssen öfter wiederholt werden, bis wir sie genauso gut wieder abrufen können. Günstig für das Lernen ist es auch, wenn unsere Neugier eine Information mit positiver Bedeutung auflädt (Kang et al. 2009).

Stress wirkt sich auch auf unser Gedächtnis aus.

Stress hingegen kann das Gedächtnis beim Abrufen beeinträchtigen. Wenn wir akut unter Stress standen, wird 15–20 Minuten nach Beginn des Stressereignisses das Hormon Cortisol freigesetzt.

Jedoch können wir bereits Gelerntes nicht mehr gut aus dem Langzeitgedächtnis abrufen (de Quervain et al. 1998). Dagegen werden während des Stressereignisses die mit dem Ereignis verbundenen Inhalte verstärkt abgespeichert. Allerdings erinnern wir uns danach vor allem an die emotionalen Ereignisse und Inhalte, die mit dem Stress verbunden waren, und weniger an reine Fakten, die zugleich vorlagen (de Quervain et al. 2017).

Das Lernen mittels innerer Sprache, bei dem wir uns die Lerninhalte selbst vorsagen, leidet unter zwei anderen Effekten (Eysenck und Keane 2010). Wenn Wörter ähnlich klingen, werden sie weniger oft in der korrekten Reihenfolge wiedergegeben als eine Reihe von Wörtern, die sich in der Aussprache unterscheiden. Man nimmt an, dass das daran liegt, dass wir uns Informationen selbst innerlich vorsprechen, um sie zu wiederholen (Larsen et al. 2000). Der zweite Effekt betrifft die Wortlänge. Wir können Wörter, die länger zum Aussprechen benötigen, weniger gut im Gedächtnis behalten als kürzere Wörter. Deswegen stellt man sich die phonologische Schleife vor wie ein Tonband. Wir können uns so viele Wörter merken, wie wir innerhalb von 2 Sekunden aussprechen können (Baddeley et al. 1975; Mueller et al. 2003).

Dass Pausen für das Lernen wichtig sind, hat auch neurobiologische Grundlagen.

Damit wir Informationen besser unterscheiden können, hilft es auch, wenn neue Inhalte mit genug zeitlichem Abstand präsentiert werden.

Da die erfolgreiche Langzeitspeicherung davon abhängt, dass die richtigen Nervenzellen miteinander verknüpft werden, empfiehlt es sich, nach Lerneinheiten jeweils Pausen einzulegen. Auch sollten nicht zu viele Lerneinheiten zu schnell hintereinander absolviert werden, selbst wenn diese verschiedener Natur sind (z. B. Lernen von Faktenwissen und später Lernen eines neuen Bewegungsablaufs beim Sport).

Schließlich folgt aus dem Aufbau des Arbeitsgedächtnisses, dass Multitasking für unser Gehirn nur sehr eingeschränkt möglich ist. Nachdem die Kapazitäten der zentralen Exekutive begrenzt sind, können wir jeweils nur einer komplexen Aufgabe auf einmal unsere Aufmerksamkeit widmen (zum Beispiel Lesen, eine Handlung planen, ein Problem lösen oder eben Neues lernen).

Sobald aber zwei Aufgaben dieselben Teile des Arbeitsgedächtnisses benötigen, können sie nicht zugleich erfolgreich ausgeführt werden. Wenn verschiedene Teile des Arbeitsgedächtnisses gebraucht werden, ist es im Prinzip möglich, diese zwei Aufgaben zugleich auszuführen (Eysenck und Keane 2010).

> Benötigen Aufgaben dieselben Teile des Arbeitsgedächtnisses, so wird Multitasking unmöglich.

Zusammenfassend lässt sich festhalten, dass das Lernen von Fakten am besten funktioniert, wenn Lernende ihr Tempo selbst steuern können und individuelle Wege und zum Beispiel auch Eselsbrücken finden, um sich an das Wissen zu erinnern und es mit ihrem eigenen bestehenden Wissensschatz zu verknüpfen. Auch eine Aufteilung in kleinere Lerneinheiten anstatt lange Unterrichtsblöcke passt besser zu den Funktionsprinzipien des Gehirns. Und schließlich lohnt es sich, im Anschluss an Lerneinheiten genügend Pufferzeit und Pausen zur Verfügung zu stellen, um das Gelernte zu festigen. Zuletzt sollte auch die Rolle von genügend gesundem Tiefschlaf nicht unterschätzt werden. Erst während des Tiefschlafs werden die Erinnerungen so umgebaut, dass neu erlerntes Wissen auch auf lange Sicht abgerufen werden kann (Rasch und Born 2013).

Literatur

Aron AR, Robbins TW, Poldrack RA (2014) Inhibition und the right inferior frontal cortex: one decade on. Trends Cogn Sci 18:177–185

Baddeley AD (2001) Is working memory still working? Am Psychol 56:851–864

Baddeley AD, Thomson N, Buchanan M (1975) Word length und the structure of short-term memory. J Verbal Learn Verbal Behav 14:575–589

Blackburn S (1994) Oxford dictionary of philosophy. Oxford University Press, Oxford

Casey BJ, Somerville LH, Gotlib IH, Ayduk O, Franklin NT, Askren MK, Jonides J, Berman MG, Wilson NL, Teslovich T, Glover G, Zayas V, Mischel W, Shoda Y (2011) Behavioral und neural correlates of delay of gratification 40 years later. Proc Natl Acad Sci U S A 108:14998–15003

Crick FHC (1988) What mad pursuit. Weidenfeld & Nicolson, London

Dudai Y, Karni A, Born J (2015) The consolidation und transformation of memory. Neuron 88:20–32

Duncan J (2010) The multiple-demand (MD) system of the primate brain: mental programs for intelligent behaviour. Trends Cogn Sci 14:172–179

Eysenck MW, Keane MT (2010) Cognitive psychology: a student's handbook, 6. Aufl. Psychology Press, London

Feredoes E, Tononi G, Postle BR (2006) Direct evidence for a prefrontal contribution to the control of proactive interference in verbal working memory. Proc Natl Acad Sci 103:19530–19534

Feredoes E, Tononi G, Postle BR (2007) The neural bases of the short-term storage of verbal information are anatomically variable across individuals. J Neurosci 27:11003–11008

Friston K, Schwartenbeck P, Fitzgerald T, Moutoussis M, Behrens T, Dolan RJ (2013) The anatomy of choice: active inference und agency. Front Hum Neurosci 7:598

Gazzaniga MS, Ivry RB, Mangun G (2009) Cognitive neuroscience. The biology of the mind, 3. Aufl. Norton, New York

Glanzer M, Cunitz AR (1966) Two storage mechanisms in free recall. J Verbal Learn Verbal Behav 5:351–360

Hockey R, Hamilton P (1977) The basis of the primacy effect: some experiments with running memory. Q J Exp Psychol 29:49–63

Jäncke L (2017) Lehrbuch Kognitive Neurowissenschaften, 2. überarbeitete Ausgabe. Aufl. Huber, Bern

Kandel E, Kupfermann I, Iversen S (2000) Learning und memory. In: Kandel E, Schwartz J, Jessell T (Hrsg) Principles of neural science. McGraw Hill, New York, S 1227–1246

Kang MJ, Hsu M, Krajbich IM, Loewenstein G, Mcclure SM, Wang JT-y, Camerer CF (2009) The Wick in the Candle of Learning. Psychol Sci 20:963–974

Larsen JD, Baddeley A, Andrade J (2000) Phonological similarity und the irrelevant speech effect: implications for models of short-term verbal memory. Memory 8:145–157

Mackay AL (1991) A dictionary of scientific quotations. Institute of Physics Publishing, Bristol/Philadelphia

Miller EK (1999) The prefrontal cortex: complex neural properties for complex behavior. Neuron 22:15–17

Miller EK (2000) The prefrontal cortex und cognitive control. Nat Rev Neurosci 1:59–65

Miller EK, Cohen JD (2001) An integrative theory of prefrontal cortex function. Annu Rev Neurosci 24:167–202

Miller GA (1956) The magical number seven, plus or minus two: some limits on our capacity for processing information. Psychol Rev 63:81

Mueller ST, Seymour TL, Kieras DE, Meyer DE (2003) Theoretical implications of articulatory duration, phonological similarity, und phonological complexity in verbal working memory. J Exp Psychol Learn Mem Cogn 29:1353

NobelPrize.org (2020). The Nobel Prize in Physiology or Medicine 1962. abgerufen unter https://www.nobelprize.org/prizes/medicine/1962/summary/

Oberauer K (2002) Access to information in working memory: exploring the focus of attention. J Exp Psychol Learn Mem Cogn 28:411

Peterson L, Peterson MJ (1959) Short-term retention of individual verbal items. J Exp Psychol 58:193

Pinel JP, Pauli P (2007) Biopsychologie, Sechste, aktualisierte Auflage. Pearson Studium, München

de Quervain D, Schwabe L, Roozendaal B (2017) Stress, glucocorticoids und memory: implications for treating fear-related disorders. Nat Rev Neurosci 18:7–19

de Quervain DJ-F, Roozendaal B, McGaugh JL (1998) Stress und glucocorticoids impair retrieval of long-term spatial memory. Nature 394:787

Rasch B, Born J (2007) Maintaining memories by reactivation. Curr Opin
Neurobiol 17:698–703

Rasch B, Born J (2013) About sleep's role in memory. Physiol Rev 93:
681–766

Repovš G, Baddeley A (2006) The multi-component model of working memory: explorations in experimental cognitive psychology. Neuroscience
139:5–21

Roozendaal B, McGaugh JL (2011) Memory modulation. Behav Neurosci
125:797

Schmidt L, Tusche A, Manoharan N, Hutcherson C, Hare T, Plassmann H
(2018) Neuroanatomy of the vmPFC und dlPFC predicts individual
differences in cognitive regulation during dietary self-control across regulation strategies. J Neurosci 38:5799–5806

Sperling G (1960) The information available in brief visual presentations.
Psychol Monogr Gen Appl 74:1

Tabibnia G, Monterosso JR, Baicy K, Aron AR, Poldrack RA, Chakrapani
S, Lee B, London ED (2011) Different forms of self-control share a neu-
rocognitive substrate. J Neurosci 31:4805–4810

Treisman AM (1964) Verbal cues, language, und meaning in selective attention. Am J Psychol 77:206–219

Whalen PJ, Rauch SL, Etcoff NL, McInerney SC, Lee MB, Jenike MA
(1998) Masked presentations of emotional facial expressions modulate
amygdala activity without explicit knowledge. J Neurosci 18:411–418

Wright AA (1994) Primacy effects in animal memory und human nonverbal
memory. Anim Learn Behav 22:219–223

Das Konzept des lebenslangen Lernens

Erich Schäfer

Inhaltsverzeichnis

2.1   Die Idee des lebenslangen Lernens – 18

2.2   Die anthropologischen Grundbedürfnisse lebenslangen Lernens – 22

2.3   Der archimedische Punkt lebenslangen Lernens – 24

2.4   Das Lehren und Lernen gestalten – 27

2.5   Die Hochschule als Ort lebenslangen Lernens – 29

2.6   Neues Lernen in der VUKA-Welt – 32

2.7   Die Bedeutung der Reflexion für das lebenslange
Lernen – 38

Literatur – 41

© Springer-Verlag GmbH Deutschland, ein Teil von Springer Nature 2021
U. Blum et al. (Hrsg.), *Weiterbildungsmanagement in der Praxis: Psychologie des Lernens*,
https://doi.org/10.1007/978-3-662-62631-3_2

2

Es werden die folgenden Lernziele angestrebt: Nach der Bearbeitung dieses Textes

1. haben Sie Kenntnisse über die Idee des lebenslangen Lernens in seiner historischen, begrifflichen und aktuellen Genese erworben,
2. haben Sie ein Verständnis für die didaktischen Anforderungen lebenslangen Lernens vor dem Hintergrund anthropologischer Grundbedürfnisse gewonnen,
3. können Sie die Orte Hochschule und Betrieb mit ihren Herausforderungen für das lebenslange Lernen analysieren,
4. sind Sie fähig zu beurteilen, wie sich Lehr-Lern-Prozesse des lebenslangen Lernens gestalten lassen und
5. sind Sie in der Lage, Vorschläge für die Gestaltung von lebenslangem Lernen zu unterbreiten und diese zu reflektieren.

2.1 Die Idee des lebenslangen Lernens

Die Idee des lebenslangen Lernens findet sich bereits bei Comenius im 17. Jahrhundert.

Die bildungspolitischen Konzepte supranationaler Institutionen zum lebenslangen Lernen seit den 1970er-Jahren.

Definition lebenslangen Lernens der Europäischen Kommission.

Die Idee des lebenslangen Lernens ist viel älter, als es uns die gegenwärtigen bildungspolitischen Diskurse suggerieren. Bereits im 17. Jahrhundert hat Johann Amos Comenius (1592–1670) in seinem Werk Pampaedia den Entwurf einer universalen Bildung in Form eines alle Lebensstufen des Menschen begleitenden Lernens vorgelegt. Comenius (1991, S. 85) entwirft eine sehr moderne Vorstellung vom lebenslangen Lernen: „Wie für das ganze Menschengeschlecht die Welt eine Schule ist, vom Anbeginn der Zeit bis zu ihrem Ende, so ist auch für jeden einzelnen Menschen sein ganzes Leben eine Schule, von der Wiege bis zur Bahre. Es ist nicht genug, mit Seneca zu sprechen: In keinem Alter ist es zum Lernen zu spät; wir müssen vielmehr sagen: Jedes Lebensalter ist zum Lernen bestimmt und keinen anderen Sinn hat alles Menschenleben und alles Streben."

Wie der Rekurs auf Comenius deutlich macht, ist es ein fast unmögliches Ansinnen, die Entwicklungslinien lebenslangen Lernens auch nur annähernd nachzuzeichnen. Ich beschränke mich deshalb darauf, in gebotener Kürze die wesentlichen bildungspolitischen Hintergründe – beginnend in den 1970er-Jahren – kursorisch zu skizzieren. Verwiesen sei zunächst auf jene Diskussionen, die seit den frühen 1970er-Jahren von supra- und internationalen Organisationen wie der UNESCO, der OECD, dem Europarat und der EU geführt wurden. Exemplarisch erwähnt seien der Bericht der von der UNESCO eingesetzten Faure-Kommission (Faure et al. 1973), das Konzept der „Recurrent Education" vom Centre for

Educational Research and Innovation (1973) sowie der UNESCO-Bericht zur Bildung für das 21. Jahrhundert (UNESCO 1997). Damals wie heute geht es um die Schaffung eines effizienten und flexiblen Bildungssystems. In den 1970er-Jahren war dies verbunden mit dem Bestreben, mehr Chancengleichheit zu realisieren. In den 1990er-Jahren findet der erneute Diskurs um das lebenslange Lernen seinen Niederschlag im Weißbuch zur allgemeinen und beruflichen Bildung (Europäische Kommission 1995), im von der EU proklamierten Jahr des lebenslangen Lernens (1996) sowie dem „Memorandum über Lebenslanges Lernen" der Kommission der Europäischen Gemeinschaften (2000). In dem zuletzt genannten Dokument werden zwei gleichermaßen wichtige Ziele lebenslangen Lernens genannt: die Förderung der aktiven Staatsbürgerschaft und die Förderung der Beschäftigungsfähigkeit. Diese Auffassung vertritt auch der Europäische Rat (2000, Ziffer 33): „Die lebenslange Weiterbildung ist ein ganz wesentliches Mittel, um gesellschaftliche Teilhabe, sozialen Zusammenhalt und die Beschäftigung weiterzuentwickeln."

> Die Europäische Kommission (2001, S. 9) bezeichnet als lebenslanges Lernen „alles Lernen während des gesamten Lebens, das der Verbesserung von Wissen, Qualifikationen und Kompetenzen dient und im Rahmen einer persönlichen, bürgergesellschaftlichen, sozialen bzw. beschäftigungsbezogenen Perspektive erfolgt".

Die Idee des lebenslangen bzw. lebensbegleitenden Lernens ist ein bildungspolitisches Konzept, das alle Altersstufen, Bildungsinstitutionen und Lernformen umfasst und einen bildungsbereichsübergreifenden Anspruch formuliert. Unterschieden werden heute drei Dimensionen des lebenslangen Lernens: „life-long", „life-wide" und „life-deep". *Die Dimensionen des lebenslangen Lernens*

1. Die *vertikale Dimension („life-long")* bezieht sich auf die unterschiedlichen Lebensphasen des Menschen, von der frühen Kindheit bis ins hohe Alter.
2. Die *horizontale Dimension („life-wide")* spannt den Bogen über die verschiedenen (außer-) institutionellen Settings, die alle Aspekte des Lebens erfassen.
3. Die *Tiefendimension („life-deep")* rekurriert auf die Verankerung in der Erfahrungswelt der Subjekte.

Während die ersten beiden Dimensionen bereits fest etablierte Unterscheidungen darstellen, ist die Charakterisierung des Lernens als „intimate" noch relativ neu; sie verweist darauf, *Vielschichtigkeit des lebenslangen Lernens.*

2

dass der Mensch „immer und überall nach Entwicklungs-
räumen für sich selbst (sucht), um seine persönliche Identität
auszuformen". Lernen bleibt, auch wenn es durch extrinsische
Gründe ausgelöst ist, „eine innere, private, intime Erfahrung",
die dadurch gespeist wird, dass wir bestrebt sind, „unserem
Leben Bedeutung zu verleihen und es in Einklang mit unseren
Fähigkeiten zu gestalten. […] Das Wissen um die ‚Intimität'
des Lernens verweist auf die in allen Lernanforderungen inhä-
rente Spannung zwischen der funktionalen Anforderung von
Organisationen und der Hoffnung des Einzelnen auf Lernerfahrungen, die der Selbstkonstruktion dienlich sind" (Bélanger 2009, S. 22 f.).

In seiner Vielschichtigkeit ist das lebenslange Lernen zu
einer Metapher geworden. Dellori (2016, S. 165) identifiziert
die folgenden sechs Bedeutungskontexte:

1. Lernen als anthropologischer Bestandteil,
2. pädagogische Förderung der Habitualisierung lebenslangen Lernens,
3. Lernkontexte des lebenslangen Lernens,
4. lebenslanges Lernen als persönliche berufliche und allgemeine Weiterbildung,
5. lebenslanges Lernen als Bewältigungsstrategie potenzieller
   beruflicher Diskontinuitäten und
6. lebenslanges Lernen als Reformstrategie des Erziehungs-
   und Bildungssystems.

> Im internationalen Begriffs-
> verständnis wird zwischen
> formalem, nichtformalem
> und informellem Lernen
> unterschieden.

Durchgesetzt hat sich ein internationales Begriffsverständnis,
das von den EU-Institutionen (Kommission der Europäischen
Gemeinschaften 2000) und der OECD geprägt wird; demzufolge unterscheiden wir heute zwischen dem formalen, nicht-
formalen und informellen Lernen. Als Kriterien für die Abgrenzung dieser drei Arten von Lernen sind insbesondere das
Ausmaß der Organisation und Struktur, die Intentionalität
sowie die Zertifizierung zu nennen.

Übersicht

„*Formales Lernen* bezeichnet einen Lernprozess, der in einem
organisierten und strukturierten, speziell dem Lernen dienen-
den Kontext stattfindet und typischerweise zum Erwerb einer
Qualifikation, in der Regel in Form eines Zeugnisses oder
eines Befähigungsnachweises, führt; hierzu gehören Systeme
der allgemeinen Bildung, der beruflichen Erstausbildung und
der Hochschulbildung."

„*Nichtformales Lernen* bezeichnet einen Lernprozess, der
im Rahmen planvoller Tätigkeiten […] stattfindet und bei
dem das Lernen in einer bestimmten Form unterstützt wird
[…]; ausgesprochen typische Beispiele für nichtformales Ler-

nen sind die innerbetriebliche Weiterbildung, [...], strukturiertes Online-Lernen [...] und Kurse, die Organisationen der Zivilgesellschaft für ihre Mitglieder, ihre Zielgruppe oder die Allgemeinheit organisieren."

„Informelles Lernen bezeichnet einen Lernprozess, der im Alltag stattfindet und in Bezug auf Lernziele, Lernzeit oder Lernförderung nicht organisiert oder strukturiert ist; es ist aus Sicht des Lernenden möglicherweise nicht beabsichtigt. Beispiele für durch informelles Lernen erzielte Lernergebnisse sind Fähigkeiten, die man sich durch Lebens- und Berufserfahrung aneignet, wie die am Arbeitsplatz erworbene Fähigkeit, [...], während eines Auslandsaufenthalts erworbene Sprachkenntnisse oder interkulturelle Fähigkeiten, außerhalb des Arbeitsplatzes erlangte IKT-Fertigkeiten [IKT = Informations- und Kommunikationstechnologie; Anm. des Autors] sowie Fähigkeiten, die durch freiwillige, kulturelle oder sportliche Aktivitäten, Jugendarbeit oder Tätigkeiten zu Hause [...] erworben wurden." (Rat der Europäischen Union 2012).

Die Agenda 2030 verweist auf die Bedeutung des lebenslangen Lernens für die Erreichung der Nachhaltigkeitsziele.

Der Hinweis auf die Bedeutung des lebenslangen Lernens findet sich auch in der 2030-Agenda für Nachhaltige Entwicklung, die am 25. September 2015 beim UNO-Nachhaltigkeitsgipfel verabschiedet wurde. Das 4. der insgesamt 17 Sustainable Development Goals (SDGs) lautet: „Ensure inclusive and equitable quality education and promote lifelong learning opportunities for all" (United Nations 2015, S. 19). Dabei wird Bildung als Bestandteil der sozialen Säule der Nachhaltigkeit, neben der ökologischen und der ökonomischen angesehen.

Die Erwachsenen- und Weiterbildung ist ein Seismograf für gesellschaftliche Veränderungen.

Die Erwachsenen- und Weiterbildung ist in Zeiten gesellschaftlicher Umbrüche ein Seismograf für Veränderungen. Bezogen auf die zu bewältigenden Herausforderungen der Digitalisierung, der Gewährleistung des gesellschaftlichen Zusammenhalts und des Umgangs mit den Folgen des Klimawandels fällt ins Auge, dass das schon seit Jahrzehnten postulierte Prinzip des lebenslangen Lernens endlich für breite Schichten der Bevölkerung zur gesellschaftlichen Realität wird. Dies ist nicht zuletzt deshalb so, weil Wissen zum Produktionsfaktor geworden ist und das lebenslange Lernen damit eine wirtschaftliche Notwendigkeit erlangt.

Wie die Studie „Getting Skills Right: Future-Ready Adult Learning Systems" der OECD (2019) zeigt, sind viele der OECD-Mitgliedsländer dringend aufgefordert, ihre Systeme zur Erwachsenenbildung zu verbessern, um die Menschen bei der Anpassung an die zukünftige Arbeitswelt zu unterstützen.

Die Systeme der Erwachsenenbildung in den OECD-Mitgliedsländern sind reformbedürftig.

2

Die OECD empfiehlt, die Hürden für die Fort- und Weiterbildung beispielsweise durch finanzielle Anreize, Bildungsurlaub und Anerkennung der am Arbeitsplatz erworbener Kompetenzen abzubauen. Außerdem sei eine Flexibilisierung des Weiterbildungsangebotes etwa durch modulare Angebote im Rahmen des lebenslangen Lernens angeraten. Das von der OECD entwickelte Dashboard „Priorities of Adult Learning" (PAL) vergleicht die Zukunftsfähigkeit von berufsbezogenen Erwachsenenbildungssystemen verschiedener Länder anhand von 7 Parametern. Der internationale Vergleich macht ein Benchmarking möglich und zeigt auf, in welchen Bereichen Handlungsbedarf besteht. Zugleich geben viele Beispiele bewährter Verfahren aus OECD- und ausgewählten Nicht-OECD-Ländern Hinweise für die Verbesserung der Zukunftsfähigkeit der einzelnen nationalen Systeme der Erwachsenenbildung.

2.2 Die anthropologischen Grundbedürfnisse lebenslangen Lernens

Lernen ist ein spiralförmiger Prozess.

Am Anfang jeglicher Lernprozesse steht eine Diskrepanzerfahrung zwischen den spezifischen Anforderungen einer Situation und den Fähigkeiten und Fertigkeiten, die jemand aus der eigenen oder einer fremden Perspektive nicht ausreichend besitzt, um bestimmte Herausforderung zu meistern.

Wenn die gemachte Differenz- bzw. Diskrepanzerfahrung zu einem Wandel der bisherigen Wahrnehmungs-, Deutungs- und Handlungsstrukturen führt, findet eine Umstrukturierung von Erfahrungen statt, die wir als einen Lernprozess verstehen können; die veränderten Denk- und Handlungsprozesse unterliegen sodann einer Habitualisierung, bis sie wieder irritiert werden und eine neue Chance für Lernen entsteht. Lernen beschreibt insofern einen sich spiralförmig immer wieder auf neuen Ebenen vollziehenden *Transformationsprozess* (vgl. ◘ Abb. 2.1).

Die Selbstbestimmungstheorie der Motivation berücksichtigt die anthropologischen Grundbedürfnisse des Menschen.

Der Modus, in dem Menschen sich im Rahmen von Lern- und Bildungsprozessen formaler, nichtformaler und informeller Art begegnen, ist der des Dialogs.

Die Form der Begegnung, der Kontaktgestaltung, des Lehrens und Lernens ist deshalb von so zentraler Bedeutung, weil sie den zentralen anthropologischen Grundbedürfnissen des Menschen gerecht wird. Nach der Selbstbestimmungstheorie der Motivation sind dies

- das Bedürfnis nach *Kompetenz und Wirksamkeit*,
- das Bedürfnis nach *sozialer Eingebundenheit* sowie
- das Bedürfnis nach *Autonomie und Selbstbestimmung* (Deci und Ryan 1993).

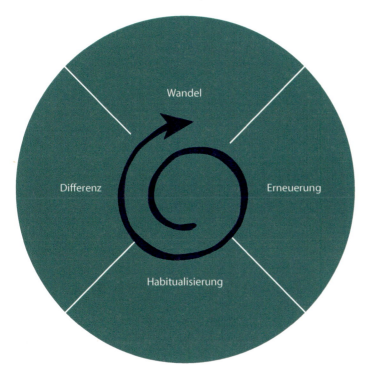

◘ **Abb. 2.1** Das Transformationsmodell des Lernens. (Quelle: eigene Darstellung Erich Schäfer)

Diese psychischen Bedürfnisse sind gekoppelt an die frühesten Erfahrungen des Menschen. Im Mutterleib erfährt das kleine Wesen bereits die Angewiesenheit auf den nährenden und Schutz bietenden Körper der Mutter, mit der es noch in einer symbiotischen Beziehung lebt, und gleichzeitig entsteht der Wunsch nach Wachstum und Autonomie. „Den Aufstieg zur Erkenntnis muss zwar jeder individuell vollziehen, aber es ist gleichzeitig ein kollektives Bemühen in einem dialogischen Prozess" (Hartkemeyer et al. 2015, S. 33).

Bezugnehmend auf Martin Buber und David Bohm, die entscheidenden Wegbereiter für unser heutiges Verständnis von dem, was wir unter einem Dialog verstehen, hat Isaacs (2002) den Dialog als die „Kunst, gemeinsam zu denken" bezeichnet. Intelligenz erweist sich demzufolge, wie es Hüther (2015b, S. 10) ausdrückt, „gar nicht als individuelle Fähigkeit, sondern ist immer das Ergebnis des Austausches von Wissen und Erfahrungen mit anderen Menschen." Unser Gehirn sei ein soziales Konstrukt, das sich „durch Beziehungserfahrungen mit anderen strukturiert"; genau dies geschieht im Dialog. Dem ursprünglichen Wortsinn folgend heißt *dia* „durch", und *logos* meint „das sinnvolle Wort". Der Begriff

Das Lernen wird durch eine Dialogkultur gefördert.

2

„Dia-log" meint also das Fließen von Sinn und das Erschließen von Bedeutung durch die Interaktion der Menschen.

Der Sinn erschließt sich durch gemeinsame Verstehensprozesse in einem „Erkenntnis fördernden Dialog" (Gadamer 2015, S. 42). Jede und jeder Beteiligte sucht dabei in einem gemeinsamen Dialog natürlich ihre bzw. seine ganz individuellen Antworten und beschreitet ihren bzw. seinen subjektiven Weg des Verstehens, was nichts anderes heißt, als ständig zu lernen. Auf diese Weise begründet eine Dialogkultur eine Lernkultur (Morin 2015, S. 52). Durch und über den Dialog werden die Voraussetzungen und Bedingungen geschaffen, innere oder äußere Erfahrungen zu machen, die im Idealfall zu (Er-) Kenntnissen führen. Auf diese Weise kann ein lebendiges Lernen entstehen, das sowohl inhaltsbezogenes Lernen als auch Persönlichkeitsentwicklung miteinander verbindet.

2.3 Der archimedische Punkt lebenslangen Lernens

Die zentrale Bedeutung des In-Beziehung-Gehens für das Lernen.

Konstruktivistische und systemische Sichtweisen sind für die Beziehungsdidaktik kennzeichnend.

Den Neurowissenschaften verdanken wir „Erkenntnisse über die psychischen und biologischen Folgen positiver zwischenmenschlicher Erfahrungen. Dopamin und Oxytocin gelten in Verbindung mit körpereigenen Opioiden als soziale Beziehungen fordernde Botenstoffe und als Auslöser für den erstrebenswerten Zustand Glück […]. Menschen haben offenbar ein biologisch begründetes Bedürfnis nach positiven zwischenmenschlichen Erfahrungen" (Badura et al. 2013, S. 31). Wie verschiedene Studien belegen, stehen soziale Beziehungen und Gesundheit in einer engen Wechselwirkung zueinander. Das Immunsystem ist umso stabiler, je besser die sozialen Beziehungen funktionieren; hingegen sind negative Beziehungen und wenig soziale Unterstützung mit erhöhtem Blutdruck in Stresssituationen verbunden (Uchino et al. 2012). Die Ergebnisse der Lernforschung verweisen auf einen analogen Sachverhalt: Lernen ist immer dann besonders nachhaltig, erfolgreich und bereitet zudem mehr Freude, wenn es uns gelingt, in Kontakt mit dem Lerngegenstand, sich selbst und den anderen Lernenden zu gehen. „Basiert die Lernbereitschaft hauptsächlich auf Lernen aus Freude, geht damit ein höheres Durchhaltevermögen einher" (Graf et al. 2016, S. 25). Auch die Innovationskraft in Unternehmen wird durch instrumentelle und affektive Beziehungen gefördert (Gómez-Solórzano et al. 2019). Sich auf Sachen und Menschen einzulassen, in eine Begegnung zu treten und eine dauerhafte Beziehung aufzubauen, fördert das nachhaltige Lernen. Auf diesen Zusammenhang weisen sowohl die Beziehungsdidaktik (Miller 2011), die interaktionistisch-konstruktivistische Didaktik (Reich 2012), die Gestaltpädagogik (Petzold und Brown 1977) als auch die Resonanzpädagogik (Rosa und Enders 2016) hin.

Die von Reich (2000) entwickelte interaktionistisch-konstr uktivistische Didaktik versteht sich als eine Beziehungs- didaktik. Miller (2011, S. 37) beschreibt die Bedeutung einer konstruktivistischen Sichtweise für die Beziehungsdidaktik wie folgt: „Konstruktivistische und systemische Sichtweisen sind für eine Beziehungsdidaktik von großer Bedeutung, weil diese sich mit Wahrnehmung, Beobachtung, Wirklich- keitskonstruktionen, Beziehungskonstellationen, Erkenntnis- möglichkeiten und mit psychischen (Individuen) und sozialen Systemen (Gruppen) befasst." Die konstruktivistische Didak- tik sieht die Lernenden als Subjekte, die den Lernprozess aktiv mitgestalten. Dies erfordert eine intensive Abstimmung von Lehrenden und Lernenden. Um diese zu ermöglichen, sind eine gelingende Kommunikation und verlässlich gestaltete Be- ziehungen erforderlich. Eine professionelle Beziehungs- gestaltung, die zu mehr Aktivität der Lernenden führt, deren Motivation erhöht und die Zahl der Störungen reduziert, zeichnet sich durch Freundlichkeit, Respekt und Authentizi- tät, Hilfsbereitschaft, Verbindlichkeit sowie Fairness und Konsequenz aus (Ulrich 2016, S. 89 ff.). Wie wir aus den Meta- analysen von Hattie (2009) wissen, steht die lehrende Person und deren Beziehungsgestaltung im Mittelpunkt der Wirk- samkeit von Unterricht in der Schule. Einer der wichtigsten Aspekte einer erforderlichen Lernumgebung „ist die Inter- aktion der Lerner zwischen sich und dem Lerngegenstand, der Lerner untereinander und zu den Lehrenden" (Reich 2012, S. 24). Es geht um ein dreifaches In-Beziehung-Gehen, erstens das In-Beziehung-Gehen zu sich selbst und dem eigenen Ler- nen, zweitens das In-Beziehung-Gehen zum sozialen Kontext, in dem gelernt wird, und drittens das In-Beziehung-Gehen zum eigentlichen Lerngegenstand.

Die Dimensionen des In-Beziehung-Gehens.

1. *Das In-Beziehung-Gehen zu sich selbst und dem eigenen Lernen:*

    Jeder Mensch hat verschiedene Persönlichkeitsanteile, die sich in einem ständigen inneren Dialog miteinander be- finden. Schulz von Thun (1998) hat hierfür den Begriff des inneren Teams geprägt, und Johann Wolfgang von Goethe (1808, S. 73; Faust I, Vers 1112–1117) spricht von „Zwey (sic!) Seelen wohnen, ach! in meiner Brust". Die intra- personale Kommunikation unserer verschiedenen Seelen- anteile unterliegt ähnlichen Regeln wie die interpersonelle, die zwischen zwei oder mehreren Personen stattfindet.

2

2. *Das In-Beziehung-Gehen zum sozialen Kontext, in dem gelernt wird:*

Wenn hier vom Kontext des Lernens die Rede ist, so ist damit primär der soziale Kontext gemeint; dieser besteht aus dem familiären und beruflichen Umfeld der Lernenden, dem kulturellen und gesellschaftlichen Kontext und vornehmlich den unmittelbaren Kontakten zu anderen Menschen, die als Mitlernende oder Lehrende den Mikrokosmos insbesondere des formalen und nichtformalen Lehr-Lern-Arrangements bilden. Zum Kontext gehört über die soziale Dimension hinaus des Weiteren der räumliche und zeitliche Kontext, in dem sich Lernen vollzieht, also z. B. die Räume und Orte, an denen Lernen stattfindet.

3. *Das In-Beziehung-Gehen zum eigentlichen Lerngegenstand:*

Wir treten nicht nur zu uns selbst und zu anderen Menschen in Beziehung, sondern setzen uns auch in Beziehung zu einer Sache oder einem Gegenstand, der sich im Fokus unserer Aufmerksamkeit befindet. Wir haben deshalb häufig ein gutes oder weniger positives bzw. neutrales Gefühl der Sache gegenüber, mit der wir uns beschäftigen. Auch dies ist ein nicht zu vernachlässigender Aspekt des Lerngeschehens. Wenn es gelingt, aus dem Lernobjekt ein Lernsubjekt zu machen, ist die Voraussetzung dafür geschaffen, in eine Beziehung von Subjekt zu Subjekt zu treten.

Lehren bedeutet, anregende Lernumgebungen zu schaffen.

Mit den Spiegelneuronen (Bauer 2006) verfügen wir über ein Resonanzsystem im Gehirn, das uns ein In-Beziehung-Gehen möglich macht, indem es Gefühle und Stimmungen anderer Menschen bei uns zum Erklingen bringt. Aus Sicht der Neurobiologie stellt Hüther (2015a, S. 79) fest: „Die einzige Strategie, die eine fortwährende, ungehinderte und ungestörte Entfaltung der in einem lebenden System angelegten Potenziale ermöglicht, ist die ständige Abstimmung und Rejustierung der innerhalb eines lebenden Systems etablierten Beziehungsmuster an die Erfordernisse, die sich aus einer möglichst engen und vielfältigen Beziehung der betreffenden Lebensform mit möglichst vielen möglichst verschiedenartigen Lebensformen ergeben."

Ein relationaler Lernbegriff, wie er dem entwickelten Verständnis eines In-Beziehung-Gehens entspricht, betont, dass Lernen in Beziehung stattfindet: „Wir lernen, indem wir die Welt gestalten, und gestalten die Welt, indem wir lernen" (Radatz 2013, S. 72). Die Maxime eines solchen Lernens besteht darin, die Handlungsmöglichkeiten der Lernenden zu steigern. Hierfür gilt es, einen förderlichen Rahmen zu schaffen, der den Lernenden Optionen für Erfahrungen anbietet und diese mit ihnen reflektiert. Lehre ist deshalb „mehr als Wissensvermittlung und Moderation von Diskussionen. Lehre ist Gestaltung von anregenden Lernumgebungen. Lehre ist der Wechsel der Beobachterperspektive, Lehre in der Weiterbildung ist die Bereitstellung von Lernmaterialien für unterschiedliche Lernkanäle, Lehre ist die Schaffung von sozialen Situationen." (Siebert 2000, S. 42 f.)

2.4 Das Lehren und Lernen gestalten

Die Impulse für die Gestaltung des Lehrens und Lernens gehen nach dem Mehrebenensystem der Weiterbildung von unterschiedlichen Ebenen aus. Schrader (2011, S. 94 ff.) unterscheidet die Ebene der Lerngelegenheiten, der Organisation, des institutionellen Umfeldes, nationaler politischer Akteure sowie inter-, supra- und transnationaler Akteure. Im Folgenden wollen wir die ersten beiden Ebenen, die Mikroebene der Didaktik im Lehr-Lern-Prozess sowie die Mesoebene des Weiterbildungsmanagements in den Blick nehmen.

> Das Mehrebenensystem der Weiterbildung.

> Selbstgesteuerte Lernprozesse lösen zunehmend dozentenorientierte Lehrprozess ab.

Die Gesamtheit des Lehrens und Lernens einschließlich seiner Kontextbezüge lässt sich mit dem Begriff der *Lernkultur* erfassen. Angesichts der Tendenzen zur Individualisierung und Flexibilisierung des Lernens tritt heute in zunehmendem Maße an die Stelle eines dozentenorientierten Lehrprozesses ein selbstgesteuerter Lernprozess, für den die Lernenden zunehmend die Kontrolle und Verantwortung übernehmen. Damit wird das alte Paradigma einer der mechanischen Erzeugungsdidaktik verpflichteten Lehr-Lern-Kultur durch das der Ermöglichungsdidaktik, das den Herausforderungen autonomer, selbstgesteuerter und subjektiver Aneignungsprozesse des Lernens gerecht wird, abgelöst.

> Der Unterschied zwischen Erzeugungs- und Ermöglichungsdidaktik.

> **Übersicht**
>
> Unter einer *Erzeugungsdidaktik* verstehen wir eine Didaktik, in der es primär um eine dozentenorientierte Wissensvermittlung mit dem Ziel geht, bestimmte vorher festgelegte Lernergebnisse zu erreichen. Sie setzt auf eine klare Lehrende-Lernende-Hierarchie, einen linearen Ablauf des Lernprozesses sowie überwiegend frontale Methoden (Arnold und Schüssler 1998, S. 10).
>
> Die *Ermöglichungsdidaktik* sieht ihre Aufgabe vornehmlich darin, für die Lernenden Rahmenbedingungen zu schaffen, die Lernprozesse ermöglichen und erleichtern. Sie bemüht sich um einen Hierarchieabbau, zyklische, dialogische und ganzheitliche Sichtweisen sowie offene, Selbstbestimmung ermöglichende Methoden (Arnold und Schüssler 1998, S. 10).

2

An der Entwicklung von Lernkulturen in den Unternehmen ist zu arbeiten.

Lehrende übernehmen vielfältige Rollen.

Wissenschaftliche Weiterbildung ist eine Aufgabe der Hochschulen.

Die Kontexte und Rahmenbedingungen im Sinn der Ermöglichungsdidaktik für die Lernbedarfe herzustellen ist eine Leitungsaufgabe im Rahmen des Weiterbildungsmanagements, dem eine systemisch-organisationale Perspektive zugrunde liegt. Mit Käpplinger (2016) lassen sich aufgrund seiner Studie zu den Konfigurationstheorien betrieblicher Weiterbildung drei Konfigurationen von Weiterbildungsteilnahme von Betrieben unterscheiden: die kontinuierliche, die diskontinuierliche sowie die kontinuierliche Nicht-Weiterbildungsteilnahme. Ob es gelingt, die Weiterbildungsteilnahme zu ermöglichen und zu verstetigen, hängt mitentscheidend von der strategischen Ausrichtung der Unternehmen ab. Wie bereits die Analysen von Bäumer (1999) zeigen, lassen sich diesbezüglich vier Managementtypen unterscheiden:

(a) die strategieunterstützende,
(b) die nachgefragt dienstleistende,
(c) die ressourcenbasierte sowie
(d) die rudimentäre Weiterbildung.

Die Studie von Graf et al. (2016) nimmt die betriebliche Weiterbildung branchen- und unternehmensgrößenübergreifend aus der Sicht der Mitarbeitenden in den Blick. Befragt wurden über 10.000 Personen, die zu 63 % aus dem Dienstleistungssektor stammen. Die Ergebnisse zeigen, dass diese zwar „ein ausgeprägtes Bewusstsein dafür (haben), dass sie sich kontinuierlich weiterbilden müssen" (Graf et al. 2016, S. 5); es fehlt ihnen allerdings häufig das Handwerkszeug, sich Lernziele zu setzen, ihre Lernzeit zu managen und das neu Gelernte in der Arbeit umzusetzen. Neben den persönlichen Fähigkeiten gilt es aber auch, an den strukturellen Rahmenbedingungen zu arbeiten. Die Lernkultur wird in den Unternehmen oft nur als mangelhaft beurteilt: „Insgesamt schätzt nur eine kleine Minderheit (8 %) der Befragten die Lernkultur in ihrem Unternehmen als gut bzw. sehr gut ein" und „nur insgesamt ein Drittel der Befragten (29 %) (empfindet) Weiterbildung und Lernen als gelebte Werte im Unternehmen" (Graf et al. 2016, S. 60). Da sich die Selbststeuerung von Lernprozessen bei den Mitarbeitenden noch nicht flächendeckend etabliert hat, wird es künftig vermehrt darauf ankommen, einerseits die strategische Bedeutung des Weiterbildungsmanagements in den Betrieben zu stärken und andererseits die Lernenden in ihren Lernprozessen zu begleiten und zu unterstützen. Dies stellt besondere Anforderungen an die Führungskräfte, als Lerncoaches ihrer Mitarbeitenden zu fungieren.

Die Aufgabe von Lehrenden besteht unter den Prämissen der Ermöglichungsdidaktik darin, die Parameter für die Organisation und die Steuerung des Lernens so festzulegen, dass eine Form gefunden wird, die für die Erfordernisse, Ansprüche sowie die Voraussetzungen und Bedingungen des jeweiligen Lernens von Individuum und Gruppe adäquat ist. Dies kann nur in einem gemeinsamen Prozess von Lehrenden und Lernenden geschehen. Die Lehrenden übernehmen zunehmend vielfältige Rollen, zu denen ohne Anspruch auf Vollständigkeit u. a. die folgenden gehören: Beobachter, Begleiter, Berater, Coach, Consultant, Dozent, Experte, Facilitator, Koordinator, Leiter, Lernscout, Partner, Moderator, Organisator, Prozessanleiter, Prozessbegleiter, Supervisor und Trainer bzw. Kotrainer. In diesen Rollen sind Lehrende primär Experten für den Prozess und nicht so sehr für den Inhalt; hier existiert ein Unterschied zum Weiterbildner, der sich überwiegend auch als Experte für den Inhalt versteht. Die Herausforderung besteht darin, beide Aspekte miteinander in Einklang zu bringen.

2.5 Die Hochschule als Ort lebenslangen Lernens

Die Hochschulen sind wichtige Institutionen des lebenslangen Lernens. In Anlehnung an die Weiterbildungsdefinition des Deutschen Bildungsrates aus dem Jahr 1970 versteht die Kultusministerkonferenz wissenschaftliche Weiterbildung als „Fortsetzung oder Wiederaufnahme organisierten Lernens nach Abschluss einer ersten Bildungsphase und in der Regel nach Aufnahme einer Erwerbs- oder Familientätigkeit, wobei das wahrgenommene Weiterbildungsangebot dem fachlichen und didaktischen Niveau der Hochschule entspricht" (Kultusministerkonferenz 2001, S. 2 f.). Diesem Begriffsverständnis haben sich auch BDA, HRK und DIHT (2003, S. 6) in ihrer gemeinsamen programmatischen Erklärung „Weiterbildung durch Hochschulen" aus dem Jahre 2003 angeschlossen, in der sie wissenschaftliche Weiterbildung als Oberbegriff für Hochschulangebote verstehen, welche die „Fortsetzung oder Wiederaufnahme organisierten Lernens zusammenfassen". Der Begriff der wissenschaftlichen Weiterbildung wird international allerdings weiter gefasst, als es im deutschsprachigen Raum zum Ausdruck kommt. Hierzu gehören nicht nur die Weiterbildung von Hochschulabsolventen, sondern auch die Angebote für nicht-traditionell Studierende (Hanft und Knust 2007, S. 38).

Auch wenn seitens des Hochschulsystems versucht wird, zwischen grundständiger akademischer Erstausbildung und wissenschaftlicher Weiterbildung zu unterscheiden, so werden die Grenzen zwischen Hochschul-, Berufs- und Weiterbildung zunehmend fragil. Ob es sich um Weiterbildung handelt oder

Die Grenzen zwischen den Bildungssektoren werden zunehmend unscharf.

2

Auf dem Markt der wissenschaftlichen Weiterbildung sind die Hochschulen nur marginal vertreten.

eine andere Bildungs- oder Lernaktivität, lässt sich erst vor dem Hintergrund der individuellen Bildungs- und Berufsbiographie entscheiden. Genau diese Perspektive bringt das Konzept des lebenslangen Lernens ein. Im Kontext des internationalen Diskurses über lebenslanges Lernen ist daher von einem erweiterten, lebenslauftheoretisch fundierten Begriffsverständnis auszugehen (Schuetze 2014; Wolter und Banscherus 2016).

Wie in der trinationalen Studie, die sich auf Deutschland, Österreich und die Schweiz bezieht, zur Neubestimmung des Verhältnisses von grundständigem Studium und wissenschaftlicher Weiterbildung im Rahmen des Bologna-Prozesses dargelegt wird (Bredl et al. 2006), haben die Hochschulen in ihrer überwiegenden Mehrheit weder erkannt, was es bedeutet, die Idee des lebenslangen Lernens zu adaptieren, noch haben sie eine Strategie zu ihrer Implementation entwickelt. Leider hat sich hieran bis heute nichts Grundlegendes geändert. Eine solche Strategie müsste die Reform der Erstausbildung mit dem Ausbau der wissenschaftlichen Weiterbildung verbinden.

In dem Maße, in dem die Bedeutung eines ersten Studienabschlusses durch die Notwendigkeit lebenslanger Lernprozesse relativiert wird und den öffentlichen Hochschulen überdies in Gestalt privater Institutionen gerade in der Weiterbildung eine mächtige Konkurrenz erwächst, steht die (öffentliche) Hochschule in der Gefahr, als gesellschaftliches Kompetenzzentrum an Bedeutung zu verlieren. Wenn die Hochschule „die wichtigste Institution" bleiben will, „die für die Vermittlung wissenschaftlicher Resultate und Denkweisen als kompetent" gilt (Plessner und Strzelewicz 1961/1985, S. 58), dann wird sie diesen Anspruch in Zukunft auch in der Weiterbildung und durch ihre Öffnung einlösen müssen. Schließlich gehört lebenslanges Lernen zu den zentralen Rollenanforderungen akademischer Berufe.

Da statistische Angaben über den Bereich der wissenschaftlichen Weiterbildung bislang kaum vorliegen, ist der Anteil der Hochschulen am Weiterbildungsmarkt nur näherungsweise bekannt. In Deutschland spielen die Hochschulen lediglich eine marginale Rolle auf dem Markt der wissenschaftlichen Weiterbildung. Nach den Resultaten des Adult Education Survey 2016 (Bilger et al. 2017) rangieren die Hochschulen als Anbieter von Weiterbildung, gemessen an der Zahl der Weiterbildungsaktivitäten bezogen auf die prozentualen Anteile, hinter Arbeitgebern, Firmen, selbstständig tätigen Einzelpersonen, kommerziellen Bildungsinstituten, öffentlichen Weiterbildungseinrichtungen sowie Berufs- und Fachverbänden (Bilger et al. 2017). Nach dem AES-Trendbericht (BMBF 2017) beträgt der Anteilswert der wissenschaftlichen Weiterbildung an allen Bildungsaktivitäten der 18- bis 64-Jährigen 4 %.

Internationale Vergleichsstudien, die auf Beteiligungsdaten basieren (Reichert 2007; Schaeper et al. 2007), zeigen, dass die Unterschiede in der Beteiligung an Hochschulweiterbildung zwischen den verschiedenen Ländern ihre Erklärung keineswegs im individuellen Weiterbildungsengagement finden, sondern in organisationalen Strukturen, in der institutionellen Verfassung des gesamten Weiterbildungsmarkts und im Engagement der Hochschulen. In Finnland ist die Partizipation an von Hochschulen angebotenen Weiterbildungsmaßnahmen besonders hoch. Danach folgen Österreich, Großbritannien, Kanada sowie die USA mit sehr ähnlichen Teilnahmequoten. Deutschland und Frankreich weisen eine eher niedrige Partizipation an Hochschulweiterbildung auf. Die generelle Beteiligung an beruflicher Weiterbildung streut bei Hochschulabsolventen weitaus weniger zwischen den Ländern als die Teilnahme an universitären Angeboten.

Maßnahmen zur Stärkung der Hochschulen als Orten des lebenslangen Lernens.

Um die Hochschulen als Orte des lebenslangen Lernens zu stärken, bieten sich die folgenden Maßnahmen an: die Schaffung der Durchlässigkeit von Bildungsstufen und -sequenzen als auch von Studium und Berufstätigkeit, die Pluralisierung der Lernorte, die Erprobung neuer Lehr- und Lernformen, die Flexibilisierung von Studienzeiten über die gesamte Lebensspanne, vielfältigere Formen des Studiums nebeneinander (Vollzeit-, Teilzeitstudium, berufsbegleitendes Studium und Fernstudium), die systematische Anerkennung von Kompetenzen, die außerhalb der Hochschule erworben wurden, die Vorbereitung auf das lebenslange Lernen im Studium selbst sowie die Öffnung der Hochschulen für nicht-traditionelle Studierende. Es reicht aber nicht aus, die rechtlichen Rahmenbedingungen anzupassen, gute Organisations- und Unterstützungsformen zu finden sowie die Weiterbildung noch stärker als bisher in die Entwicklungsplanung der Hochschulen mit einzubeziehen, wie es der Wissenschaftsrat (2019) in seinen Empfehlungen zu hochschulischer Weiterbildung als Teil des lebenslangen Lernens zu Recht fordert. In der wissenschaftlichen Weiterbildung müsste zusätzlich ein Paradigmenwechsel durch eine *als Lernprozess angelegte Wissensproduktion* im gleichberechtigten Dialog zwischen allen Beteiligten angestoßen, befördert und verankert werden. Wissenschaftliche Weiterbildung könnte so zu einer nachhaltigen Öffnung der Hochschule betragen, indem sie ihre Teilnehmer zu Teilhabern macht (Schäfer 2020). Darüber hinaus ist es erforderlich, dass sich die Wissenschaft der Gesellschaft gegenüber viel radikaler als bisher öffnet (Hartung und Sentker 2017).

Erforderlich ist eine neue Form der Wissenschaftskommunikation.

Es reicht heute nicht mehr, noch geschicktere und effizientere Formen der Wissensdistribution und der Vermarktung von Wissenschaft zu entwickeln. An die Stelle von Wissenschafts-PR in Form von PUSH („public understanding of science and humanities") und PUR („public understanding of research") sollte echte Wissenschaftskommunikation treten. Es geht um einen Paradigmenwechsel, eine „Demokratisierung der Wissenschaft", wie sie bereits Dieter Simon (2000), der ehemalige Präsident der Berlin-Brandenburgischen Akademie der Wissenschaften, gefordert hat. Eine offene Wissenschaft muss es lernen, der Gesellschaft wirklich zuzuhören und sich einzulassen auf ihre Fragestellungen und die Anliegen ihres unmittelbaren gesellschaftlichen Umfeldes.

Die Third Mission der Hochschule.

Die Aktivitäten und Leistungen der Hochschulen, die unmittelbar in die Gesellschaft und Wirtschaft hineinwirken, werden unter dem Begriff der „Third Mission" zusammengefasst. Diese geht deutlich über Kooperationen und Abschlussarbeiten hinaus.

> Die *Third Mission* „legt den Fokus vor allem auch auf die Verknüpfung von Hochschulen und ihren Mitgliedern mit der Zivilgesellschaft. Gesellschaftliches oder regionales Engagement, Nutzen für die Gesellschaft, soziale Innovationen oder auch Weiterbildung und Kooperationen mit zivilgesellschaftlichen Partnern gehören in gleichberechtigter Weise zu Third Mission wie Kooperationen mit Unternehmen. Der direkte Austausch und die wechselseitige Interaktion stellen den Kern dieser dritten Mission dar" (Roessler et al. 2015, S. 4).

Die wissenschaftliche Weiterbildung ist ein Feld par excellence für die Third Mission. Sie ist auch deshalb dazu prädestiniert, weil sie nicht nur in einem Diskurs mit gesellschaftlichen Akteuren steht, sondern im Rahmen von Weiterbildung in einem Dialog zu einer Relationierung unterschiedlicher Wissensformen, des Handlungswissens und des Wissenschaftswissens (Dewe 2005) beitragen kann.

2.6 Neues Lernen in der VUKA-Welt

Die Herausforderungen der VUKA-Welt machen die Dringlichkeit selbstorganisierten Lernens deutlich.

Das Akronym VUKA soll zum Ausdruck bringen, dass wir heute in einer Welt leben, die durch die Volatilität in der Art und Intensität der Veränderungen, der Unsicherheit in der prognostizierbaren Vorhersehbarkeit von Ereignissen, der Komplexität der Interdependenzen von Ereignissen und Handlungen sowie der Ambiguität in der Mehrdeutigkeit der Faktenlage gekennzeichnet ist. Angesichts einer solchen Arbeitswelt kommt es sowohl innerhalb als auch außerhalb der Unternehmen und Organisationen zu einer Komplexitätszunahme bei gleichzeitiger Beschleunigung von Veränderungsprozessen.

In den letzten Jahren hat sich die Dringlichkeit *selbstorganisierten Lernens* aufgrund der Herausforderungen der VUKA-Welt (Ehmer et al. 2016, S. 26 f.) massiv erhöht.

> „Beim *selbstorganisierten Lernen* handelt es sich um Prozesse, bei denen die Lernenden selbst die Initiative ergreifen, ihre Lernbedürfnisse artikulieren, daraus Lernerwartungen und Lernziele ableiten, die notwendigen Ressourcen organisieren, Lernstrategien auswählen, die Lernformen aushandeln und den Lernprozess selbst evaluieren" (Bürgisser 2006, S. 567).

Es kommt darauf an, Arbeiten und Lernen systematisch miteinander zu verbinden.

Wie die Konferenz der Association for Talent Development, dem größten Verband für Weiterbildnerinnen und Weiterbildner weltweit, in Washington von 2019 zeigt, geht der Trend zum selbstorganisierten Arbeiten und kollaborativen Lernen (Schwuchow 2019). Heute setzt sich zunehmend die Erkenntnis durch, dass es darauf ankommt, Lernen und Arbeiten enger miteinander zu verknüpfen und Lernen in den Arbeitsalltag zu integrieren. Für den Wissens- und Kompetenzerwerb gilt das 70:20:10-Modell; dieses basiert auf den Ergebnissen der Untersuchungen von Lombardo und Eichinger (1996). Demzufolge findet Lernen zu 70 % in Form von Workplace Learning, zu 20 % durch soziales Lernen im Austausch und zu 10 % durch formales und nicht-formales Lernen statt.

> *Workplace Learning* im Prozess der Arbeit findet statt beispielsweise durch Performance Support, Aufgaben, Projekte, Wikis, Checklisten oder Flowcharts, *soziales Lernen im Austausch* in Form von Coaching, Mentoring, Intervision (hierzu Kühl und Schäfer 2019), Communities of Practice, Kollaborationstools und *formales und nicht-formales Lernen* in Form von traditionellen Seminaren, Trainings, Workshops, Webinaren, E-Learning, Lesen von Texten etc.

Kompetenzentwicklung findet auf den Stufen von Praxis, Coaching und Training statt.

Analog zu den drei Arten des Lernens unterscheidet Sauter (2017) drei Stufen der Kompetenzentwicklung, die Praxisstufe, die Coachingstufe sowie die Trainingsstufe. Allen drei Arten des Lernens ist gemeinsam, dass ein Wissenserwerb auf Vorrat heute nur noch wenig Sinn macht, weil er nicht zeitnah umgesetzt werden kann. Benötigt wird immer mehr ein Wissen „just in time", was zu einem Lernen auf Abruf, dem sog. Learning on Demand führt.

Was unter *neuem Lernen* verstanden werden kann, skizziert die Haufe Akademie (2019) in dem Whitepaper „Megatrend Neues Lernen". Neues Lernen zeichnet sich demnach durch die ganzheitliche Betrachtung dreier Dimensionen aus. Dies sind die Mitarbeitenden, die Organisation und das Arbeitsumfeld (vgl. ◘ Abb. 2.2).

Das neue Lernen zielt auf eine Passung von Mitarbeitenden, Organisation und Umwelt ab.

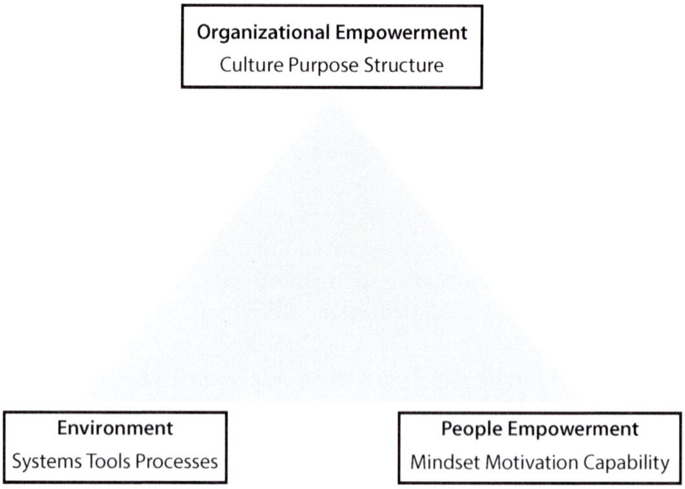

2

Organizational Empowerment
Culture Purpose Structure

Environment
Systems Tools Processes

People Empowerment
Mindset Motivation Capability

◘ **Abb. 2.2**   Der 3D-Ansatz des neuen Lernens. (Quelle: Haufe Akademie 2019, S. 3)

Das Ziel der Weiterbildung wird darin gesehen, sowohl für künftige Aufgaben als auch für den aktuellen Bedarf fit zu machen, und zwar gleichermaßen auf individueller und organisatorischer Ebene. Die zukunftsorientierte Qualifizierung ist auf die Rolle der Mitarbeitenden im Unternehmen bezogen. „Ihr Ziel ist die strategische Entwicklung der Mitarbeiter hinsichtlich der Unternehmensziele" (Haufe Akademie 2019, S. 7). Hierfür eignen sich insbesondere das formale und nicht-formale Lernen in Form von Trainings und Seminaren. Die situative Qualifizierung dient der zeitnahen „Generierung von businessrelevantem Output" (Haufe Akademie 2019, S. 7) Zurückgegriffen wird dabei auf performanceorientierte Ressourcen des informellen Lernens in Form von Mikroformaten. Beide Formen der Qualifizierung sollen durch digitales Lernen unterstützt werden. Als Erfolgsbedingung für die geforderte ganzheitliche Weiterbildungsstrategie wird angesehen, dass es gelingt, eine Unternehmens- und Lernkultur zu etablieren, in der Lernen zu einer akzeptierten Selbstverständlichkeit der Arbeit wird, indem diese lernförderlich gestaltet wird.

Das neue Lernen zeichnet sich durch agile Lehr-Lern-Formate aus.

Da die Kulturveränderung eine parallele Etablierung von strukturellen Rahmenbedingungen erfordert, gilt es, hierzu noch einige über das Whitepaper hinausgehende Ansätze und Vorschläge zu unterbreiten. Erstens ist es wichtig, dass identifizierte Zugangsbarrieren beseitigt und gleichzeitig ein Angebot von analogen und digitalen Plattformen für den Austausch im arbeitsintegrierten Lernen geschaffen werden. Zweitens gilt es, eine professionelle Lernbegleitung in Form eines optionalen Unterstützungssystems für Individuen und Teams vorzuhalten. Drittens bedarf es der Aufklärung über die Möglichkeiten agiler Lernformate wie beispielsweise die kollegiale Fallberatung, Rotation Days, FedEx Days etc. Viertens ist die Vorbildfunktion von Leitungs- und Führungskräften von zentraler Bedeutung, wenn es darum geht, Modelle für Lernen zu präsentieren (hierzu Heinz 2019). Lernen am Arbeitsplatz erfordert, dass „immer wieder neue Erfahrungen gemacht werden können" (Böhle et al. 2019, S. 39). Zur Kulturveränderung gehört deshalb auch der Umgang mit Fehlern, die als Lernchance begriffen werden.

Neues Lernen zeichnet sich insbesondere durch seine *agilen Lehr-Lern-Formate* aus. Diese orientieren sich mehr an Lernbedarfen als an vorgegebenen Lernzielen. Deshalb ist es so wichtig, dass Lernbegleiter ganz im Sinne der Erkenntnisse der Neurobiologie in der Lage sind, die Lernenden einzuladen, zu inspirieren und zu ermutigen (Hüther 2015a, S. 16) und durch entsprechende Lernsettings das Lernen ermöglichen und den Lernenden die Chance geben, „etwas in sich selbst zu entdecken" (Hartkemeyer et al. 2015, S. 95). Dafür gilt die Erkenntnis von Augustinus auch noch heute: „In dir muss brennen, was du in anderen entzünden willst."

Methoden, mit denen agiles Lernen gut gelingen kann, sind z. B. Working Out Loud, Scrum, Design Thinking bzw. das Social Presencing Theater (Scharmer 2019, S. 112 f.). Wie Ritschel (2016, S. 34) aufzeigt, gehört die Zukunft Ansätzen, „die ein Lernen auf Basis von Selbststeuerung, verbunden mit hoher sozialer Interaktion, ergänzt durch die Chance zur selbst- und gruppenbezogenen Reflexion und mit großer Nähe zur Lebens- und Arbeitswirklichkeit der Beteiligten ermöglichen". Weitere „multiperspektivische, methodenoffene, eigenständige kollaborative Lernarrangements" (Ritschel 2016, S. 35) werden zu entwickeln und zu erproben sein. Über den intensiven Austausch mit anderen und eine vertrauensvolle Beziehungsgestaltung wird die Grundlage dafür gelegt, dass die Beziehung zum Gegenstand des Lernprozesses intensiviert werden kann.

> Der Personalentwicklung kommt eine strategische Rolle zu.

Um die Ziele eines ganzheitlichen Ansatzes von neuem Lernen in den Unternehmen und Organisationen umzusetzen, muss die Personalentwicklung umdenken. So konstatiert Neumann (2017, S. 20) aufgrund von Experteninterviews: „Die Mitarbeiter lernen zunehmend selbstorganisiert und nicht nur, weil die Aufgaben in der VUCA-Arbeitswelt immer komplexer werden. Es dauert schlichtweg zu lange, bis die Personalabteilung eine passende Weiterbildungsmaßnahme entsprechend des Lernbedarfes konzipiert hat. Dagegen ist das

> Die Verbindung von operativem und explorativem Lernen wird zu einer Voraussetzung für Transformation.

2

Lernen von- und miteinander effektiver." Fach- und Führungskräfte stehen zunehmend vor der Herausforderung, ihre beruflichen Kompetenzen eigenständig weiterzuentwickeln. Dass hierfür Ansätze zu erkennen sind, dafür liefert die Studie „Workplace Learning Report 2019" (LinkedIn 2019) Belege. Demnach spielt die Personalentwicklung zunehmend eine strategische Rolle in den Unternehmen. Aufgrund größerer Spielräume bei Budget und Personal, einhergehend mit einer hohen Wertschätzung für das Lernen im Unternehmen, geben 82 % der Befragten an, dass die Führungskräfte in ihrem Unternehmen die Mitarbeitenden aktiv dabei unterstützen, sich weiterzubilden. Dabei kommt es darauf an, „im Sinne der Ermöglichungsdidaktik bedarfsgerechte Ermöglichungsrahmen für die selbstorganisierte Kompetenzentwicklung" (Sauter 2017, S. 14) aller Mitarbeitenden zu schaffen.

Bezogen auf die Weiterbildung besteht die Herausforderung der VUKA-Welt u. a. darin, das *operative Lernen*, bei dem es darum geht, im eigenen Handeln effektiver und effizienter zu werden, mit dem *explorativen Lernen*, das auf Experimentieren, Entdecken und Innovation abzielt, miteinander zu verbinden. Dies zu realisieren setzt sich der Ansatz des Value-Creation Oriented Learning (Foelsing und Schmitz 2019) zum Ziel, der als Lernen im Prozess der Arbeit einerseits den individuums- und andererseits den organisationsbezogenen Mehrwert miteinander zu verbinden versucht. Solche neuen Ansätze gilt es, jenseits der bislang praktizierten Muster zu entwickeln und erproben. Damit erweitert sich der Blick von Skills, Development und Performance in der Personalentwicklung und im Coaching auf die Aspekte einer weiterreichenden Transformation. Diese setzt dann ein, „wenn gewohnte Einschätzungen und Vorgehensweisen als nicht mehr zielführend wahrgenommen werden" (Klimek 2019, S. 61). Um generative Transformationen möglich werden zu lassen, braucht es Denk- und Reflexionsräume und eine entsprechende Kultur, die es zu etablieren gilt.

Strategische Bedeutung der Berücksichtigung digitaler Medien in Prozessen der Weiterbildung.

In der VUKA-Welt, mit ihren zunehmend liquiden Organisationen (Beisner und Häfelinger 2016) kommt es mehr als jemals zuvor darauf an, Arbeiten, Lernen und Führung passungsbezogen, kontextgeeignet und zukunftsorientiert im Dialog mit relevanten Anderen zu gestalten. Das individuumsbezogene, selbstorganisierte Lernen im Arbeitsprozess gelingt dort besonders gut, wo die entsprechenden Rahmenbedingungen gegeben sind. Hierzu gehören flache Hierarchien, vertrauensvolle und wertschätzende Zusammenarbeit, Fehlertoleranz, Freiräume für Entwicklungen, personelle und finanzielle Ressourcen, Transparenz, Partizipation sowie vielfältige Kommunikationsmöglichkeiten.

Neues Lernen kann digital sein, muss es aber nicht sein. Wie Studien des Schweizerischen Verbands für Weiterbildung (SVEB) zusammen mit der PH Zürich (Sgier et al. 2018), der Bertelsmann Stiftung (Schmid et al. 2018) sowie des Wuppertaler Kreises (2019) zeigen, wird den digitalen Medien von Weiterbildungseinrichtungen zwar eine hohe strategische Relevanz zugeschrieben, die Potenziale wurden bis zur Corona-Krise aber nur begrenzt genutzt. Auf der einen Seite sind Lernmanagementsysteme (LMS) wie beispielsweise Moodle, Ilias oder BSCW das Resultat der Digitalisierung von traditionellen Bildungssettings; auf der anderen Seite sind Personal Learning Environments (PLE) das Resultat der Digitalisierung von sozialen Beziehungen (Wampfler et al. 2019). Wie beide sinnvoll aufeinander bezogen und in Bildungsprozessen miteinander verbunden werden können, ist derzeit weitgehend eine noch offene Frage.

Wir erleben heute eine „grundlegende Veränderung der Art, wie Wissen generiert und dargestellt wird. Die Digitalität – verstanden als von digitalen Technologien geprägte Bedingung, wie wir etwas über die Welt erfahren und wie wir mit der Welt verbunden sind – erlaubt uns, andere Beziehungen zu knüpfen, neue Muster der Darstellung zu suchen und den bisherigen Mustern zu misstrauen" (Stalder 2019, S. 51). Die zentrale Herausforderung der Kultur der Digitalität (Stalder 2016) ist dabei die Komplexitätszunahme. Um hiermit bei gleichzeitiger Beschleunigung von disruptiven Veränderungen (Mutius 2017) in der VUKA-Welt umzugehen, benötigen Organisationen für die Arbeit auf individueller, Team- und Führungsebene real und metaphorisch *Räume für neues Denken*. Hierzu gehören Räume für Ruhe und Rückzug, für Konzentration, für Ideengenerierung, für selbstorganisiertes Lernen und vor allem für Reflexion.

Mit dem zunehmenden Komplexitätsgrad der Problemlagen gewinnt das erfahrungsbasierte sowohl gegenstands- wie kooperationsbezogene Kontextwissen der Mitarbeitenden jenseits des objektivierenden Wissens an Bedeutung (Dethloff 2019; Böhle et al. 2019). Dieses Wissen kann nur durch arbeitsintegriertes Lernen erworben werden. Damit es seine Wirksamkeit im Arbeitsalltag bei der Gestaltung in den Dimensionen Produkt, Prozess, Kultur und Soziales voll entfalten kann, ist es erforderlich, Rückkoppelungsschleifen in Form von Reflexionsprozessen zu organisieren. Nur so lassen sich nachhaltige Lern- und Entwicklungskulturen schaffen. Dabei ist die Lern- und Reflexionsfähigkeit der Fach- und Führungskräfte besonders gefordert.

Die disruptiven Veränderungen und die beschleunigte Digitalisierung erfordern Räume für neues Denken.

2.7 Die Bedeutung der Reflexion für das lebenslange Lernen

2

Reflexionsprozesse sind Voraussetzung und Bedingung für Lernprozesse.

Mit den Herausforderungen der VUKA-Welt wird nicht nur das selbstorganisierte Lernen, sondern in Verbindung damit auch die Reflexion beruflichen Handelns mit dem Ziel der Steigerung der Kompetenzentwicklung und Verbesserung der Zusammenarbeit in Organisationen zunehmend zu einer Notwendigkeit. Neben der Fort- und Weiterbildung und professioneller Reflexion durch Supervision sowie Coaching gewinnt der vertrauensvolle und gleichzeitig gezielte kollegiale Austausch an Bedeutung (Kühl und Schäfer 2020; Scholer 2013). Die Anforderungen an die systematische Selbstreflexion beruflichen Handelns werden deshalb noch weiter steigen (Dick et al. 2016), und zwar in verzahnten individuellen und organisationsbezogenen Prozessen.

Die Zukunftsfähigkeit lernender Organisationen hängt von der strukturellen Verankerung der Reflexionsprozesse in organisationalen Kontexten ab.

Individuell ist der Mensch darauf angelegt, handelnd seine Welt zu gestalten. In diesem Prozess finden transformative Lern- und Veränderungsprozesse (Mezirow 1997) statt. Dabei werden Deutungs- und Handlungsschemata modifiziert, revidiert oder komplett neu entworfen. Spätestens dann, wenn nicht nur Fähigkeiten und Kompetenzen erweitert und erworben werden, sondern in transformativen Lernprozessen auch die gewohnheitsmäßigen Sicht- und Fühlweisen verändert werden, geht dies nicht ohne Reflexionsprozesse. Diese sind konstitutiv für Lernprozesse, da sie als Feedbackschleifen eine Abstimmung und Rejustierung etablierter Beziehungsmuster möglich machen. Lernen ist kein bloßer Aneignungsprozess, sondern ein Anverwandlungsprozess, der die Voraussetzungen und Bedingungen seiner Möglichkeit selbst zum Gegenstand der Betrachtung macht. Hierzu gilt es, geeignete Instrumente und Methoden der (Selbst-)Reflexion zu nutzen. Aufgrund der prinzipiellen Unabgeschlossenheit von Lernprozessen ist die Reflexion gleichzeitig eine Voraussetzung und Bedingung für lebenslanges, lebendiges und nachhaltiges Lernen.

Im Transflexings® wird der Zusammenhang von Reflexion und Transformation zum Ausdruck gebracht.

Die strategische Organisationsentwicklung wird heute zunehmend in ihrer planerischen Ausrichtung aufgrund der volatilen und disruptiven Kontextveränderungen vielfach von den Realitäten eingeholt oder gar überrollt. Neben den mehr denn je notwendigen visionären Dimensionen wird zunehmend ein „Fahren auf Sicht" erforderlich, um den gestiegenen Anforderungen an eine agile Organisation gerecht zu werden. Dies wiederum macht ein stetig steigendes Maß an Reflexion auf allen Ebenen der jeweiligen Arbeitssysteme erforderlich. Methodische Beispiele aus der Projektarbeit und dem agilen Projektmanagement sind Lessons learned, Retrospektive und After Action Review (Dollinger und Wiggenhauser 2019). Die

Zukunftsfähigkeit lernender Organisationen (Radatz 2019) wird entscheidend davon abhängen, inwiefern es ihnen gelingt, ihre jeweiligen Reflexions- und Transformationsprozesse auf sämtlichen Organisationsebenen adäquat zu gestalten.

Für den Aufbau einer *Reflexions- und Lernkultur* in Unternehmen und Organisationen und eines darin eingebetteten Reflexionssystems liefert das *Transflexing*® ein Rahmenkonzept (Kühl et al. 2018). Mit der Wortschöpfung des Transflexing® wird der Zusammenhang von Reflexion und Transformation zum Ausdruck gebracht. Konstitutiv im Begriff des Transflexing® mitgedacht sind neben Reflexion und Transformation weitere Prinzipien. Hierzu gehören die dialogische Orientierung (Isaacs 2002; Hartkemeyer et al. 2015) in der Kommunikation, die Passung zwischen Person, Team und Organisation (Largo 2017; Schmid und Messmer 2003) sowie die innere Haltung der Organisationsmitglieder als Ausgangspunkt jeglicher Handlungen, die entscheidend für den Erfolg von Interventionen ist (Scharmer 2020; Goldhorn 2019). Die genannten Prinzipien gelten gleichermaßen für die Individuen, Teams und Organisationen als Ansatzpunkte. Das Transflexing® sieht die Ausgestaltung eines Reflexionsraumes vor, der verschiedene Beratungsformate beinhaltet und neben Führung und Management als drittes Element tritt. Das Transflexing® dient der professionellen Selbstreflexion und Selbsterneuerung und findet in einem arbeitsweltbezogenen organisationalen Kontext statt (vgl. ■ Abb. 2.3).

Metaphorisch lässt sich Transflexing® im Sinne eines verglasten und mit Vorhängen versehenen Separees verstehen; damit soll zum Ausdruck gebracht werden, dass im Arbeitsleben zunehmend Räume für methodisch gestaltete Reflexions- und Transformationsprozesse zur Verfügung gestellt werden

Das Transflexings® gilt es einzubetten in ein Weiterbildungsmanagement, das auf die Passung von individuellem und organisationalem Lernen achtet.

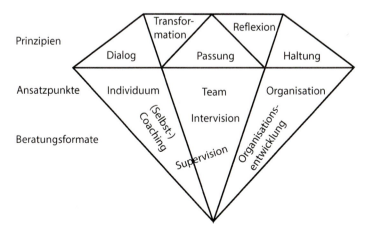

■ **Abb. 2.3**   Dimensionen des Transflexing. (Quelle: Kühl et al. 2018, S. 59)

sollten (hierzu Kühl et al. 2018). Diese vom Arbeitsplatz der Fach- und Führungskraft abgegrenzten, jedoch angesichts der Verglasung in ihren organisationsbezogenen Dimensionen transparenten und hinsichtlich persönlicher Anteile vertraulichen Reflexionsräume können durch Führungskräfte, Mitarbeitende sowie externe bzw. interne Beratungsprofis ausgestaltet und flexibel genutzt werden. Sie sind einerseits von informellen (Flur-)Gesprächen und andererseits von den bisherigen Meetings- bzw. Dienstbesprechungskulturen abzugrenzen.

An die Fach- und Führungskräfte richten sich mit dem Transflexing® neue Rollenanforderungen: So soll die Führungskraft in Kooperation mit den Mitarbeitenden die entsprechenden Reflexions- und Transformationsbedarfe klären, die personellen, zeitlichen, räumlichen und finanziellen Ressourcen sichern und mögliche Ressourcenkonflikte im Sinne von transparenter Interessenabwägung und synergetischer Nutzung aushandeln. Das Transflexing® gilt es einzubetten (a) in ein Weiterbildungsmanagement, das der Weiterbildung eine strategische Funktion zuweist und dabei auf die Passung von individuellen und organisationalem Lernen achtet, (b) ein didaktisches Verständnis der Lernbegleiter, die sich im Sinne der Ermöglichungsdidaktik stärker darauf fokussieren, Lehr-Lern-Arrangements für selbstgesteuerte Lernprozesse zur Verfügung stellen und dabei ihr Rollenverständnis diversifizieren, sowie (c) Lernende, die Verantwortung für ihre eigenen Lernprozesse übernehmen. Auf diese Weise lassen sich die Voraussetzungen dafür schaffen, dass Führung auf Distanz auch in Post-Corona-Zeiten gelingt. Dabei kann sowohl auf den Entwicklungsschub der Digitalisierung als auch eine damit einhergehende Entfaltung menschlicher Kreativität gesetzt werden (Mutius 2020).

Fazit

Bei dem lebenslangen bzw. lebensbegleitenden Lernen handelt es sich um eine schon aus der Historie bekannte Idee, die von supranationalen Institutionen im letzten Jahrhundert begrifflich fixiert und heute zunehmend in die Wirklichkeit umgesetzt wird. Mit dem lebenslangen Lernen ist ein bildungsbereichsübergreifender Anspruch verbunden, der eine vertikale („life-long"), eine horizontale („life-wide") sowie eine Tiefendimension („life-deep") umfasst. In Abhängigkeit vom Institutionalisierungsgrad des Lernens wird zwischen dem formalen, nicht-formalen und informellen Lernen unterschieden. Das Lernen vollzieht sich in einem zyklischen Prozess, an dessen Beginn eine Differenz- bzw. Diskrepanzerfahrung steht. Die anthropologischen Grundlagen des lebenslangen Lernens sind die Bedürfnisse nach Kompetenz und Wirksamkeit, sozialer Eingebundenheit sowie Autonomie und Selbstbestimmung. Damit Lernen gelingen kann, gilt es, diese Grundbedürfnisse in einem dialogischen Prozess, in dessen Mittelpunkt das dreifache In-Beziehung-Gehen steht, zu erfüllen. Das In-Beziehung-Gehen richtet sich auf das eigene Selbst, den sozialen Kontext sowie den Lerngegenstand. Die Konsequenzen daraus, dass die Menschen zwar lernfähig, aber unbelehrbar sind, hat die Ermöglichungsdidaktik gezogen, indem sie im Gegensatz zur Erzeugungsdidaktik darauf setzt, gute Rahmenbedingungen für die Lernenden zu schaffen, anstatt ihnen lediglich Wissen vermitteln zu wollen. Damit ist auch ein Rollenwechsel zum Lernbegleiter verbunden. Lebenslanges Lernen kann an nahezu allen Orten in der Gesellschaft stattfinden. Hochschulen sind in diesem Kontext eine sehr wichtige Institution. Damit die von den Hochschulen getragene wissenschaftliche Weiterbildung ihr Potenzial als relevanter Teil des lebenslangen Lernens voll entfalten kann, müssen hierfür noch stärker als bislang die entsprechenden Rahmenbedingungen geschaffen werden. Die Aktivitäten der „Third Mission" können den Rahmen schaffen für eine nachhaltige Öffnung der Hochschulen und ein forschendes Lernen, in dem die Teilnehmer zu Teilhabern werden. Die Anforderungen, die an das betriebliche und berufliche Lernen angesichts der Herausforderungen der VUKA-Welt gestellt werden, lassen sich unter dem Stichwort des neuen Lernens zusammenfassen. Dieses setzt auf ein Workplace Learning, welches die Trias von Mitarbeitenden, der Organisation und des Arbeitsumfeldes gleichermaßen im Blick hat und mit agilen Formaten arbeitet. Dies stellt besondere Anforderungen an eine integrierte Weiterbildungsstrategie der Personalentwicklung. Mit Blick auf die Digitalisierung besteht die Herausforderung darin, Lernmanagementsysteme und Personal Learning Environments intelligent miteinander zu verbinden. Alle Bemühungen um das lebenslange Lernen werden nur dann Früchte tragen können, wenn es gelingt, eine nachhaltige Reflexions- und Lernkultur in den Unternehmen und Organisationen aufzubauen; ein Beispiel hierfür ist das Transflexing®, in dem – im Sinne des transformativen Lernens – besonderer Wert auf eine Passung zwischen individuellem und organisationsbezogenem Lernen gelegt wird.

Literatur

Arnold R, Schüssler I (Hrsg) (1998) Wandel der Lernkulturen. Ideen und Bausteine für ein lebendiges Lernen. Wissenschaftliche Buchgesellschaft, Darmstadt

Badura B, Greiner W, Rixgens P, Ueberle M, Behr M (2013) Sozialkapital. Grundlagen von Gesundheit und Unternehmenserfolg, 2., erweiterte. Aufl. Springer Gabler, Berlin

Bauer J (2006) Prinzip Menschlichkeit. Warum wir von Natur aus kooperieren. Hoffmann und Campe, Hamburg

Bäumer J (1999) Weiterbildungsmanagement. Eine empirische Analyse deutscher Unternehmen. Hampp, München

BDA, Bundesvereinigung der Deutschen Arbeitgeberverbände, zusammen mit der Hochschulrektorenkonferenz (HRK), dem Deutschen Industrie- und Handelskammertag (DIHT) (2003) Weiterbildung durch Hochschulen. Gemeinsame Empfehlungen. BDA, Berlin

Beisner R, Häfelinger M (2016) Coaching von losen Arbeitszusammenhängen. In: Wegener R et al (Hrsg) Coaching als individuelle Antwort auf gesellschaftliche Entwicklungen. Springer Fachmedien, Wiesbaden, S 202–211

Bélanger P (2009) Stichwort: „Intimacy of learning" – eine gesellschaftliche Herausforderung. DIE Z Erwachsenenbildung 2:22–23

Bilger F, Behringer F, Kuper H, Schrader J (Hrsg) (2017) Weiterbildungsverhalten in Deutschland 2016. Ergebnisse des Adult Education Survey (AES). wbv Media GmbH & Ko KG, Bielefeld

Böhle F, Huchler N, Neumer J (2019) Wozu noch menschliche Arbeit – Grenzen der Digitalisierung als neue Herausforderung für die Weiterbildung. In: Haberzeth E, Sgier I (Hrsg) Digitalisierung und Lernen: Gestaltungsperspektiven für das professionelle Handeln in der Erwachsenenbildung und Weiterbildung. hep, Bern, S 21–43

Bredl K, Holzer D, Jütte W, Schäfer E, Schilling A (2006) Wissenschaftliche Weiterbildung im Kontext des Bologna-Prozesses. Ergebnisse einer trinationalen Studie zur Neubestimmung des Verhältnisses von grundständigem Studium und wissenschaftlicher Weiterbildung im Rahmen des Bologna-Prozesses. IKS Garamond, Jena

Bundesministerium für Bildung und Forschung (BMBF) (2017) Weiterbildungsverhalten in Deutschland 2016. Ergebnisse des Adult Education Survey, AES-Trendbericht. W. Bertelsmann, Bielefeld

Bürgisser H (2006) Intervision: eine innovative Form selbstorganisierten Lernens. In: Steinebach C (Hrsg) Handbuch Psychologische Beratung. Klett-Cotta, Stuttgart, S 565–573

Centre for Educational Research and Innovation (CERI) (1973) Recurrent education: a strategy for lifelong learning. OECD, Paris

Comenius JA (1991) Pampaedia – Allerziehung. In: von Schaller K (Hrsg) deutscher Übersetzung. Academia, Sankt Augustin

Deci EL, Ryan RM (1993) Die Selbstbestimmungstheorie der Motivation und ihre Bedeutung für die Pädagogik. Z Pädagogik 39(2):224–238

Dellori C (2016) Die absolute Metapher „lebenslanges Lernen". Eine Argumentationsanalyse. Springer VS, Wiesbaden

Dethloff C (2019) Warum ich die Rolle „Mensch" habe. Changement-Magazin (5):32–33

Dewe B (2005) Von der Wissenstransferforschung zur Wissenstransformation: Vermittlungsprozesse – Bedeutungsveränderungen. In: Antos G, Wichter S (Hrsg) Wissenstransfer durch Sprache als gesellschaftliches Problem. Peter Lang, Frankfurt a. M., S 365–380

Dick M, Marotzki W, Mieg H (Hrsg) (2016) Handbuch Professionsentwicklung. Julius Klinkhardt, Bad Heilbrunn

Dollinger A, Wiggenhauser A (2019) After action review. Trainingaktuell 30(7):14–17

Ehmer S, Regele W, Schober-Ehmer H (2016) Überleben in der Gleichzeitigkeit. Leadership in der „Organisation N.N.". Carl-Auer, Heidelberg

Europäische Kommission (1995) Weißbuch zur allgemeinen und beruflichen Bildung. Lehren und Lernen. Auf dem Weg zur kognitiven Gesellschaft. Amt für amtliche Veröffentlichungen der Europäischen Gemeinschaften, Luxemburg

Europäische Kommission (2001) Mitteilung der Kommission. Einen europäischen Raum des Lebenslangen Lernens schaffen. Kommission der Europäischen Gemeinschaften, Brüssel

Europäischer Rat (2000) Schlussfolgerungen des Vorsitzes, Ziffer 33. Santa Maria da Feira

Faure E, Herrera F, Kaddoura A-R, Lopes H, Petrovsky AV, Rahnema M, Ward FC (1973) Wie wir leben lernen. Der UNESCO-Bericht über Ziele und Zukunft unserer Erziehungsprogramme. Rowohlt, Reinbek bei Hamburg

Foelsing J, Schmitz A (2019) Neues corporate learning framework. ManagerSeminare 258:76–83

Gadamer H-G (2015) Ein Gespräch mit Hans-Georg Gadamer. In: Hartkemeyer M, Hartkemeyer T (Hrsg) Dialogische Intelligenz. Aus dem Käfig des Gedachten in den Kosmos gemeinsamen Denkens. Info3-Verlagsgesellschaft, Frankfurt am Main, S 41–47

von Goethe Johann W (1808) Faust. Eine Tragödie. Cotta, Tübingen

Goldhorn M (2019) Von klassischer Hierarchie zur geteilten Führung. Reinventing Janus – ein Expeditionsbericht ins „Nextland". OSC. Organ Superv Coach 26(2):243–255

Gómez-Solórzano M, Tortoriello M, Soda G (2019) Instrumental and affective ties within the laboratory: the impact of informal cliques on innovative productivity. Strateg Manag J https://doi.org/10.1002/smj.3045

Graf N, Gramss D, Heister M (2016) Gebrauchsanweisung für lebenslanges Lernen. Vodafone Stiftung Deutschland, Düsseldorf

Hanft A, Knust M (Hrsg) (2007) Weiterbildung und lebenslanges Lernen in Hochschulen. Eine internationale Vergleichsstudie zu Strukturen, Organisation und Angebotsformen. Waxmann, Münster

Hartkemeyer M, Hartkemeyer JF, Hartkemeyer T (2015) Dialogische Intelligenz. Aus dem Käfig des Gedachten in den Kosmos gemeinsamen Denkens. Info3-Verlagsgesellschaft, Frankfurt am Main

Hartung MJ, Sentker A (2017) Raus, raus, raus! Die Wissenschaft steckt in einer Vertrauenskrise. Die Zeit 71(16):29–30

Hattie JAC (2009) Visible Learning. A synthesis of over 800 meta-analyses relating to achievement. Routledge, London/New York

Haufe Akademie (Hrsg) (2019) Whitepaper. Megatrend Neues Lernen. https://www.haufe-akademie.de/l/whitepaper-neues-lernen/ Zugegriffen am 30.07.2019

Heinz S (2019) Agile Lernformen. ManagerSeminare 257:71–76

Hüther G (2015a) Etwas mehr Hirn, bitte. Vandenhoeck & Ruprecht, Göttingen

Hüther G (2015b) Vorwort. In: Hartkemeyer M, Hartkemeyer JF, Hartkemeyer T (Hrsg) Dialogische Intelligenz. Aus dem Käfig des Gedachten in den Kosmos gemeinsamen Denkens. Info3-Verlagsgesellschaft, Frankfurt am Main, S 9–11

Isaacs W (2002) Dialog als Kunst, gemeinsam zu denken: Die neue Kommunikationskultur für Organisationen. EHP, Bergisch Gladbach

Käpplinger B (2016) Betriebliche Weiterbildung aus der Perspektive von Konfigurationstheorien. W. Bertelsmann, Bielefeld

Klimek A (2019) Vom Coaching zur Coaching-Kultur. Der VUKA-Herausforderung begegnen. OrganisationsEntwicklung 38(3):56–62

Kommission der Europäischen Gemeinschaften (2000) Memorandum über Lebenslanges Lernen. Kommission der Europäischen Gemeinschaften, Brüssel

Kühl W, Schäfer E (2019) Coaching und Co. Springer, Wiesbaden

Kühl W, Schäfer E (2020) Intervision. Grundlagen und Perspektiven. Springer, Wiesbaden

Kühl W, Lampert A, Schäfer E (2018) Coaching als Führungskompetenz. Konzeptionelle Überlegungen und Modelle. Vandenhoeck & Ruprecht, Göttingen

Kultusministerkonferenz (2001) Sachstands- und Problembericht zur „Wahrnehmung der wissenschaftlichen Weiterbildung an den Hochschulen". Beschluss der KMK vom 21. September 2001. KMK, Bonn

Largo RH (2017) Das passende Leben. Was unsere Individualität ausmacht und wie wir sie leben können. S. Fischer, Frankfurt am Main

LinkedIn (2019) Workplace learning report 2019. http://learning.linkedin.com. Zugegriffen am 12.06.2019

Lombardo MM, Eichinger RW (1996) The career architect development planner. Lominger, Minneapolis

Marotzki W (1990) Entwurf einer strukturalen Bildungstheorie. Deutscher Studien Verlag, Weinheim

Mezirow J (1997) Transformative Erwachsenenbildung. Schneider Verlag Hohengehren, Baltmannsweiler

Miller R (2011) Beziehungsdidaktik, 5. Aufl. Beltz, Weinheim/Basel

Morin E (2015) Ein Gespräch mit Edgar Morin. In: Hartkemeyer M, Hartkemeyer T (Hrsg) Dialogische Intelligenz. Aus dem Käfig des Gedachten in den Kosmos gemeinsamen Denkens. Info3-Verlagsgesellschaft, Frankfurt am Main, S 48–53

von Mutius B (2020) Chance auf einen vierfachen Entwicklungssprung. ManagerSeminare (267):34–35

von Mutius B (2017) Disruptive Thinking: Das Denken, das der Zukunft gewachsen ist. Gabal, Offenbach

Neumann A (2017) Unterstützung aus den eigenen Reihen. Personalwirtschaft (8):18–20

OECD (2019) Getting skills right: future-ready adult learning systems. OECD Publishing, Paris. https://doi.org/10.1787/9789264311756-en

Petzold HG, Brown GI (Hrsg) (1977) Gestaltpädagogik. Pfeiffer, München

Plessner H, Strzelewicz W (1985, erstmals 1961) Universität und Erwachsenenbildung. In: Zentralstelle für Weiterbildung der Georg-August-Universität Göttingen (Hrsg) 30 Jahre Zentralstelle für Weiterbildung. Willy Strzelewicz zum 80. Geburtstag. Universität Göttingen, Göttingen, S 55–67

Radatz S (2013) Die Weiterbildung der Weiterbildung: Relationales Lernen und Weiterbildung in der Praxis. Systemisches Management, Wien

Radatz S (2019) Das schnellerlerner Unternehmen. Relationales Management, Schloss Schönbrunn

Rat der Europäischen Union (2012) Empfehlung des Rates vom 20. Dezember 2012 zur Validierung nichtformalen und informellen Lernens. Brüssel

Reich K (2000) Systemisch-konstruktivistische Pädagogik, 3. Aufl. Luchterhand, Neuwied/Kriftel

Reich K (2012) Konstruktivistische Didaktik, 5. Aufl. Beltz, Weinheim/Basel

Reichert S (2007) Universitäre Weiterbildung in der Schweiz. Bestandsaufnahme und Perspektiven im europäischen Vergleich. SBF, Bern

Ritschel T (2016) „Ich bin gut. Wir sind besser." Einstiege in die kreative interprofessionelle Kollaboration. Sozialmanagement 14(1):23–36

Roessler I, Duong S, Hachmeister CD (2015) Welche Missionen haben Hochschulen? Third Mission als Leistung der Fachhochschulen für die und mit der Gesellschaft. Centrum für Hochschulentwicklung, Gütersloh

Rosa H, Enders W (2016) Resonanzpädagogik. Wenn es im Klassenzimmer knistert. Beltz, Weinheim/Basel

Sauter W (2017) Lernen und Arbeiten verbinden. Weiterbildung 28(3):13–16

Schaeper H, Schramm M, Wolter A (2007) Die Teilnahme an universitärer Weiterbildung im internationalen Vergleich – von der Institutionen- zur Teilnehmerperspektive. In: Gützkow F, Quaißer G (Hrsg) Jahrbuch Hochschule gestalten 2006 – Denkanstöße zum Lebenslangen Lernen. Universitätsverlag Webler, Bielefeld, S 32–50

Schäfer E (2017) Lebenslanges Lernen. Erkenntnisse und Mythen über das Lernen im Erwachsenenalter. Springer, Berlin

Schäfer E (2020) Öffnung der Hochschulen durch dialogische Wissensproduktion in der wissenschaftlichen Weiterbildung: aus Teilnehmer*innen werden Teilhaber*innen. In: Dörner O (Hrsg) Wissenschaftliche Weiterbildung als Problem der Öffnung von Hochschulen für nicht-traditionelle Studierende. Budrich, Opladen/Berlin/Toronto, S 37–54

Scharmer OC (2019) Essentials der Theorie U. Grundprinzipien und Anwendungen. Carl-Auer, Heidelberg

Scharmer OC (2020) Theorie U – Von der Zukunft her führen, 5. völlig überarb. u. erw. Auflage. Carl-Auer, Heidelberg

Schmid B, Messmer A (2003) Die Passung von Person und Organisation. Institut für Systemische Beratung, Wiesloch

Schmid U, Goertz L, Behrens J (2018) Monitor Digitale Bildung. Die Weiterbildung im digitalen Zeitalter. Bertelsmann Stiftung, Gütersloh

Scholer S (2013) Neues Lernen durch kollegiale Beratung – Selbstorganisation statt Fortbildungskonsum. In: Landes M, Steiner E (Hrsg) Psychologie der Wirtschaft. Psychologie für die berufliche Praxis. Springer VS, Wiesbaden, S 481–504

Schrader J (2011) Struktur und Wandel der Weiterbildung. wbv, Bielefeld

Schuetze H-G (2014) From adults to non-traditional students to lifelong learners. J Adult Contin Educ 20(2):37–55

Schulz von Thun F (1998) Miteinander reden 3. Das „Innere Team" und situationsgerechte Kommunikation. Rowohlt, Reinbek bei Hamburg

Schwuchow K (2019) Lernwelten der Zukunft. Zwischen Show und Chatbot. ManagerSeminare (256):26–32

Sgier I, Haberzeth E, Schüepp P (2018) Digitalisierung in der Weiterbildung. Ergebnisse der jährlichen Umfrage bei Weiterbildungsanbietern (Weiterbildungsstudie 2017/2018). SVEB & PHZH, Zürich, S 15

Siebert H (2000) Didaktisches Handeln in der Erwachsenenbildung – Didaktik aus konstruktivistischer Sicht. Luchterhand, Neuwied

Simon D (2000) Marktplatz der Forschung. Demokratisiert die Wissenschaft! Die Zeit 54(38) https://www.zeit.de/2000/38/Marktplatz_der_Forschung_Demokratisiert_die_Wissenschaft. Zugegriffen am 26.06.2019

Stalder F (2016) Kultur der Digitalität. Suhrkamp, Berlin

Stalder F (2019) „Den Schritt zurück gibt es nicht". Wie die Kultur der Digitalität das Wissen verändert und was das für die Bildung bedeutet. In: Haberzeth E, Sgier I (Hrsg) Digitalisierung und Lernen: Gestaltungsperspektiven für das professionelle Handeln in der Erwachsenenbildung und Weiterbildung. hep, Bern, S 44–61

Uchino BN, Cawthon RM, Smith TW, Light KC, McKenzie J, McKenzie C, Gunn H, Birmingham W, Bowen K (2012) Social relationships and health: is feeling positive, negative, or both (ambivalent) about your social ties related to telomeres? Health Psychol 31(6):789–796. https://doi.org/10.1037/a0026836

Ulrich I (2016) Gute Lehre in der Hochschule. Springer, Wiesbaden

UNESCO (Hrsg) (1997) Lernfähigkeit: Unser verborgener Reichtum. UNESCO-Bericht zur Bildung für das 21. Jahrhundert. Hrsg. von der Deutschen UNESCO-Kommission. Luchterhand, Neuwied/Kriftel/Berlin

2

United Nations (2015) Transforming our world: the 2030 agenda for sustainable development. UN Publishing, New York

Wampfler P, Zimmermann T, Turkawka G (2019) Personal Learning Environments als Ressource in Lehr-Lern-Settings. In: Haberzeth E, Sgier I (Hrsg) Digitalisierung und Lernen: Gestaltungsperspektiven für das professionelle Handeln in der Erwachsenenbildung und Weiterbildung. hep, Bern, S 191–211

Wissenschaftsrat (2019) Empfehlungen zu hochschulischer Weiterbildung als Teil des lebenslangen Lernens. Berlin. https://www.wissenschaftsrat.de/download/2019/7515-19.pdf. Zugegriffen am 09.07.2019

Wolter A, Banscherus U (2016) Lebenslanges Lernen und akademische Bildung als internationales Reformprojekt. In: Wolter A, Banscherus U, Kamm C (Hrsg) Zielgruppen Lebenslangen Lernens an Hochschulen. Waxmann, Münster, S 53–80

Wuppertaler Kreis (2019) Trends in der Weiterbildung Verbandsumfrage 2019. Wuppertaler Kreises e.V, Köln

Leben heißt lernen: Nutzen von informellen Lernprozessen

Urs Blum

Inhaltsverzeichnis

3.1   Informelle Lernprozesse – 48
3.1.1   Hintergrund und Abgrenzung – 48
3.1.2   Informelles Lernen als Modell – 50

3.2   Informelle Lernprozesse nutzen – 52
3.2.1   Potenziale und Herausforderungen von formellem
         und informellem Lernen – 52
3.2.2   Integration von formellen und informellen Lernprozessen – 54

3.3   Die Zukunft des informellen Lernens – 59
3.3.1   Informelles Lernen in der Arbeitswelt 4.0 – 59
3.3.2   Kommende Herausforderungen – 60

         Literatur – 62

© Springer-Verlag GmbH Deutschland, ein Teil von Springer Nature 2021
U. Blum et al. (Hrsg.), *Weiterbildungsmanagement in der Praxis: Psychologie des Lernens*,
https://doi.org/10.1007/978-3-662-62631-3_3

3

Lernziele

Nach dem Erarbeiten dieses Kapitels sind Sie in der Lage,

- formale und informelle Lernprozesse zu unterscheiden,
- die Potenziale und Risiken von formalen und informellen Lernprozessen zu beschreiben,
- mögliche Verbindungen zwischen formalen und informellen Lernprozessen für die eigene Praxis abzuleiten,
- Szenarien für die zukünftige Entwicklung der Lernformen im eigenen Anwendungsbereich einzuschätzen.

3.1 Informelle Lernprozesse

3.1.1 Hintergrund und Abgrenzung

Die Veränderungen der Arbeitswelt, wie der technologische Wandel und die damit verbundenen kürzeren Zyklen von Produkten, Anwendungen und Business-Modellen, stellen Unternehmen vor neue Herausforderungen. Der Personalentwicklung kommt dabei die Rolle zu, intern das aktuelle Fachwissen, die zukunftsfähigen Kompetenzen und das agile Mindset zu unterstützen (vgl. Blum und Gabathuler 2019). Trendstudien zeigen, dass Unternehmen dabei vermehrt auf selbstgesteuerte Lernformen wie Learning on Demand oder Lernen im Netzwerk setzen (vgl. Pelster et al. 2017). Oder anders gesagt: Was bringt ein großangelegtes internes Ausbildungsprogramm, wenn das Wissen von heute bereits morgen schon überholt sein wird?

Unternehmen setzen auf formales und informelles Lernen.

In der Schweiz setzen Unternehmen nach wie vor auf formale Lernformen. Von den 89 % der Unternehmen, die im Jahr 2017 in die Weiterbildung ihrer Mitarbeitenden investiert haben, nutzen 70 % formale Lernformen wie Konferenzen, Seminare und Workshops (Stutz und von Erlach 2018). Dieser Anteil hat sich seit 2011 (65 %) gar um 5 Prozentpunkte erhöht. Informelle Lernprozesse wie Weiterbildung am Arbeitspatz wurden 2017 in 59 % der Unternehmen angewendet, was im Vergleich zu 2011 einem Zuwachs von 7 Prozentpunkten entspricht. 2017 setzten 26 % der Unternehmen zudem auf selbstgesteuertes Lernen, dies entspricht einem Plus von 6 % gegenüber 2011.

Informelles Lernen findet im Alltag statt.

Der Versuch, formale und informelle Lernprozesse zu unterscheiden, führt zu der Frage nach dem Ort des Lernens. Denn „Lernprozesse und -orte sind miteinander verwoben" (Täubing 2018, S. 5). Formales Lernen wird typischerweise mit institutionalisierten Lernsettings, wie Lernen im Klassenraum oder in vom Unternehmen bereitgestellten Trainingsraum, in Verbindung gebracht (Marsick und Watkins 2001, S. 25). Diese Lernformen sind hoch strukturiert und verlangen von den Teilnehmenden in der Regel, dass diese vor Ort präsent sind. Informelle Lernformen hingegen sind weder an einen spezifischen Ort noch an eine konkrete Zeit gebunden. Zudem liegt der Fokus stärker auf der Eigenverantwortung des Lernenden. Eine wesentliche Unterscheidung haben Coombs und Ahmed (1974) etabliert, indem sie formale, non-formale und informelle Bildung unterschieden haben. Formale Bildung findet demnach strukturiert in Bildungsinstitutionen statt, während non-formale Bildung zwar nach wie vor organisiert ist, jedoch über die formale Bildung hinausgeht. Informelle Bildung schließlich findet im Alltag und in ganz unterschiedlichen Zusammenhängen statt. Im vorliegenden Kapitel werden im Sinne der besseren Verständlichkeit die beiden Begriffe formelle und informelle Lernprozesse verwendet (◘ Tab. 3.1).

◘ **Tab. 3.1** Prototypische Unterschiede zwischen formellen und informellen Lernprozessen (vgl. Dohmen 2001; Gnahs 2016; Marsick und Watkins 2001)

	Formelle Lernprozesse	**Informelle Lernprozesse**
Lernort	Lernen in einem formalen System wie Schule, Weiterbildungsinstitution, Training, Tagung, Webinar etc.	Lernen örtlich und zeitlich unabhängig
Anlass	Aneignung spezifischer Kompetenzen, angestrebte Qualifikation, Personalentwicklung	Hinweisreize aus der Umwelt, aktuelle Problemstellung, persönliche Entwicklung
Systematik	Gekoppelt an eine Bildungssystematik mit Zielen, Progression und Evaluation	Wenig strukturiert, oftmals ohne konkrete Lernziele, kein Bezug zu Qualifikationen
Steuerung	Steuerung durch Trainierende/Dozierende/Lehrperson	Steuerung durch Lernende selber
Zeitpunkt	Lernen auf Vorrat	Just-in-time-Lernen
Analogie	Lernen als geplante Wanderung entlang eines ausgesuchten Pfads auf einer Landkarte	Lernen als explorative Wanderung von einer Weggabelung zur nächsten
Lernergebnisse	Zuwachs an Wissen, Kompetenzen und Aneignen von Qualifikationen/Abschlüssen	Zuwachs an Wissen und Kompetenzen

3

> **Übersicht**
> Definition informelles Lernen (nach Marsick et al. 2002):
>> Informelles Lernen ist:
> - integriert in die Arbeit und in den Alltag,
> - ausgelöst durch einen externalen (aus dem Umfeld) oder internalen (aus der Person selber) Reiz,
> - nur teilweise bewusst und mit Absicht,
> - oft zufällig oder vom Zufall beeinflusst,
> - ein induktiver Prozess mit Reflexion und Handeln,
> - verbunden mit Lernprozessen von anderen Personen.

70 % des lebenslangen Lernens findet informell statt.

Auch wenn informelle Lernprozesse seit einigen Jahren gerade in der beruflichen Bildung vermehrt im Fokus stehen, stellen diese kein neues Phänomen dar. So kann davon ausgegangen werden, dass das lebenslange Lernen einer erwachsenen Person zu einem Großteil auf informellen Lernprozessen basiert. Untersuchungen gehen davon aus, dass sich der Anteil an informellen Lernprozessen zwischen 70 % (Tough 1979) und 90 % (Livingstone 2008) bewegt. In Stunden ausgedrückt sind dies im Schnitt 15 Stunden informelles Lernen pro Woche (Livingstone 2008). Aktuelle deutsche Untersuchungen zeigen, dass informelles Lernen 68 % aller Lernprozesse im Erwachsenenalter ausmachen (von Rosenbladt und Bilger 2008, S. 43, vgl. Überblick in Kaufmann 2016, S. 71). So gesehen trägt der Fokus auf informelle Lernprozesse nicht nur der aktuellen gesellschaftlichen Realität Rechnung, sondern entspricht auch der Art und Weise, wie wir als Menschen im Alltag lernen.

 68 % der Lernprozesse im Erwachsenenalter basieren auf informellem Lernen.

3.1.2 Informelles Lernen als Modell

Ausgangslage von informellen Lernprozessen ist ein Ungleichgewicht

Geht man davon aus, dass informelle Lernprozesse nicht geplant sind, sondern aus der Situation heraus entstehen, so stellt sich die Frage, wie solch ein Lernprozess abläuft. Das *informal and incidental learning model* von Julia Marsick und Karen Watkins (■ Abb. 3.1) reduziert den komplexen Prozess informellen Lernens auf eine schematische Darstellung (Marsick und Watkins 2018; Marsick et al. 2002). Ausgangslage ist eine Alltagssituation, aus der eine Herausforderung, ein Problem oder ein angestrebter zukünftiger Zustand hervorgeht.

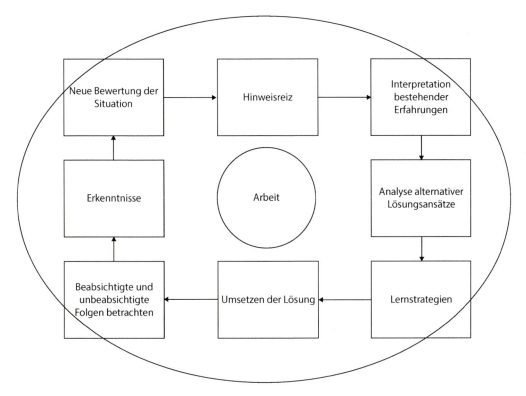

🔲 **Abb. 3.1** Das "informal and incidental learning model" nach Marsick und Watkins (Marsick et al. 2002, eigene Übersetzung)

Dies wird im Modell durch den inneren Kreis symbolisiert. Der Abgleich mit dem aktuellen Zustand dient als Hinweisreiz, welcher den Lernprozess auslöst. Um das Ungleichgewicht zwischen Soll und Ist einschätzen zu können, findet eine Bewertung der Situation statt. Diese berücksichtigt frühere Erfahrungen, persönliche Werte und beeinflussende äußere Faktoren. Erst durch die Analyse der Situation sind wir in der Lage, mögliche Handlungsalternativen zu entwickeln und anzuwenden. In der Folge werden die Auswirkungen der Handlung wahrgenommen und auf ihre beabsichtigte und ggf. unbeabsichtigte Wirkung hin untersucht. Falls die Ergebnisse den anfangs gebildeten Intentionen entsprechen, geht es darum, Erkenntnisse aus dem Prozess in Bezug zu den eigenen Erfahrungen zu setzen. Dies stellt die Voraussetzung dar, die Kompetenzen aus dem informellen Lernprozess auch für zukünftige Problemstellungen nutzen zu können. Sollten die Ergebnisse jedoch negativ bewertet werden, so stellt dies einen neuen Hinweisreiz dar, und es findet ein erneuter Lernprozess statt. Diese Feedbackschlaufe kann basierend auf der Theorie von Argyris und Schön (1974) auf zwei Ebenen wirken: Falls

3

daraus neue Lösungsansätze und Strategien entstehen, wird dies als *single loop learning* bezeichnet. Denkbar ist aber auch, dass als Folge die eigenen Annahmen, Werte oder Ziele hinterfragt werden und dadurch die Ausgangslage in einem neuen Licht erscheint. Dies wird als *double loop learning* bezeichnet.

> **Checkliste**
>
> Persönliche Erfolgsstrategien des informellen Lernens (in Anlehnung an Marsick et al. 2002)
> - Nutze Herausforderungen und Hindernisse als Gelegenheiten zum Lernen im Alltag.
> - Betrachte unterschiedliche Meinungen und unkonventionelle Ideen als Chance.
> - Probiere Strategien und Lösungsansätze aus, um früh zu scheitern und daraus zu lernen.
> - Sei kritisch gegenüber eigenen Annahmen, Vorstellungen und Lösungsansätzen und lasse diese durch andere hinterfragen.
> - Hinterfrage das eigene Verhalten kritisch und verbinde neue Erkenntnisse mit bestehenden Erfahrungen.

3.2 Informelle Lernprozesse nutzen

3.2.1 Potenziale und Herausforderungen von formellem und informellem Lernen

Sowohl formelles als auch informelles Lernen generieren, richtig eingesetzt, Lernergebnisse. Zugleich bergen jedoch auch beide Lernprozesse Herausforderungen, die es zu beachten gilt. Voraussetzung für den effektiven Einsatz der verschiedenen Lernformen ist ein Verständnis der Eigenschaften beider Lernprozesse. ◘ Tab. 3.2 zeigt die Potenziale und Herausforderungen von formellen Lernprozessen und ◘ Tab. 3.3 diejenigen von informellen Lernprozessen.

Formale Lernprozesse können gesteuert und evaluiert werden.

Grundsätzlich lässt sich sagen, dass der formale Charakter des formellen Lernens besonders geeignet ist, um Kompetenzen zu vermitteln, die über reine Arbeitsprobleme hinausgehen, wie beispielsweise Sozial-, Führungs- oder Selbstkompetenzen. Dabei kann der Lernprozess gesteuert und auch evaluiert werden, was insbesondere für umfangreiche Personalentwicklungsinitiativen unerlässlich ist. Ebenfalls sind formelle Lernprozesse geeignet, um fachliche Kompetenzen zu fördern, welche zur Bewältigung zukünftiger Herausforderungen benötigt werden, da hier der Bezug zum Berufsalltag definitionsgemäß (noch) gering ist. Allerdings

◼ **Tab. 3.2** Stärken und Herausforderungen formeller Lernprozesse. (In Anlehnung an Blum und Gabathuler 2019)

Formelle Lernprozesse	
Potenziale	**Herausforderungen**
Verbindlichkeit über den ganzen Lernprozess	Ressourcenintensiv (Zeit, direkte und indirekte Kosten)
Steuerung der Lernangebote aufgrund von Feedback und Lernkontrolle	Berücksichtigung von Heterogenität in der Zielgruppe (Bedarf, Motivation, Vorwissen) nur bedingt möglich
Erwerb von Kompetenzen, die über die unmittelbaren Anforderungen des Alltags hinausreichen	Abhängig von limitierenden Faktoren (Zeit, Gruppengröße etc.) beschränkte Möglichkeit, kooperatives Lernen einzusetzen
Einbindung in eine Bildungssystematik und abgestimmte Progression	Lernen auf Vorrat und in Abhängigkeit des Praxisbezuges
Nachweis der erworbenen Kompetenzen durch Qualifikationen	Bedingte Vergleichbarkeit unterschiedlicher formaler Qualifikationen
Anstoßen des Transfers in das Anwendungsfeld	Transfer ist abhängig von der Transferkapazität des individuellen Anwendungsfeldes

◼ **Tab. 3.3** Stärken und Herausforderungen informeller Lernprozesse (In Anlehnung an Blum und Gabathuler 2019)

Informelle Lernprozesse	
Potenziale	**Herausforderungen**
Geringe Hürde, niederschwelliger Zugang	Erkenntnisse tendieren dazu, nahe an konventionellen Lösungsansätzen zu sein
Bedarfsorientiertes Just-in-time-Lernen	Lernen ist eher problemorientiert (Vermeidung negativer Zustände) und nicht entwicklungsorientiert (Erreichen motivierender Ziele)
Lernen ist orts- und zeitunabhängig möglich	Kaum Möglichkeiten aus Unternehmenssicht, Kompetenzerwerb der Mitarbeitenden zu steuern und zu evaluieren
Konstruktivistischer Zugang fördert nachhaltige Lernergebnisse	Setzt Eigenverantwortung, Lernstrategien und Grundkompetenzen voraus
Lernen nahe am Anwendungsfeld, dadurch hohe Transferwahrscheinlichkeit	Erworbene Kompetenzen sind schwierig nachzuweisen

haben formelle Lernprozesse den Nachteil, dass sie ressourcen-intensiv sind, insbesondere, wenn neben den direkten Kosten auch die Opportunitätskosten durch den entgangenen Nutzen der Teilnehmenden aufgrund ihrer Abwesenheit am Arbeitsplatz berücksichtigt werden.

3 Informelle Lernprozesse orientieren sich unmittelbar am Bedarf.

Informelle Lernprozesse auf der anderen Seite ermöglichen durch ihren niederschwelligen Zugang die kontinuierliche Bewältigung von alltagsnahen Herausforderungen. Der Lernprozess orientiert sich dabei einerseits am konkreten Bedarf, andererseits sind die erworbenen Kompetenzen unmittelbar in den Alltag transferierbar. Die Herausforderungen bei informellen Lernprozessen sind sowohl die geringe Verbindlichkeit betreffend Lernergebnissen als auch die Tatsache, dass die Lernergebnisse durch ihre Nähe zum Arbeitsalltag die Tendenz aufweisen, nahe an den gängigen Lösungswegen zu sein.

Jeglicher Einsatz von formellen und informellen Lernprozessen sollte sich demnach am Ziel, dem Bedarf und dem Anwendungsfeld der Lernenden orientieren.

3.2.2 Integration von formellen und informellen Lernprozessen

Basierend auf den Stärken der jeweiligen Lernformen macht es Sinn, formelles und informelles Lernen zu kombinieren. Ein Ansatz in diese Richtung bietet das *Kontinuum-Modell* von Seufert et al. (2013) (◼ Abb. 3.2). Das Modell basiert auf der Erkenntnis, dass jedes Bildungsangebot sowohl formelle wie auch informelle Anteile aufweist. Selbst in einem strikt formellen Training finden neben den intendierten formalen Lernergebnissen informelle Lernprozesse statt, beispielsweise, indem Teilnehmende sich neue Lernstrategien aneignen oder ihr soziales Netzwerk erweitern. Die Umstellung auf papierlosen Unterricht in den Weiterbildungsprogrammen des Instituts für Angewandte Psychologie der ZHAW beispielsweise hat sowohl bei den Dozierenden als auch bei den Teilnehmenden informelle Lernprozesse im Umgang mit digitalen Tools angeregt.

Formal und informell sind zwei Pole eines Kontinuums.

Ausgehend von der Annahme, dass eine absolute Unterscheidung zwischen formellen und informellen Lernprozessen kaum möglich ist, werden formelles und informelles Lernen als zwei Pole auf einem Kontinuum dargestellt. Formelle Lernprozesse zeichnen sich dabei durch einen größeren Anteil an explizit geplanten Inhalten und Lernformen aus als informelle Lernprozesse. Unterschiedliche Lernarrangements lassen sich zwischen den beiden Polen positionieren. Gemäß Seufert et al. (2013) lässt sich der Grad an Formalität anhand verschiedener Faktoren ermitteln:

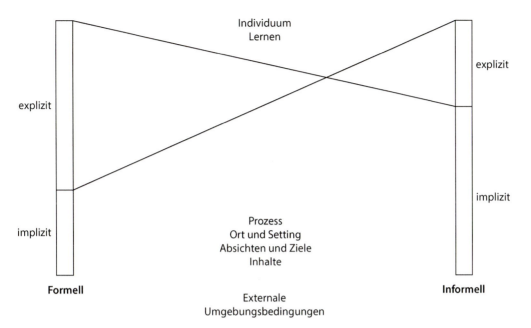

☐ Abb. 3.2   Das Kontinuum Modell. (Adaptiert nach Seufert et al. 2013)

a) dem Lernprozess,
b) dem Lernsetting,
c) den Absichten und Ziele sowie
d) den Inhalten.

Jeder dieser Umgebungsfaktoren kann mehr oder weniger Formalität aufweisen. ☐ Tab. 3.4 zeigt die Faktoren im Detail. Ein Training im Unternehmen kann bezüglich Lernsetting und Ziel formal konzipiert sein, während auf der Inhaltsebene durchaus informelle Elemente wie Erfahrungsaustausch und kooperatives Lernen angewendet werden.

Entsprechend kann das Kontinuum-Modell als Orientierungshilfe bei der Konzipierung von Lernangeboten eingesetzt werden, indem die angewandten Lernformen und Methoden zwischen dem formellen und dem informellen Pol platziert werden. Als Entscheidungshilfe zur Ermittlung des Grads an Formalität des jeweiligen Lernangebots können die oben genannten vier Kriterien Prozess, Setting, Ziele und Inhalte beigezogen werden.

▶ Lernformen im DAS Ausbilder/-in in Organisationen

Das Diploma of Advanced Studies Ausbilder/-in Organisationen am IAP Institut für Angewandte Psychologie der Zürcher Fachhochschule ZHAW richtet sich an Ausbildende, Personalentwickelnde, Trainierende und Bildungsverantwortliche, die im be-

3

◻ **Tab. 3.4**   Faktoren zur Ermittlung des Grades an Formalität und Informalität. (Nach Seufert et al. 2013)

Attribute	Formalität	Informalität
a) Prozess	Lernprozesse basieren auf definierten Zielen und Inhalten; direkte Rolle der Lehrpersonen z. B. in Weiterbildungskursen	Lernprozesse ohne festgelegtes Curriculum und Lernziele; ggf. indirekte Rolle von „Lernbegleitenden: Unterstützung durch Lehrpersonen, Mentorinnen und Mentoren, Kolleginnen und Kollegen, Freundinnen und Freunden"
b) Ort und Setting	Bildungsinstitutionen; Lernen an Orten, die geplant sind für die Lernprozesse; festgelegte Lernzeiten mit Anfang und Ende	Arbeitsplatz (Unterrichtspraxis), Gemeinschaft, Familie; mit unbestimmtem Ende, ohne bzw. nur wenige Zeitrestriktionen
c) Absichten und Ziele	Erstrangiges Ziel ist das Lernen; Lernen erfüllt extern vorgegebene Bedürfnisse; Spezifizierung des Lernergebnisses (Zertifizierung als höchste Ausprägung an Formalität)	Ein anderes Ziel steht im Vordergrund, Lernen ist eine Begleiterscheinung; selbstinitiiert und bestimmt vom Lernenden, ergebnisoffen
d) Inhalte	Fokus auf der Aneignung von etabliertem Expertenwissen, abstraktem Theoriewissen und Praktiken	Fokus auf dem Aufdecken von Erfahrungswissen, praktische Tipps, Generierung von neuem Wissen

trieblichen Kontext Wissen weitergeben. Das DAS Ausbilder/-in in Organisationen ist modular aufgebaut und besteht aus folgenden drei CAS: CAS Didaktik-Methodik, CAS Lernprozesse von Individuen und Gruppen gestalten und CAS Bildungsangebote für Erwachsene konzipieren. Es ist Teil des MAS Ausbildungsmanagement und deckt die operativen Aspekte der Personalentwicklung ab. Das Curriculum orientiert sich am Modulbaukasten des Schweizerischen Verbands für Weiterbildung SVEB und ergänzt diesen mit einem Fokus auf psychologische Aspekte des Ausbildens und Lernens. Die Teilnehmenden haben dadurch die Möglichkeit, neben den CAS- und DAS-Zertifikaten der ZHAW auch das Zertifikat Kursleiter/-in, sowie den Eidgenössischen Fachausweis Ausbilder/-in des SVEB zu erlangen. ◻ Abb. 3.2 zeigt die Lernformen im DAS Ausbilder/-in in Organisationen zugeordnet nach den Dimensionen formell und informell im Kontinuum-Modell von Seufert et al. (2013). Exemplarisch werden in der Folge zwei Lernformen entlang den Kriterien aus dem Modell beschrieben, um deren Ausprägung im Kontinuum zwischen formellem und informellem Lernen zu bestimmen (◻ Abb. 3.3, ◻ Tab. 3.5 und 3.6).

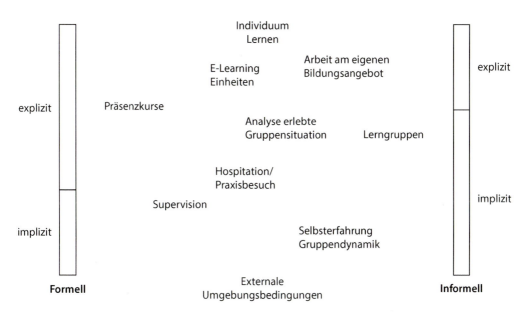

◘ Abb. 3.3   Lernformen im DAS Ausbilder/in in Organisationen dargestellt im Kontinuum Modell. (Quelle: Urs Blum, Struktur nach dem Kontinuum Modell von Seufert et al. 2013)

◘ Tab. 3.5 Lernform Präsenzunterricht im DAS Ausbilder/-in in Organisationen		
Präsenzkurse	**Formalität**	**Informalität**
Prozess	Definierte Soll-Kompetenzen, Lernziele sind pro CAS und pro (Teil-)Modul festgelegt. Direktive Lehrformen durch den Dozenten.	Soziales und kooperatives Lernen durch Arbeit in Gruppen, z. B. an eigenen Praxisbeispielen und vorgegebene Fragestellungen. Individuelle Begleitung in der Erarbeitung des eigenen Bildungsangebots.
Ort und Setting	Präsenzunterricht an der ZHAW	Individueller Transfer in das eigene Anwendungsfeld
Absichten und Ziele	Ausbau der Kompetenzen als Ausbilder in der Planung und Durchführung von Bildungsangeboten, gemäß Vorgaben SVEB und Modulbeschreibung ZHAW	Erweitern der eigenen Rolle als Ausbilder durch Erfahrungsaustausch, Reflexion und Selbsterfahrung als Lernende
Inhalte	Vermitteln von wissenschaftlich fundiertem psychologischem Fachwissen	Vertiefen von Theorien und Modellen anhand von Übungen, Praxisbeispielen, eigenen Erfahrungen und Transfer in das eigene Anwendungsfeld

Die beiden Beispiele zeigen, dass die Lernform Präsenzunterricht einen stark formalen Charakter mit informellen Elementen hat, während die Lerngruppe vornehmlich durch informelles Lernen geprägt wird. ◄

3

Tab. 3.6	Lernform Lerngruppe im DAS Ausbilder/-in in Organisationen	
Lerngruppen	**Formalität**	**Informalität**
Prozess	Definierter Modus (Besuch vor Ort im Anwendungsfeld der Gruppenmitglieder) und Umfang	Zu bearbeitende Themen sind offen, neben der Vorstellung der eigenen Tätigkeit bleibt Raum für Themen aus dem Kurs, aktuelle Fragestellungen in der eigenen Rolle, Leistungsnachweise etc.
Ort und Setting	Im Anwendungsfeld jeweils eines Mitglieds der Lerngruppe	Maximal ein Termin kann auch virtuell mittels digitalen Kommunikationstools absolviert werden
Absichten und Ziele	Nutzen der Heterogenität der Anwendungsfelder, erweitern der Lernprozesse über den Präsenz- unterricht hinaus	Erweitern des eigenen Erwartungshorizonts, Sensibilisierung bezüglich Fragestellungen jenseits des eigenen Anwendungsfeldes
Inhalte	Keine vorgegebenen Inhalte	Austausch von Erfahrungen, Erfolgsfaktoren im eigenen Umfeld und Bearbeiten von Frage- stellungen aus d er Praxis

Effektives Lernen bedingt formale und informelle Aspekte.

Vorgehen in der Entwicklung von kombinierten Lernformen
- Definition Soll-Zustand: Was sollen die Lernenden am Ende erreicht haben?
- Handlungsorientierte Kompetenzen oder Lernziele ableiten: Die Lernenden sind in der Lage…
- Inhalte definieren und den Lernzielen zuordnen: Was führt zu den Lernzielen?
- Methoden festlegen: Wie werden die Inhalte vermittelt?
- Methoden zwischen den Polen formell und informell des Kontinuum-Modells zuordnen und die Verteilung bewerten: Werden die Stärken genutzt, welche Risiken gibt es?
- Bei Bedarf Methoden ergänzen oder ersetzen: Was fehlt?

Fazit

Die Auseinandersetzung mit den Eigenschaften von formellen und informellen Lernprozessen sowie die im Kontinuum-Modell propagierte Tatsache, dass alle Lernformen sowohl formelle als auch informelle Anteile aufweisen, zeigen deutlich: Effektives Lernen findet stets im Austausch zwischen formellen und informellen Lernprozessen statt.

Aus lernpsychologischer Sicht generiert die Kombination von formellen und informellen Lernformen dann einen Mehrwert, wenn die jeweiligen Stärken genutzt werden können. So kann es sinnvoll sein, in einer formellen Schulung informelle

> Elemente einzubauen, um die Verknüpfung mit dem Vor-
> wissen, den eigenen Erfahrungen und dem Anwendungsfeld
> anzuregen. Andererseits können informelle Elemente wie die
> individuelle Anwendung des Gelernten in der Transferphase
> durch eine Formalisierung an Verbindlichkeit gewinnen.
> Denkbar wäre beispielsweise ein vorgegebenes Gespräch mit
> dem direkten Vorgesetzten über die Erkenntnisse aus der
> Schulung und den geplanten Transfer in den Arbeitsalltag.

3.3 Die Zukunft des informellen Lernens

3.3.1 Informelles Lernen in der Arbeitswelt 4.0

Die Entwicklungen in der Arbeitswelt, wie wir sie aktuell erleben, hat Auswirkungen auf das Lernen in Organisationen
und auf die Rolle der Personalentwicklung. So kommt der
Personalentwicklung eine stärker strategisch ausgerichtete
Aufgabe zu, um Kompetenzen zu entwickeln, die für zukünftige Aufgaben, Märkte und Geschäftsmodelle benötigt
werden. Prioritäre Handlungsfelder der Personalentwicklung
sind das Vernetzen von Lernangeboten und deren Transfer in
die Arbeit, die Beratung von Mitarbeitenden im lebenslangen
Lernen sowie die Förderung des Kompetenz- und Wissens-
transfers (vgl. Blum und Gabathuler 2019). Der einfache Zugang zu den Lernangeboten ist dabei von großer Bedeutung.
Gemäß dem LinkedIn Learning Report 2018 bevorzugen
68 % der befragten Mitarbeitenden, am Arbeitslatz zu lernen
(Spar und Dye 2018). Gleichzeitig bezeichnen aber sowohl
Mitarbeitende wie Personalentwickelnde die fehlende Zeit
zum Lernen als größte Herausforderung. Der LinkedIn Lear-
ning Report empfiehlt denn auch den Personalentwickelnden,
Lernen in Form von informellen Lernangeboten über die im
Unternehmen genutzten Kommunikationskanäle zu fördern.
Josh Bersin, Experte in Sachen Learning and Development
und Gründer des Beratungs- und Forschungsunternehmens
Bersin by Deloitte, nennt dies „Learning in the flow of work"
(Bersin und Zao-Sanders 2019). Dies bedeutet, dass sich Lernprozesse an die Arbeit der Mitarbeitenden anpassen sollen
und Lernen dadurch als integrierter Bestandteil der Arbeits-
tätigkeit wahrgenommen wird. Einerseits kann dies durch die
Mitarbeitenden selber, also durch die bewusste Integration
von Lerngelegenheiten im Arbeitsalltag, gelingen. Möglichkeiten dazu sind gemäß Bersin und Zao-Sanders das Führen
einer To-learn-Liste, Planen von kurzen Lernzeiten allein oder
mit anderen Personen, aktive Teilnahme an Erfahrungsaustausch und Verfolgen von qualitativ guten Kanälen im eige-

3

nen Fachgebiet. Andererseits kann „Learning in the flow of work" durch gezielte Initiativen des Unternehmens gefördert werden. So können Personalentwickelnde und Ausbildende bestehende Kommunikationssysteme nutzen, um Wissensinhalte gezielt zu verbreiten. Josh Bersin empfiehlt dazu Programme, die interaktive Unterhaltungen und das Teilen von verschiedenen Quellen ermöglichen, wie beispielsweise Slack, Microsoft Teams oder Salesforce (Bersin 2018). All die im Rahmen des „Learning in the flow of work" beschriebenen Empfehlungen sind letzten Endes Anregungen zum Fördern informeller Lernprozesse im Arbeitsalltag.

Informelle Lernprozesse werden an Bedeutung zunehmen.

Es gilt also als wahrscheinlich, dass informelle Lernprozesse in Zukunft an Bedeutung gewinnen werden. Erstens entsprechen sie dem natürlichen Lern- und Entwicklungsprozess, zweitens sind sie mit den Anforderungen und Möglichkeiten der Arbeitswelt vereinbar, und drittens decken sie die Bedürfnisse der Mitarbeitenden. Für Ausbildende, Personalentwickelnde und Bildungsfachleute gilt es, dabei die richtige Kombination aus Formalität und Informalität zu finden, um die Kompetenzen der Zielgruppe wirkungsvoll weiterentwickeln zu können.

3.3.2 Kommende Herausforderungen

Ausgehend von der Annahme, dass informelle Lernprozesse in Zukunft an Bedeutung gewinnen werden, ergeben sich folgende Fragen, die es weiter zu bearbeiten gilt:

1. Wie kann mit der geringen Verbindlichkeit informeller Lernprozesse aus Unternehmenssicht umgegangen werden?
2. Wie können erworbene Kompetenzen des informellen Lernens nachgewiesen bzw. angerechnet werden?
3. Wie können Kompetenzen für zukünftige Herausforderungen entwickelt werden?

Verbindlichkeit erhöhen.

1. Wie in ▶ Abschn. 3.2.1 beschrieben, ist ein Nachteil von informellen Lernprozessen, dass sie deutlich weniger verbindlich sind als formale Lernangebote. Dies bedeutet für Unternehmen, dass sie zwar informelle Lernangeboten fördern und in der Organisation verbreiten können, jedoch nur beschränkt beeinflussen und bewerten können, wie diese genutzt und angewendet werden. Dies mag insbesondere bei Themen wichtig sein, bei denen eine möglichst große Verbreitung gewünscht wird, sei es aufgrund der Wichtigkeit des Themas oder aufgrund von bestimmten externen oder internen Auflagen. Es sind zahlreiche Wege denkbar, um die Verbindlichkeit von informellen Lernangeboten

zu erhöhen: Ein Pfad betrifft die Kombination mit formellen Elementen wie Lernkontrollen, Nachbesprechung mit dem Vorgesetzten, Transferbegleitung durch eine Lernpartnerin oder einen Lernpartner oder durch einen Lerncoach. In Kombination mit vorgegebenen und ggf. eigenen Lernzielen kann dies die Transferwahrscheinlichkeit erhöhen. Eine weitere Möglichkeit ist das Verfolgen der Lernangebote durch Datenanalysen, um deren Nutzung im Unternehmen zu erfassen und gegebenenfalls weiter zu fördern. Und schließlich besteht die Option, das Potenzial des sozialen Austauschs zu nutzen, indem Plattformen für virtuellen und ggf. auch physischen Austausch etabliert werden. Diese können dann zum Einspielen von informellen Lernangeboten genutzt werden. Im besten Falle entwickeln sie eine eigene Dynamik an informellem Wissenstransfer. Zu Beginn braucht dies sicherlich Ambassadoren aus der Unternehmensleitung, der Personalentwicklung und den einzelnen Geschäftsbereichen, danach wäre eine weniger enge Begleitung das Ziel.

2. Informell erworbene Kompetenzen verfügen definitionsgemäß über keine formelle Bescheinigung. Dies macht es schwierig, als Mitarbeitende diese Kompetenzen nachzuweisen. In gewissen Situationen wie bei der Bewerbung oder der Karriereplanung kann der persönliche Werdegang und der damit verbundene Leistungsausweis stellvertretend für informell erworbene Kompetenzen stehen. Unabhängig davon sind bestimmte formelle Qualifikationen oftmals eine Mindestanforderung und somit unerlässlich für die Entwicklung der eigenen Laufbahn. So besteht der Widerspruch, dass Unternehmen einerseits weniger auf formale Lernprozesse setzen, gleichzeitig aber formale Qualifikationen auf dem Arbeitsmarkt stärker nachgefragt werden. Die Herausforderung besteht darin, in Zukunft auch informell erworbene Kompetenzen nachweisen und anerkennen zu können. Dies würde dem Stellenwert von informellen Lernprozessen im lebenslangen Lernen gerecht werden und den Arbeitnehmenden ermöglichen, ihr gesamtes Potenzial nachweisen zu können.

Informell erworbene Kompetenzen ausweisen.

3. Das Modell des informellen Lernens aus ▶ Abschn. 3.1.2 zeigt, dass informelle Lernprozesse oftmals aus dem Alltag heraus entstehen. Dies hat zur Folge, dass informelles Lernen nahe am Anwendungsfeld stattfindet. Diese Stärke von informellem Lernen ist gleichzeitig ein Nachteil, wenn es darum geht, Kompetenzen für zukünftige Herausforderungen zu entwickeln. So wird es schwierig sein, sich Kompetenzen für eine digitalisierte Arbeitswelt informell anzueignen, wenn das Ausmaß der Veränderung des eigenen Anwendungsfeldes durch die Digitalisierung noch

Kompetenzen zukunftsgerichtet entwickeln.

kaum abschätzbar ist. Untersuchungen zu Kompetenzen für das 21. Jahrhundert haben gemeinsam, dass die Zielkompetenzen gerade nicht digital zu sein scheinen. Viel eher sind dies Kompetenzen, die in einer Arbeitswelt der konstanten Veränderung und der Kollaboration von Nutzen sind. So werden zum einen analytische Fähigkeiten wie Problemlösen, logisches Schlussfolgern und kritisches Denken als wichtig beschrieben. Zum anderen findet man Hinweise auf die Bedeutung von sozialen Kompetenzen wie Kooperationsfähigkeit und Wahrnehmung anderer Menschen und Kulturen. Schließlich wird der Umgang mit Veränderungen durch Kompetenzen wie Durchhaltevermögen, Kreativität und eigenständiges Denken als wichtig erwähnt (vgl. Burrus et al. 2013; Luo et al. 2015). All diese Kompetenzen sind nicht ausschließlich anhand von informellem Lernen entwickelbar. Insbesondere in diesen Themen braucht es Anregung, Austausch, Übungsmöglichkeiten und Rückmeldungen, um die eigenen Kompetenzen auszubauen und damit für die Herausforderungen der Zukunft gerüstet zu sein.

Literatur

Argyris C, Schön DA (1974) Theory in practice: increasing professional effectiveness. Jossey-Bass, Oxford, UK

Bersin J (2018) Learning in the flow of work: arriving now. https://joshbersin.com/2018/11/learning-in-the-flow-of-work-arriving-now/. Zugriff am 16.04.2020

Bersin J, Zao-Sanders M (2019) Making learning a part of everyday work. Harvard Business Publishing, Boston. Harvard Business Review

Blum U, Gabathuler J (2019) PE 4.0: Herausforderungen für Führungskräfte und Bildungsverantwortliche. In: Führen in der Arbeitswelt 4.0. Springer, Berlin/Heidelberg, S 73–93

Bodenmann G, Perrez M, Schär M (2011) Klassische Lerntheorien: Grundlagen und Anwendungen in Erziehung und Psychotherapie. Huber, Bern

Burrus J, Jackson T, Xi N, Steinberg J (2013) Identifying the most important 21st century workforce competencies: an analysis of the occupational information network (O*NET). ETS Res Rep Ser 2013(2), S 1–39

Coombs PH, Ahmed M (1974) Attacking rural poverty: how nonformal education can help. A Research Report for the World Bank Prepared by the International Council for Educational Development, Baltimore

Dohmen G (2001) Das lebenslange Lernen. Die internationale Erschließung einer bisher vernachlässigten Grundform menschlichen Lernens für das lebenslange Lernen aller. Bundesministerium für Bildung und Forschung BMBF, Bonn

Gnahs D (2016) Informelles Lernen in der Erwachsenenbildung/Weiterbildung. In: Rohs M (Hrsg) Handbuch Informelles Lernen. Springer Fachmedien Wiesbaden, Wiesbaden

Kaufmann K (2016) Beteiligung am informellen Lernen. In: Rohs M (Hrsg) Handbuch informelles Lernen. Springer Fachmedien, Wiesbaden

Livingstone DW (2008) Mapping the field of lifelong (formal and informal) learning and (paid and unpaid) work. In: Livingstone DW, Mirchandani K, Sawchuk PH (Hrsg) The future of lifelong learning and work. Critical perspectives. Sense Publishers, Rotterdam, S 13–26

Luo MA, Li J, Subotic S, Woodward L (2015) New vision for education: unlocking the potential of technology. World Economic Forum WEF, Geneva

Marsick VJ, Watkins KE (2001) Informal and Incidental Learning. New Dir Adult Contin Educ 2001(89):25–34

Marsick VJ, Watkins KE (2018) Introduction to the special issue: an update on informal and incidental learning theory. New Dir Adult Contin Educ 2018(159):9–19

Marsick, V.J., Watkins, K.E. and Wilson, J.A. (2002). Informal and Incidental Learning in the new Millennium: the Challenge of Being Rapid and/or Being Accurate!. In Individual Differences and Development in Organisations, M. Pearn (Ed.). https://doi.org/10.1002/9780470753392.ch14

Pelster B, Johnson D, Stempel J, Van der Vyver B (2017) Careers and learning (Rewriting the rules for the digital age. 2017 Deloitte Global Human Capital Trends). Deloitte University Press, Vancouver

von Rosenbladt B, Bilger F (2008) Weiterbildungsverhalten in Deutschland. 1. Berichtssystem Weiterbildung und Adult Education Survey. Bertelsmann, Bielefeld, S 2007

Seufert S, Fandel-Meyer T, Meier C, Diesner I, Fäckeler S, Raatz S (2013) Informelles Lernen als Führungsaufgabe (scil Arbeitsbericht No. 24), St. Gallen

Spar B, Dye C (2018) 2018 workplace learning report: the rise and responsibility of talent development in the new labor market. LinkedIn Learning

Stutz M, von Erlach E (2018) Berufliche Weiterbildung in Unternehmen im Jahr 2015: Hauptbericht. Bundesamt für Statistik BFS, Neuchâtel

Täubing VJ (2018) Informelles Lernen – Standorte bestimmen. In: Kahnwald N (Hrsg) Informelles Lernen. Springer Fachmedien, Wiesbaden

Tough AM (1979) The adult's learning projects: a fresh approach to theory and practice in adult learning. Ontario Institute for Studies in Education Press, Toronto

Die „digitale Transformation" verändert die Art und Weise, wie Menschen lernen. Dozierende müssen Inhalte didaktisch reduzieren und Komplexität vereinfachen.

Wüest Yvo

Inhaltsverzeichnis

4.1   Die Klärung des Vorwissens erleichtert die Planung – 67

4.2   Binnendifferenzierung ist gefragt: Wer hat wann welchen Lernbedarf? – 68

4.3   Persönliche Standortbestimmung zum Thema „didaktische Reduktion" – 70

4.4   Didaktische Reduktion mit der 3-Z-Formel – 70

4.5   Der Stofffülle begegnen und Inhalte auswählen – 73
4.5.1   Checkliste für die Auswahl von Inhalten mit der 4-Schritt-Methode – 73
4.5.2   Kernbotschaften herausarbeiten – 75
4.5.3   Aufgabe: Kernbotschaften herausarbeiten – 77

© Springer-Verlag GmbH Deutschland, ein Teil von Springer Nature 2021
U. Blum et al. (Hrsg.), *Weiterbildungsmanagement in der Praxis: Psychologie des Lernens*,
https://doi.org/10.1007/978-3-662-62631-3_4

4.5.4   Checkliste zur Reduktion von Komplexität mit einer
         sinnvollen Struktur – 77

Literatur – 80

Die „digitale Transformation" verändert die Art und Weise, wie Menschen...

67 **4**

Lernziele

Nach dem Erarbeiten dieses Kapitels sind Sie in der Lage,

- das Vorwissen der Teilnehmenden angemessen zu berücksichtigen,
- umfangreichen Stoff zu bündeln, zu strukturieren und zu reduzieren,
- abstrakte und komplexe Inhalte anschaulich und verständlich zu präsentieren.

Sie erkennen, wie Sie Kernbotschaften herausarbeiten und Komplexität vereinfachen können. Zudem erhalten Sie Hinweise, wie Sie Studierende motivieren, selber reduktiv vorzugehen.

Dozierende brauchen Fähigkeit zur didaktischen Reduktion.

4.1 Die Klärung des Vorwissens erleichtert die Planung

Die Forderung, das Wissen und die Erfahrungen der Studierenden vorgängig abzuklären und für die Gestaltung des Lernprozesses zu berücksichtigen, macht deutlich: Lehrende brauchen eine professionelle Planung, „Mut zur Lücke" sowie eine neue, konzentrierte Form der Darbietung. Dies fördert die Qualität und Verständlichkeit Ihrer Lernangebote. Sie gewinnen an Sicherheit, und Studierende können Ihnen leichter folgen.

Klärung des Vorwissens.

Mit elektronischen Umfrageinstrumenten wie zum Beispiel surveymonkey.com ist es heute mit geringem Aufwand möglich, frühzeitig an Informationen über den Wissensstand der Studierenden zu gelangen. Elektronische Plattformen erlauben es, Einstufungstests, die automatisiert auswerten, zur Verfügung zu stellen. Der direkte Austausch mit Fachkollegen und Fachkolleginnen hilft Lehrenden, das Vorwissen und den Lernbedarf der Teilnehmenden genauer zu erfassen.

Heute zeichnet sich ab: Für die meisten Menschen wird der Zugang zum Weltwissen in wenigen Jahren frei und kostenlos sein. Individuelles und kollektives Wissen und dessen effiziente Organisation wird verstärkt zur Grundlage des sozialen und wirtschaftlichen Zusammenlebens. Dazu kommt die steigende Bedeutung von „Blended Learning", der Verschränkung von Präsenzunterricht mit E-Learning. Die Aufgabe, größere Stoffmengen in kürzerer Zeit zu vermitteln und Inhalte aus dem Präsenzunterricht in E-Learning-Formate zu transferieren, zwingt Lehrende, sich mit der didaktischen Reduktion zu beschäftigen.

Blended Learning bedeutet Verschränkung von E-Learning mit Präsenzunterricht.

4.2 Binnendifferenzierung ist gefragt: Wer hat wann welchen Lernbedarf?

Unterschiedliche Lern-
voraussetzungen bei den
Lernenden ermitteln.

Viele Ausbildende sehen sich mit Gruppen von Lernenden konfrontiert, die zunehmend unterschiedlichere Lernvoraussetzungen mitbringen. Die Zeit der 5 Gs – gleiches Thema, in der gleichen Gruppe, auf dem gleichen Anspruchsniveau, in der gleichen Geschwindigkeit, mit dem gleichen Lernziel – ist definitiv vorbei (Wüest 2017). Neue Möglichkeiten für elektronisch unterstützte Lernprozesse laden dazu ein, die Gestaltung von Lernangeboten individueller, auf die Bedürfnisse der Lernenden ausgerichtet und reduziert zu denken (◼ Abb. 4.1).

Viel Stoff – wenig Zeit.

Die Tendenz zu einer wachsenden Stoffmenge bei einer teilweise gesteigerten Komplexität steht im Widerspruch zur

◼ **Abb. 4.1** „Zeit der 5 Gs". Auf den Punkt didaktisch reduziert lehren und präsentieren (Zürich: Spektramedia). (Quelle: Wüest 2017)

sinkenden Bereitschaft für angemessene Zeitbudgets (Lehner 2012). Diese Situation ist insbesondere Bildungsfachleuten in der betrieblichen Bildung vertraut. Sie erfordert eine Reduktion der Inhalte. Gleichzeitig muss mit den Auftraggebenden geklärt werden, um welche Anteile das Lernziel reduziert werden soll. Der gleiche Lerneffekt ist nach einer Halbierung der veranschlagten Lernzeit nicht mehr ohne Weiteres erreichbar. Die Kommunikationsfähigkeit der Lehrperson ist gefragt.

In den letzten Jahren hat sich zudem die Bildungslandschaft verändert. Die Modularisierung von Bildungsgängen zwang Ausbildende, ihre Lernveranstaltungen zu straffen und neu zu strukturieren. Statt einfach Inhalte auszuwählen, überlegen sich Ausbildende, welche Kompetenzen die Lernenden erwerben müssen. Dies bedeutet: Welche Performanz oder Handlungsfähigkeit in welcher Qualität sollen sie in einer definierten Situation beweisen können (Biggs 2003)?

Modularisierung von Bildungsgängen.

Weil die Biologie uns Menschen bei der Aufnahme- und Verarbeitungsfähigkeit von neuen Inhalten Grenzen setzt, gehört die Stoffreduktion zur Kernaufgabe von Lehrenden.

Begrenzte Aufnahmefähigkeit berücksichtigen.

Für Dozierende liegt deshalb die Hauptaufgabe darin, vereinfacht gesagt, **Lernziele**, **Lehrformen** und **Prüfungen** aufeinander abzustimmen (◘ Abb. 4.2).

◘ **Abb. 4.2** „Constructive alignments". (Nach Biggs 2003)

Reizüberflutung vorbeugen.

Gelingt Lehrenden die Anwendung von Komplexitätsreduktion, indem sie beispielsweise in einem E-Learning-Kurs eine verständliche und benutzerfreundliche Darstellung von anspruchsvollen Inhalten erreichen, erleichtern sie damit den Anwendern die Orientierung und beugen der Reizüberflutung vor.

4.3 Persönliche Standortbestimmung zum Thema „didaktische Reduktion"

Beginnen Sie am besten mit einer Analyse Ihrer aktuellen Kenntnisse. Lesen Sie dazu in der linken Spalte das Thema sowie die dazugehörige Beschreibung. Kreuzen Sie dann in der rechten Spalte das entsprechende Feld an. Die Auswertung zeigt Ihnen, in welchem Bereich Sie bereits über Wissen und Erfahrung verfügen und wo es Potenzial für Entwicklung gibt (◘ Tab. 4.1).

Constructive Alignment schaffen.

Im Sinne des bereits erwähnten „constructive alignment" (Biggs 2003) versuchen Dozierende ihre Lernarrangements so zu gestalten, dass ihre Studierenden die intendierten Lernergebnisse („learning outcomes") erreichen. Ihre „Zielgruppen", die Studierenden wiederum, bemühen sich, Zusammenhänge zu verstehen. Im Idealfall gelingt dies Studierenden, indem sie mittels der vorgeschlagenen Lernaktivitäten, der Stoffauswahl, Darbietung und neuen Lernerfahrung ihre persönliche Bedeutung *konstruieren* (Furrer 2009).

Dozierende, die sich mit dem Thema didaktische Reduktion auseinandersetzen und ihr Repertoire um entsprechende Instrumente und Methoden erweitern, verbessern damit die Qualität und Verständlichkeit ihrer Lehre und bewegen sich gleichzeitig auf die Studierenden zu.

4.4 Didaktische Reduktion mit der 3-Z-Formel

Didaktisch reduzieren bedeutet, eine Auswahl zu treffen und gewisse Bereiche bewusst auszusparen. Idealerweise stehen bei reduktiven Überlegungen stets die Studierenden und die intendierten Lernziele im Vordergrund. Indem Lehrende den Stoff bündeln, sinnvoll strukturieren und in einer ansprechenden Weise präsentieren, erleichtern sie den Studierenden den Lernprozess.

Sobald Dozierende Inhalte auswählen, stellen sie bereits reduktive Überlegungen an:

1. Welche Inhalte sind für meine Zielgruppe, die Studierenden, praxisrelevant?

◻ **Tab 4.1**   Standortbestimmung didaktische Reduktion

Thema	Beschreibung	vorhanden	Potenzial
Teilnehmenden-Analyse	Kenne ich Möglichkeiten für eine elektronische Teilnehmenden-Analyse im Vorfeld, z. B. mit surveymonkey.com?		
	Weiß ich, wie ich die Lernpräferenzen der Zielgruppe herausfinden kann?		
Stofffülle	Weiß ich, wie ich zeitsparend relevante Inhalte sammeln, auswählen und gewichten kann?		
	Kenne ich Instrumente und Methoden der didaktischen Reduktion, um Stoffmengen zu reduzieren?		
Komplexität	Weiß ich, wie ich komplexe Inhalte für unterschiedliche Anspruchsniveaus aufbereiten und vereinfachen kann?		
	Bin ich fähig, Kernbotschaften herauszuarbeiten?		
	Nutze ich für meine Erklärungen eine einfache und präzise Sprache?		
Reduktion als aktive Lernhandlung	Kenne ich konkrete Methoden, um Lernende zur selbstständigen Reduktion von umfangreichem Stoff oder zur Vereinfachung von Komplexität anzuleiten?		
Qualität von Bildern, Fotos, Grafiken	Kenne ich die wichtigsten Regeln für die Erstellung von professionell und didaktisch reduziert gestalteten Folien?		
	Weiß ich, auf welchen Plattformen ich lizenzfreie Fotos und Bilder in guter Qualität finden kann? Beispielsweise pixabay.com.		

2. Was zählt in der Prüfung, welches Lernziel streben die Teilnehmenden an?
3. Wie viel Zeit steht mir zur Verfügung?

Wer diesen Dreischritt verinnerlicht hat, nutzt bereits die 3-Z-Formel. Sie stammt von Martin Lehner, Autor des Buches „Viel Stoff – wenig Zeit. Wege aus der Vollständigkeitsfalle" (2006, S. 41). Die Formel unterstützt Dozierende bei der Planung und Vorbereitung ihres Lehrauftrages (◻ Abb. 4.3).

Erfahrene Dozierende gehen bei der Planung oft von einer vermittlungstechnischen Perspektive aus. Dies bedeutet, dass sie zuerst grundlegende Aspekte einer Sache herausarbeiten. Sie überlegen sich beispielsweise:

4

□ Abb. 4.3   3-Z-Formel. (Quelle: Lehner 2006, S. 41)

- Welche Voraussetzungen bringen die Teilnehmenden mit?
- Welche grundlegenden Strukturen müssen sie erwerben?
- Gibt es Prototypen oder Muster, die den Sachverhalt gut erklären?

Ein typischer Stolperstein ist die bei vielen Dozierenden zu beobachtende Wertschätzung für Komplexität, präziser ausgedrückt: *Vollständigkeit*. Insbesondere Fachexperten, die meist über ein breites und komplexes, gleichzeitig vernetztes und verdichtetes Wissen verfügen, sind hier in Gefahr (Lehner 2012). Viel zu oft gehen sie davon aus, alles sei wichtig. Für einen erfolgreichen Lernprozess stimmt dies mit Sicherheit nicht. Wer dem Prinzip „Vollständigkeit" folgt, mutet in der Regel den Studierenden, zumindest in der ersten Phase, zu viel

Stoff oder zu viel Komplexität zu. Mehr, als diese zu diesem Zeitpunkt aufnehmen können, und mehr, als dem Lernprozess förderlich ist.

Zu Beginn müssen Studierende zunächst grundlegende Funktionen, Strukturen und Zusammenhänge erkennen. Eine wichtige Aufgabe von Dozierenden ist es darum, umfangreiche oder komplexe Sachverhalte auf ihre wesentlichen Elemente und fundamentalen oder kausalen Zusammenhänge zurückzuführen. Diese sind für Studierende leichter fassbar und bleiben besser im Gedächtnis haften.

Wer professionell lehren möchte, ist darum gut beraten, sich um eine kluge Auswahl und Konzentration des Stoffes zu bemühen. Die Qualität der Inhalte ist wichtiger als die Quantität. Am einfachsten gelingen Auswahl und Reduktion unter Berücksichtigung des Vorwissens und der Lernvoraussetzungen der Studierenden.

4.5 Der Stofffülle begegnen und Inhalte auswählen

Wer sich entscheidet, seinen Stoff einfach und klar zu vermitteln, muss in der akademischen Welt mit Kritik und Widerstand rechnen. Weniger von den Studierenden als vielmehr von erfahrenen Fachkollegen und Fachkolleginnen. Diese bemängeln und kritisieren beispielsweise, dass bestimmte Unterthemen nicht angesprochen oder, schlimmer noch, gewisse Inhalte simplifiziert werden.

Unterschiedliche Bewertung von „Einfachheit".

Anders als im englischsprachigen Raum, wo der Begriff „simple" im Sinne von „simplicity", also „Einfachheit", positiv konnotiert ist, hat das Wort „Simplifizierung" in bestimmten Sprachen oft etwas Anrüchiges (Wüest 2017). Einige Dozierende stehen der Vereinfachung darum ablehnend gegenüber. Komplizierte Gedankengänge und eine verworrene Argumentation werden mitunter sogar als Beweis hoher Fachkompetenz bewertet.

Zitat von Johann Wolfgang von Goethe:

> » *„Wer nichts zu sagen hat, sagt es möglichst dunkel.*
> *Damit alle Welt sich darin suhlen kann."*

4.5.1 Checkliste für die Auswahl von Inhalten mit der 4-Schritt-Methode

Bei der Auswahl von Inhalten hat sich der Einsatz der in ◻ Tab. 4.2 dargestellten Checkliste und sogenannter „Kernbotschaften" bewährt.

Kernbotschaften definieren.

4

◨ **Tab. 4.2** Checkliste 4-Schritt-Methode

Schritt	Fragen	Tipps	OK
1. Thema eingrenzen	- Gibt es definierte, zu entwickelnde Kompetenzen? - Gibt es inhaltliche Vorgaben der Institution, welche die Bearbeitung des Themas oder die Auswahl der Inhalte beeinflussen? - Was ist die Leitidee des Themas? - In welcher Beziehung stehen die Studierenden zum Thema? - Welchen Bezug habe ich als Dozent zum Thema?	Bei der Analyse der Rahmenbedingungen und der Teilnehmenden helfen Ihnen Informationen aus dem Rahmenkonzept, dem Curriculum oder dem Lehrauftrag weiter.	
2. Sachinhalte sammeln und ordnen	- Was ist die innere, logische Struktur des Themas? - Welche Inhalte gehören aus fachlicher Sicht unbedingt zum Thema? - Wie gehören diese Inhalte zusammen, gibt es Oberbegriffe, Unterbegriffe? - Was ist sachlich notwendig, welche Inhalte braucht es für das Verständnis? - Was ist sekundär, was kann ich notfalls weglassen?	Hier ist Fachkompetenz gefragt. Es braucht den „Blick für das große Ganze und die Details". Oft hilft eine Mindmap, Kernbegriffe herauszuarbeiten und eine Ordnung zu entwickeln.	
3. Bedeutsame Lerninhalte auswählen und gewichten (mit Blick auf die Bedürfnisse der Studierenden)	- Welche Aspekte des Inhalts sind für die persönliche oder berufliche Situation der Studierenden relevant? - Wo liegt der zentrale Lernschritt, den die Studierenden machen sollen? - Was wird den Studierenden voraussichtlich leichtfallen, wo werden sie Schwierigkeiten haben?	Klären Sie zuerst die Lernvoraussetzungen der Studierenden ab. Für eine sinnvolle Gewichtung nehmen Sie die Oberbegriffe aus dem 2. Punkt in dieser Tabelle zu Hilfe. Legen Sie dann Schwerpunkte aus den Lerninhalten fest.	
4. Die Inhaltsmenge mit der zur Verfügung stehenden Zeit abgleichen	- Wie viel Zeit haben wir im Ganzen? - Wie verteilt sich die Zeit (grob) auf die verschiedenen Schwerpunkte? - Kann der ausgewählte Lerninhalt überhaupt in dieser Zeit bearbeitet werden?	Hier geht es um die Art der Bearbeitung, d. h. um die Wahl der Lehrmethode. Orientieren Sie sich dabei unbedingt an der konkret verfügbaren Zeit.	

Reduzierte Zeitbudgets berücksichtigen.

Erfahrene Dozierende kennen das Dilemma: Umfangreiche und komplexe Lerninhalte und reduzierte Zeitbudgets beeinträchtigen die Gestaltung von erfolgreichen Lehr- und Lernprozessen. Als Dozierende brauchen Sie Techniken und Instrumente der Reduktion, um diesen Herausforderungen begegnen zu können. Wer das Vorwissen der Studierenden und ihre Bedürfnisse berücksichtigen will, wer kompetenzorientiert lehren will, braucht Zeit. Freiräume für Fallanalysen, Exkursionen und erlebnisorientierte Trainings müssen erarbeitet und manchmal sogar innerhalb des Kollegiums verteidigt werden.

Die „digitale Transformation" verändert die Art und Weise, wie Menschen...

75   **4**

4.5.2 Kernbotschaften herausarbeiten

Bewährt hat sich bei der Planung und Gestaltung von Lernarrangements der Einsatz von Kernbotschaften. Diese beantworten die Fragen:

- Worum geht es heute?
- Welche Botschaft will ich mit meiner Präsentation oder meiner Lernveranstaltung den Studierenden mitgeben?
- Woran sollen sie sich auf jeden Fall erinnern?

Kernbotschaften formulieren.

„Eine Kamera braucht ein Stativ mit drei Beinen, um flexibel und trotzdem stabil zu sein."

Diese Metapher kann beim Verständnis helfen. Vier Beine wären eines zu viel, drei Beine reichen völlig aus (◘ Abb. 4.4).

◘ **Abb. 4.4** Kamerastativ mit drei Beinen. (Quelle: Workshop „Reduziert gewinnt!" mit Yvo Wüest 2017)

4

Die Verwendung von Kernbotschaften in der Planungsphase bringt verschiedene Vorteile:

- Sie sparen Zeit, weil Sie überflüssige Inhalte weglassen.
- Es verringert die Gefahr, das Thema zu verfehlen.
- Der rote Faden ist für alle einfach zu finden.
- Das Schreiben und Gestalten der Präsentation wird verständlicher.
- Lücken oder Argumentationsschwächen sind besser erkennbar.

Im Idealfall hat die Präsentation oder das Referat nur eine Kernaussage. Gibt es mehrere Kernaussagen, sollten diese durch eine übergeordnete Aussage oder durch eine logische Abfolge schlüssig miteinander verbunden werden.

Beispiel für eine Kernaussage zur Vorbereitung einer Weiterbildung „Didaktische Reduktion":

▶ Beispiel

„Didaktische Reduktion hilft Dozierenden, Wichtiges von Unwichtigem zu unterscheiden." ◀

Kann diese Kernbotschaft für sich allein stehen? Hält sie der kritischen Gegenrede stand? Nicht unbedingt. Mit drei unterstützenden Einzelaussagen kann die obige Kernaussage zusätzlich erklärt werden:

1. „Wer reduziert, erleichtert den Lernenden den Zugang zum Stoff."
2. „Wer sich auf das Wesentliche konzentriert, nützt die Lernzeit besser."
3. „Wer reduziert, wählt aus und fokussiert und setzt auf Gründlichkeit statt Vollständigkeit."

Ein weiteres Beispiel für eine Kernaussage mit drei unterstützenden Einzelaussagen:

▶ Beispiel

„Eine überzeugende PowerPoint-Präsentation zu schreiben ist eine komplexe Angelegenheit, die das Gehirn stark fordert." ◀

Drei unterstützende Einzelaussagen erleichtern das Verständnis:

1. „Man muss beim Schreiben logisch denken können."
2. „Man muss beim Schreiben abstrahieren und gut erklären können."
3. „Man muss beim Schreiben und Gestalten kreativ neu erschaffen können."

Alternativ kann diese Unterstützung der Einzelaussagen auch durch Bilder, überzeugende Beispiele oder kurze Video-Clips erfolgen.

4.5.3 Aufgabe: Kernbotschaften herausarbeiten

Schreiben Sie in das erste Feld eine Kernaussage zu Ihrem Unterrichtsthema oder zum Inhalt Ihrer Präsentation. Notieren Sie anschließend drei Einzelaussagen, die Ihre Kernaussage unterstützen (◘ Tab. 4.3).

Spüren Dozierende eine Unsicherheit zu entscheiden, welche Hauptbotschaft mit der Präsentation vermittelt werden soll, kann ihnen ein Gespräch mit Fachkollegen weiterhelfen. Meist gelingt es ihnen anschließend, das Thema gedanklich besser zu durchdringen.

Kernbotschaften und unterstützende Einzelaussagen formulieren.

Austausch mit Fachkollegen suchen.

4.5.4 Checkliste zur Reduktion von Komplexität mit einer sinnvollen Struktur

Wenn Dozierende mit ihrer Vorbereitung so weit sind, dass sie ihr Thema definiert haben und eine oder mehrere Kernbotschaften bestimmt sind, können sie nun Abfolge und Anordnung sowie einige Spannungselemente festlegen.

Dramaturgie festlegen.

Gemeint ist damit die Gliederung der eigenen Präsentation. Mit einer sorgfältigen Gliederung verschaffen sich Dozierende viele Vorteile:

- Sie verringern das Risiko, den roten Faden zu verlieren.
- Sie erkennen Denkfehler oder argumentative Schwächen schon vor dem Gestalten von Folien oder Arbeitsblättern.
- Sie bieten den Studierenden eine verständliche Struktur, nehmen sie praktisch bei der Hand und führen sie sicher durch die Präsentation.
- Sie können mit dem Produzieren der einzelnen Folien an jeder beliebigen Stelle anfangen.

◘ **Tab. 4.3** Kernbotschaften
Kernaussage
Zusätzliche, *unterstützende* Einzelaussage 1
Zusätzliche, *unterstützende* Einzelaussage 2
Zusätzliche, *unterstützende* Einzelaussage 3

4

Roten Faden schaffen.

Die eigene Gliederung ist der rote Faden, an dem entlang man sich durch die Präsentation bewegt. Dies spart Vorbereitungszeit und zeigt den Studierenden, was unter dem Thema zu verstehen ist. Von welcher Seite es angepackt wird, wie eng oder weit es gefasst wird. Und was das Ganze mit den Studierenden und ihren eigenen Erfahrungen sowie der künftigen Praxis zu tun hat.

Übersicht
Diese Kriterien haben sich bewährt:

1. Übersichtlichkeit	Nur die wichtigsten Punkte erfassen, nicht zu detailliert werden.
2. Lieber klar und verständlich als zu komplex	Maximal zwei Ebenen von der Hauptebene in die Tiefe gehen.
3. Eindeutige Benennungen	Aussagekräftige, möglichst kurze Folienüberschriften mit möglichst großer Schrift wählen. Jede Folie muss für die Zuschauer innerhalb der Präsentation klar einzuordnen sein.
4. Ausgewogenheit	„Rundes Bild" liefern; nicht einmal nur zwei und dann zehn Unterkapitel bieten.
5. Auf Doppelungen prüfen	… und diese vermeiden.

(gezeigt an einem Praxisbeispiel)

Reduktion von Volumen

▶ **Praxisbeispiel**

Ein dreitätiges Seminar zum Thema „Herausforderung Migration – Wenn es mit der Sprache schwierig wird" soll im Auftrag einer Stiftung für Menschen mit Beeinträchtigungen für eine Weiterbildung ihrer Mitarbeitenden auf einen Seminartag reduziert werden. Anstelle von rund 21 stehen neu nur 7 Stunden zur Verfügung. Die angesprochenen Mitarbeitenden bringen mehrheitlich einen sozialpädagogischen oder arbeitsagogischen Abschluss mit.

Das dreitägige Angebot umfasst für den Einstieg einen historischen Abriss zur Migrationsgeschichte der Schweiz. Dazu eine Überleitung zu den zentralen migrationspolitischen Auseinandersetzungen im 20. Jahrhundert. Schließlich eine Präzisierung der politischen Herausforderungen im Kontext der Annäherung der offiziellen Schweiz an die Europäische Union im letzten Jahrzehnt. Ergänzt wird dieser Teil mit Informationen über relevante Akteure und ihre Aufgaben in der Migrationsarbeit. Sei es auf der Seite von Bund, Kantonen und Gemeinden oder von Non-Profit-Organisationen.

Nach Vorabklärungen mit der Auftraggeberin, der Verantwortlichen der Abteilung Personal-Development, erarbeiten wir einen kurzen Fragebogen zur Klärung des Vorwissens und Lernbedarfs der Teilnehmenden. Die Umfrage wird zwei Monate vor dem Seminartag elektronisch verschickt.

Die Befragung ergibt, dass die Gruppe über wenig Vorwissen verfügt und einen Schwerpunkt in der Bearbeitung von Fallbeispielen aus der eigenen Praxis setzen möchte. Besonders interessant scheint die Frage zu sein, wie Menschen aus anderen Kulturen mit Beeinträchtigungen und Behinderungen umgehen. Und wie Mitarbeitende der Institution mit Angehörigen ihrer Patienten Konflikte entschärfen und Gespräche zielförderlicher gestalten können, wenn sprachliche und/oder kulturelle Barrieren auftauchen. Eine besondere Herausforderung liegt für einige Mitarbeitende darin, komplexe Diagnosen zu kognitiven Beeinträchtigungen bzw. daraus abgeleitete therapeutische Verfahren mit den Angehörigen zu besprechen.

Umfragen zur Klärung des Bedarfs durchführen.

In der Folge geht es darum, die Inhalte der dreitägigen Weiterbildung massiv zu kürzen. Anstelle eines historischen Abrisses legen wir gemäß Befragung der Teilnehmenden den Schwerpunkt auf kurze Länderportraits (z. B. Afghanistan, Somalia, Syrien). Diese ergänzen wir mit Erläuterungen zur gesellschaftlichen Debatte über Menschen mit Beeinträchtigungen im kulturellen Kontext. In Kleingruppen arbeiten die Teilnehmenden an Fallbeispielen und üben sich in der kritischen Reflexion und Auseinandersetzung mit unterschiedlichen Vorgehensweisen. Da historisches Bewusstsein Basis für das Verständnis gesellschaftlicher Entwicklungen ist, bieten wir im vor- oder nachgelagerten selbstständigen Studium Materialien und Aufgaben zur Migrationsgeschichte.

Exemplarisches Vorgehen am Beispiel erklärt.

In der Schlussrunde des Seminartages sammeln die Teilnehmenden „best practices", im Sinne von: Was hat funktioniert? Welches Verhalten ist erfolgsversprechend? Sie folgen damit den von ihnen in der Bedarfsklärung genannten Schlüsselthemen. ◄

▶ Praxisbeispiel: Strukturierte Konzentration

Ziel: Studierende gehen reduktiv vor und konzentrieren Inhalte schriftlich.

Kernidee: Studierende müssen einen Inhalt in eine vorstrukturierte Form bringen. Dabei müssen sie Prioritäten setzen und einzelne Themen bündeln.

Prioritäten setzen.

Didaktische Reduktion: Die Lehrperson bereitet ein Arbeitsblatt mit einem fixen, aussagekräftigen Thema und folgendem Raster vor:

- Kernaussagen,
- Beispiele,
- Folgerungen und weiterführende Überlegungen,
- Fragen, die ich vertiefen möchte.

Die Arbeit mit Rastern strukturieren.

Beispiel für die Anwendung in der Hochschuldidaktik: Lassen Sie die Studierenden Gruppen bilden und erklären Sie das oben erwähnte Rasterblatt mit den aufgeführten Begriffen. Laden Sie die Studierenden ein, mit diesem Raster Textdokumente zu bearbeiten oder einer Filmpräsentation, einer Demonstration oder Darbietung aufmerksam zu folgen. ◄

4 Gründlichkeit statt Vollständigkeit.

Zusammenfassung

Dozierende, die sich auf „Gründlichkeit" statt „Vollständigkeit" ausrichten und erfolgreich Komplexität vereinfacht haben, senden den Studierenden eine doppelte, positive Botschaft aus: „Eigentlich ist das hier alles ganz einfach. Wir packen das zusammen und kommen sicher ans Ziel."

Ihnen geht es folglich um den fachlichen Kern, das zentrale Anliegen. Fachliches Lernen und fachtypisches Denken stehen für diese Dozierenden im Vordergrund.

Diese Vorgehensweise bietet gleich mehrere Vorteile: Wenn nicht mehr „Alles könnte irgendwann einmal wichtig sein" gilt, können Studierende Unterschiede feststellen. In einem didaktisch reduzierten Lernarrangement erkennen sie einfacher, welche Inhalte im Mittelpunkt stehen und das Fachgebiet bestimmen. Sie sehen, welche Stoffanteile eine Vertiefung und welche eine Erweiterung darstellen.

Wissensstand, Vorwissen und Erfahrungen vorab klären.

Die Reduktion der Stofffülle und die Bearbeitung von Komplexität gelingen Dozierenden am einfachsten, wenn sie Klarheit über den Wissensstand, das Vorwissen und die Erfahrungen der Teilnehmenden geschaffen haben. Auf der Grundlage dieser Abklärungen gelingen die weitere Planung, Auswahl von Inhalten und das „constructive alignment" einfach und leicht.

Literatur

Bachmann H (2014) Formulieren von Lernergebnissen – learning outcomes. In: Bachmann H (Hrsg) Kompetenzorientierte Hochschullehre. Die Notwendigkeit von Kohärenz zwischen Lernzielen, Prüfungsformen und Lehr-Lern-Methoden. hep, Bern, S 34–49

Biggs J (2003) Teaching for quality learning at university. Open University Press/Society for Research into Higher Education, Buckingham

Furrer H (2009) Das Berner Modell. Ein Instrument für kompetenzorientierte Didaktik. hep, Bern

Hunter R (2011) Minimal lernen. hep, Bern

Lehner M (2006) Viel Stoff – wenig Zeit, Wege aus der Vollständigkeitsfalle. Haupt, Bern

Lehner M (2012) Didaktische Reduktion. Haupt, Bern

Maeda J (2007) Simplicity, Die zehn Gesetze der Einfachheit. Spektrum, München

Simon H (1977) Designing Organizations for an Information-Rich World, zitiert nach Goleman, Daniel (2013). Konzentriert euch! Eine Anleitung zum modernen Leben, Piper, S 20, München

Stern E (2006) Was Hänschen nicht lernt, lernt Hans hinterher. Der Erwerb geistiger Kompetenzen bei Kindern und Erwachsenen aus kognitions-psychologischer Perspektive. In: Nuissl E (Hrsg) Vom Lernen zum Lehren, Lehr- und Lernforschung für die Weiterbildung. Bertelsmann, Bielefeld

Wüest Y (2017) Auf den Punkt. Didaktisch reduziert lehren und präsentieren. Spektramedia, Zürich

Wüest Y, Zellweger F (2018) Strategies to reduce learning content. In: Bachmann H (Hrsg) Competence-oriented teaching and learning in higher education-essentials. hep, Bern

Effektivität von digitalem Lernen, Gelingensbedingungen und Trends

Hartwagner Fabia

Inhaltsverzeichnis

5.1   Einführung – 85

5.2   Effektivität von mediengestütztem Lernen – 85
5.2.1   Effektivität von Flipped Classroom-Settings – 86
5.2.2   Effektivität weiteren Medien und Formaten – 87
5.2.3   Qualität der Lernaktivitäten – 89
5.2.4   Lernen durch Lehren – 90

5.3   Die Rolle von Lehrenden, Lernenden,
        Führungspersonen und Content – 92
5.3.1   Führungspersonen – 92
5.3.2   Lehrende – 93
5.3.3   Lernende und Mitarbeitende – 94
5.3.4   Content – 94

5.4   Systeme – 96

5.5   Trends – 98
5.5.1   Artificial Intelligence (AI) – 98
5.5.2   Learning Analytics (LA) und Educational Data
        Mining (EDM) – 102

© Springer-Verlag GmbH Deutschland, ein Teil von Springer Nature 2021
U. Blum et al. (Hrsg.), *Weiterbildungsmanagement in der Praxis: Psychologie des Lernens*,
https://doi.org/10.1007/978-3-662-62631-3_5

5.6   Nützliche Links zum Thema – 103

5.7   Wiederkehrende Veranstaltungen in der
        DACH-Region – 105

5.8   Kurz & knapp (Glossar) – 106

        Literatur – 109

5.1 Einführung

Der Prozess des Lernens ist grundsätzlich ein Prozess, bei welchem jemand durch Erfahrungen, Erleben usw. Einsichten gewinnt, Zusammenhänge begreift und daraus lernt. Oft wurde in der Vergangenheit unter dem Titel „E-Learning" jedoch mehr Wissen vermittelt als Erfahrungen und Einsichten ermöglicht, was unter anderem darauf zurückzuführen ist, dass der Bereich E-Learning stark technik- und Content-getrieben war und wenig lernerzentriert und didaktisch.

In Zeiten der digitalen Transformation ist die Anpassungs- oder Lernfähigkeit einer Organisation als Gesamtes von zentraler Bedeutung. Eine lernende Organisation stellt sich immer wieder die Frage, ob sie die Dinge richtig macht und ob sie die richtigen Dinge macht (Argyris und Schön 2018). Arbeiten und lernen verschmelzen zunehmend, und die oben genannten Fragen beziehen sich ebenso auf das Thema Lernen und im Besonderen auf digitales Lernen.

Das Richtige lernen und richtig lernen.

Dieses Kapitel will in aller Kürze beleuchten, wie effektiv der Einsatz von digitalen Medien beim Lernen ist, und weitere Aspekte aufnehmen, die es rund um das digitale Lernen zu beachten gilt.

5.2 Effektivität von mediengestütztem Lernen

Die wohl bekannteste und am weitesten verbreitete Methode im Bereich des digitalen Lernens ist das sogenannte Blended Learning oder der Flipped/Inverted Classroom. Dabei geht es darum, die Anordnung der traditionellerweise im Plenum angesetzte Wissensvermittlung mit anschließender individueller Nachbearbeitung, Übungen und Anwendungsaufgaben umzukehren (zu „flippen"). Die Wissensaneignung erfolgt (mittels digitaler Medien z. B. durch videobasierte Lehrvorträge u. Ä.) individuell, während die Nachbereitung, Vertiefung und/oder Anwendung gemeinsam in Präsenzsettings angegangen wird.

Best Practices und Leuchtturmprojekte im Bereich digitales Lernen gibt es viele, es stellt sich jedoch auch vermehrt die Frage, wie effektiv solche Settings im Vergleich zu traditionellen Lernformaten sind. Die empirische Bildungsforschung hat das Thema Selbststudium, Flipped Classroom und Unterstützung durch digitale Medien untersucht und dabei festgestellt, dass zwar Medienbildung ein integraler Bestandteil unseres digitalisierten Alltags geworden ist, Medien allein aber das Lernen nicht effektiver machen. Sicher bringen Medien Informationen und Wissen nahe an die Lernenden, was ihnen erlaubt, überall und jederzeit darauf zurückzugreifen. Mit der alleinigen Verfügbarkeit von Wissensquellen wird aber nicht auch automatisch ein Lernprozess ausgelöst. So werden während eines Lernprozesses idealerweise aus dem verfügbaren Wissen in gegebenen Anwendungsszenarien auch Kompetenzen entwickelt, Transferleistungen generiert und das eigene Verhalten entsprechend angepasst.

5.2.1 Effektivität von Flipped Classroom-Settings

Lernergebnisse durch Lernen in regelmäßigen Abständen verbessern.

Eine Studie zu den Effekten von Flipped Classroom auf Lernzeit, Lernerfolg und Motivation (He et al. 2016) ergab einen positiven, aber kleinen Effekt auf den Lernerfolg (speziell Prüfungserfolg). Die Studie zeigte auch, dass die Lernzeit sich nicht erhöhte, dass aber das Lernen in regelmäßigen Abständen gegeben durch die kontinuierlichen Flipped-Classroom-Settings zu besseren Lernergebnissen führte. Allerdings stellt die Studie auch fest, dass die unterschiedlich intensive oder umfassende Vorbereitung der Studierenden auf die Präsenzveranstaltung zu Heterogenität führte. Das wiederum wirkte sich negativ auf das Lernen und Arbeiten in der Präsenzphase aus. Ein Grund dafür mag einerseits sein, dass die Lernenden die Vorbereitung als zusätzlichen Aufwand und Belastung empfunden haben und nicht als Lernzeit bewerten. Andererseits ist möglicherweise die Selbststeuerungsfähigkeit der Lernenden, welche für die Vorbereitungsphasen wichtig ist, nicht so gut ausgebildet, es sind keine oder nur schwache Strategien vorhanden, und die Lernenden fühlen sich damit überfordert. Demzufolge scheint es essenziell zu sein, die Lernenden auf Flipped-Classroom-Settings gut vorzubereiten, zu begleiten und zu unterstützen, um Überforderung oder Missverständnissen vorzubeugen.

Positiver Effekt von Flipped Classroom auf den Lernerfolg.

Eine Metaanalyse untersuchte die Effekte von Flipped Classroom auf den Lernerfolg (Cheng et al. 2018) und stellt einen insgesamt positiven, aber doch eher kleinen Effekt auf den Lernerfolg fest, und das unabhängig vom Bildungsniveau. Allerdings gibt es Unterschiede in Bezug auf die Fachbereiche: bei künstlerischen und geisteswissenschaftlichen Fächern konnten mittlere bis große Effekte festgestellt werden, in sozial- und naturwissenschaftlichen Fächern und Mathematik hingegen nur kleine bis mittlere. Die Gründe dafür gilt es noch weiter zu untersuchen.

Bessere Lernergebnisse bei Flipped-Classroom in Kombination mit hohem Präsenzanteil und Online-Lernkontrollen.

Eine weitere Metastudie zu den Effekten von Flipped Classroom auf Lernerfolg und Zufriedenheit der Lernenden (van Alten et al. 2019) stellt ebenfalls einen insgesamt positiven, aber kleinen Effekt auf den Lernerfolg fest. Meistens ist dieser ebenso effektiv wie bei konventionellen Lehrsettings.

Eine höhere Zufriedenheit der Lernenden konnte in Flipped-Classroom-Settings nicht festgestellt werden. Allerdings wurde die didaktische Umsetzung der Settings, im Besonderen jene in den Präsenzphasen, nicht eindeutig beschrieben, sodass die Ableitung von Schlussfolgerungen schwierig ist. Generell wurde aber beobachtet, dass Lernende bessere Lernergebnisse erzielten, wenn in diesen Settings der Präsenzteil gegenüber einem traditionellen Präsenz-Setting nicht reduziert wurde und wenn zudem Online-Lernkontrollen integriert wurden.

Eine weitere Studie (Låg und Sæle 2019) zeigte ebenfalls einen positiven, aber kleinen bis mittleren Effekt. Die Autoren gehen davon aus, dass der Effekt noch erhöht werden könnte, wenn die studentische Vorbereitung getestet würde. Die Zufriedenheit der Studierenden mit dem Setting war nicht gleichläufig zum verzeichneten Lernerfolg, was darauf zurückzuführen sein könnte, dass die Phasen der Vorbereitung und des Selbststudiums als anstrengender empfunden wurden.

> Konzeption und Methode sind bei Flipped-Classroom-Settings zentral für die Effektivität.

Die allgemein eher kleinen Effekte bedeuten nicht zwingend, dass Flipped-Classroom-Settings grundsätzlich wenig effektiv sind, sondern dass sich kein Mehrwert allein durch das mediengestützte Lernen ergibt. Die Studienergebnisse lassen den Schluss zu, dass die Methode durchaus mehrwertstiftend eingesetzt werden kann, wenn sie entsprechend gut angelegt und umgesetzt wird. Digitale Medien können zur Unterstützung hochwertiger Lernaktivitäten beigezogen werden und so zu guten Lernergebnissen beitragen. Ob und wie solche Settings aber konzipiert und umgesetzt werden, ist sicher auch eine Frage der Weiterbildung und Medienaffinität und -kompetenz der Lehrenden.

5.2.2 Effektivität weiteren Medien und Formaten

Im Bereich des digitalen Lernens wird auch oft mit Visualisierungen gearbeitet, und deren Effektivität wurde in einer Metaanalyse (Höffler und Leutner 2007) belegt. Besonders dynamische Visualisierungen, wie z. B. interaktive Videos oder Animationen, ergeben einen mittelgroßen Effekt, und dies allein schon beim Betrachten. Dabei sind die Ergebnisse besser, wenn die Visualisierung mehr repräsentativ als dekorativ ist.

> Dynamische Visualisierungen steigern die Effektivität.

Auch Game-based Learning hat im Bereich des digitalen Lernens einen festen Platz. Eine Metaanalyse (Wouters et al. 2013) untersuchte, ob Serious Games lerneffektiver und motivierender sind als herkömmliche Unterrichtsmethoden, und stellte kleine bis mittlere Effekte auf Wissen und Kompetenz fest. Positive Effekte auf die Motivation konnten auch be-

> Game-based Learning hat positive Effekte auf die Lernmotivation.

5

Spieldesign verbunden mit
Storytelling führt zu
erhöhter Effektivität.

Gamification als
Motivationssteigerung oder
ganzes Framework mit
interdisziplinären Wechselwirkungen einsetzen.

Potenzial von computer-
basiertem Tutoring.

obachtet werden, waren allerdings oft nur kurzfristig. Es konnte außerdem festgestellt werden, dass Lernende in Serious Games mehr lernten als bei herkömmlichen Unterrichtsmethoden, wenn das Spiel zusätzlich durch andere Unterrichtsmethoden ergänzt wurde, wenn mehrere Trainingseinheiten stattfanden und wenn die Spielenden in Gruppen arbeiteten.

Eine Metaanalyse (Clark et al. 2015) stellte einerseits einen Medienvergleich (zwischen Spiel- und Nicht-Game-Bedingungen) und andererseits einen Mehrwertvergleich (zwischen erweiterten Spielen und Standardspieldesigns) an. Die Ergebnisse der Medienvergleiche zeigten, dass digitale Spiele das Lernen der Schülerinnen und Schüler im Vergleich zu nicht-spielbasierten Bedingungen signifikant verbesserten. Die Ergebnisse aus dem Mehrwertvergleich zeigte signifikante Lernvorteile in Verbindung mit erweiterten Spielkonzepten. Die Effekte über verschiedene Spielmechaniken, visuelle und erzählerische Eigenschaften und Qualitätsmerkmale der Forschung variieren allerdings. Nichtsdestotrotz zeigen die Resultate, dass Spiele zum Lernen effektiv sein können und dass dem Design eine Schlüsselrolle zukommt (unabhängig vom Medium).

Beim weit verbreiteten Gamification-Ansatz geht es nicht direkt um Lernspiele, sondern darum, Elemente aus Spielwelten in den Lernkontext zu bringen (z. B. Levels, Punkte, Auszeichnungen etc.). Das kann einen positiven Einfluss auf die Motivation haben, hat aber oft keinen direkten Zusammenhang mit der Aufbereitung des Lerninhalts. Die Praxis zeigt, dass Gamification tendenziell mehr motiviert, wenn die zu gewinnenden Assets auch einen Bezug zum Alltag der Lernenden haben und zu erhöhter Sichtbarkeit der Errungenschaften führen. Wird der Gamificationansatz jedoch breiter gefasst (Chou 2016), geht es um ein ganzes Framework, das nicht nur Spieldesign und -dynamik berücksichtigt, sondern auch Verhaltensökonomie, Motivationspsychologie, User Experience, Neurobiologie etc. Im Bereich des digitalen Lernens wird jedoch meist nur das enger gefasste Verständnis von Gamifizierung gelebt.

In Zeiten von künstlicher Intelligenz und Chat Bots stellt sich auch die Frage, was solche Systeme beim Lernen bringen können. Eine Studie untersuchte die Wirksamkeit von menschlichem Tutoring, intelligenten Tutoringsystemen und anderen Tutoringsystemen im Vergleich zu Unterricht zu den gleichen Inhalten, aber ohne Tutoring (VanLehn 2011). Sie stellte fest, dass die Wirksamkeit von menschlichem Tutoring viel geringer als erwartet ausfiel (0,79) und dass die Effektivität von intelligenten Tutoringsystemen fast genauso wirksam war wie menschliches Tutoring (0,76). Dies gibt Grund zur Annahme, dass im Bereich von Performance-Support-Systemen parallel zur Weiterentwicklung von künstlicher Intelligenz und dem Einsatz in der Bildung großes Potenzial steckt.

Eine Metastudie über die Auswirkungen von computergestütztem kollaborativem Lernen in der MINT-Ausbildung (Jeong et al. 2019) stellt einen positiven, moderaten Effekt fest. Die Effekte wurden jedoch durch verschiedene Variablen beeinflusst: Technologie, Pädagogik, Art der Zusammenarbeit, Bildungsniveau sowie Lernbereiche. Es gilt noch zu erforschen, wie der Einfluss dieser Variablen auf die Wirksamkeit von computergestütztem kollaborativem Lernen aussieht.

5.2.3 Qualität der Lernaktivitäten

Die erwähnten Studien zeigen, dass der Erfolg unabhängig von den Rahmenbedingungen stark von der Qualität der Implementation der Lehr- und Lernangebote abhängt. Fragen, wie Lernprozesse initiiert werden können, sind zu klären, auch und gerade beim Selbststudium. Dabei spielt die Art der Aufgabenstellung eine zentrale Rolle: Wird nur Faktenwissen abgefragt, gilt es echte Problemstellungen zu lösen, wie wird dieser Prozess begleitet, wie können die Lernenden kognitiv aktiviert werden?

Hier lohnt es sich, die Herangehensweise des ICAP-Modells (Chi und Wylie 2014) zu berücksichtigen. Die Abkürzung steht für die Attribute „interactive, constructive, active, passive", welche sich auf eine 4-stufige Skala von Lernaktivitäten beziehen. Dabei haben passive Lernaktivitäten die geringste und interaktive die höchste Effektivität auf das Lernen, da auch die kognitive Aktivierung und Partizipation der Lernenden bei diesen vier Stufen entsprechend tief oder hoch ist. ◘ Tab. 5.1 führt einige Beispiele für die verschiedenen Stufen an:

> Didaktik, Konzeption und die Aktivierung der Lernenden/Studierenden sind wichtige Elemente für die Qualität und Effektivität von digitalen Lernsettings.

◘ **Tab. 5.1** Das 4-stufige ICAP-Modell nach Chi und Wylie (2014)

Interaktiv	Lernende arbeiten im Dialog mit anderen Lernenden, argumentieren, widerlegen, entwickeln Begründungskompetenz …
Konstruktiv	Wissen wird neu eingeordnet oder durch die Lernenden selbst neu erschlossen und erarbeitet, Erklärungen und Hypothesen werden generiert, Vernetzung von Wissen …
Aktiv	Aktive Beteiligung, z. B. lesen, Notizen machen, Passagen unterstreichen, Wissensfragen beantworten …
Passiv	Informationen werden gespeichert, nicht integriert, keine aktive Beteiligung, z. B. Vorlesung zuhören, Slides folgen, Video anschauen …

Passive und aktive Lernaktivitäten eignen sich vor allem für deklaratives Faktenwissen, während konstruktive und interaktive Lernaktivitäten für die Entwicklung von Kompetenzen ideal sind. Zur Förderung von konstruktiven und interaktiven Lernaktivitäten ist es sehr hilfreich, zusätzlich zu traditionellen Lernangeboten auch kollaboratives Lernen einzusetzen. Reflexionshilfen, wie z. B. Anregungen, Leitfragen oder Kriterien, welche die Lernenden anhand einer bestimmten Situation, Aufgabestellung oder Hypothese prüfen oder diskutieren sollen, können die Lernenden zu höheren kognitiven Aktivitäten anregen. Das kann und sollte nicht nur am Ende einer Lernsequenz erfolgen, sondern durchaus auch während der Lernsequenz.

5.2.4 Lernen durch Lehren

Unterrichten als Lernaktivität betrachten.

Das ICAP-Modell wird gestützt durch Studien, welche das Lernen durch Erklären oder das Lernen durch Lehren (LdL) untersucht haben. Eine solche Studie (Fiorella und Mayer 2014) stellt fest, dass unabhängig vom Lernformat Lernende, welche sich darauf vorbereiteten, etwas zu unterrichten (unabhängig davon, ob sie es dann auch tun), bei einem Verständnistest jene übertrafen, die sich nur auf den Test vorbereiteten. Die Studienergebnisse stützen außerdem die Annahme, dass die Vorbereitung auf das Unterrichten zu kurzfristigen Lernfortschritten führt, während der Akt des Unterrichtens selbst (d. h. die Erklärung des Materials für andere) in Verbindung mit der Vorbereitung darauf für das langfristige Lernen wichtig ist.

Erklären als Lernaktivität betrachten.

In zwei weiteren Experimenten (Hoogerheide et al. 2014) wurde untersucht, wie das Lernen und der Transfer durch das selbst durchgeführte Erklären gefördert werden kann. So wurden die Ergebnisse dreier Gruppen von Lernenden verglichen, die einen Text studieren sollten: die einen mit dem Ziel, später einen Test durchzuführen, die anderen mit dem Ziel, den Inhalt später anderen zu erklären und die dritten mit dem Ziel, eine Videoerklärung zu erstellen. Bei der Durchführung des Experiments mit Lernenden der Sekundarstufe konnte zwar keine Auswirkung der Studienabsicht auf das Lernen festgestellt werden, aber das Erklären während der Videoerstellung förderte die Transferleistung erheblich. Bei der Durchführung des gleichen Experiments mit Studierenden hatte die Studienabsicht zwar einen Effekt auf das Lernen, aber nur die tatsächliche Videoerstellung förderte die Transferleistung signifikant. In einer weiteren Studie (Lachner et al. 2018) wurde außerdem festgestellt, dass die Art und Weise des Erklärens (mündlich oder schriftlich) eine entscheidende Rolle beim Lernen durch Erklären spielt, da die verschiedenen Arten des Erklärens das Lernen der Studierenden unterschiedlich unterstützen.

In weiteren Experimenten (Lachner et al. 2019) wurde untersucht, inwiefern Lernaktivitäten durch Erklärung am Ende oder während einer Studienphase die Lernergebnisse beeinflussen. Die Ergebnisse zeigten, dass das konzeptuelle Wissen der Studierenden bei —Lernaktivitäten durch Erklärung während der Studienphase höher war als bei jenen, welche erst am Ende der Studienphase eine Lernaktivität durch Erklärung absolvierten. Diese Ergebnisse deuten darauf hin, dass der Zeitpunkt der Lernaktivitäten entscheidend für die Verbesserung des Lernens ist. Lernen durch Erklären hat demnach einen größeren Effekt auf den Lernerfolg als das reine Zusammenfassen oder Wiederholen. Beim Lernen durch Erklären werden deutlich anspruchsvollere kognitive Prozesse angeregt, weil die gespeicherten Informationen im Gedächtnis aktiv abgerufen und je nach Erklärsituation neu abgespeichert werden müssen. Das Erklären hilft auch, Inhalte besser zu verstehen und tiefergehend zu erarbeiten, da die Erklärung für eine bestimmte Zielgruppe angepasst werden muss (zielgruppenspezifische didaktische Reduktion).

Generell kann also aus all den Studienergebnissen geschlossen werden, dass individuelles Üben des Problemlösens mit Feedback mittlere bis große Effekte auf die Problemlösefähigkeiten hat und dass kollaboratives Lernen, gemeinsames Problemlösen, Gestalten und Argumentieren einen großen Effekt auf den Lernerfolg haben, sei das nun computer-/mediengestützt oder nicht. Um entsprechende Lernsituationen zu schaffen und Lernprozesse zu initiieren hilft es, wenn die anspruchsvollen Aktivitäten mit digitalen Medien angeleitet sind. Anleitungen sind z. B. Anregungen, Hilfestellungen, Kriterien, Hypothesen und Theorien, die es z. B. auf ein Video anzuwenden und die Befunde dann zu diskutieren gilt. Solche Unterstützung bei der Bearbeitung von Problemen, die evtl. noch etwas zu schwer sind für Lernende, führen zu sehr guten Ergebnissen. So zeigt eine weitere Untersuchung (Broadbent und Poon 2015) außerdem auf, dass Lernerfolge besser sind, wenn beim Online-Lernen Strategien des selbstgesteuerten Lernens eingesetzt werden. Besonders positiv mit den akademischen Ergebnissen korrelierten beispielsweise Strategien des Zeitmanagements, der Metakognition, der Aufwandsregulierung und des kritischen Denkens.

Werden mediengestützte Aktivitäten curricular eingebettet, als Ergänzung in traditionelle Lehrformate oder die Kollaboration als Ergänzung zu Vorlesungen, können sie also sehr effektiv sein, nicht aber, wenn sie nur auf eine Plattform gestellt

Selbststeuerungs- und Problemlösefähigkeiten fördern.

und nicht moderiert werden und nicht mit aktivierenden Aufgabenstellungen verbunden werden. Der Erfolg ist weniger vom Medium abhängig als davon, was damit gemacht wird und wie die Anleitung und Begleitung aussieht. Nicht zu vergessen sind sicher auch die Medienkompetenz der Lernenden und Lehrenden selbst, die Affinität zur Technologie und der bewusste Umgang mit Medien.

5.3 Die Rolle von Lehrenden, Lernenden, Führungspersonen und Content

Lernen im Handlungskontext betrachten.

Wie bereits gezeigt wurde, kann das Lernergebnis maßgeblich gesteigert werden, wenn die Lernenden Inhalte selbst erstellen oder unterrichten. Darum ist im Bereich der Inhaltserstellung und der Rollenverteilung aller Beteiligten sicher auch ein Umdenken nötig. Das Konzept 70:20:10, welches auf eine Umfrage von Lombardo und Eichinger (1996) zurückgeht, definiert, dass 10 % des Lernens formell, 20 % durch Coaching oder Mentoring und 70 % durch Learning by Doing erfolgt. Auch wenn dieses Modell nicht 1:1 und nicht genau in diesen Proportionen auf alle Lernsituationen angewendet werden kann, streicht es doch die Wichtigkeit des Lernens in der sozialen Einbettung und des Lernens in Anwendungssituationen heraus. Um solche Situationen zu fördern, ist auch ein neues Rollenverständnis von Lehrenden, Lernenden und Führungspersonen nötig.

5.3.1 Führungspersonen

Kontinuierliches Lernen in der Unternehmens- und Führungskultur.

Führungspersonen sind ein Schlüssel zum Erfolg, wenn es um den Aufbau einer Kultur des kontinuierlichen Lernens geht. Die Einbindung von Führungspersonen hat einerseits große Bedeutung, weil sie auch Aufgaben in der Mitarbeiterentwicklung übernehmen müssen, und andererseits, weil sie mit Vorbildfunktion wichtige Multiplikatoren sind und passende Rahmenbedingungen schaffen können (Seufert et al. 2013). So wird auch eine neue Art des Führens in die Richtung gehen, die Lernfähigkeit der Mitarbeitenden zu fördern und deren Neugierde und den Wunsch, ständig zu lernen und sich weiterzuentwickeln, zu unterstützen. Dazu müssen Führungspersonen aber auch Zeit für das Selbstlernen zur Verfügung stellen und Reflexionsgefäße schaffen, bei denen Mitarbeitende aus ihrer täglichen Arbeit lernen können – sowohl individuell als auch im Team (Hart 2019).

5.3.2 Lehrende

Der Monitor Digitale Bildung (Schmid et al. 2017) zeigt, dass Medien an den Hochschulen häufiger als Präsentationsmedien eingesetzt werden und nur selten zur Unterstützung des selbstregulierten Lernens. Der didaktisch sinnvolle Einsatz von Medien ist noch dürftig (neben ein paar Leuchtturmprojekten), und didaktische Potenziale bleiben trotz guter Infrastruktur oft ungenutzt. Das dürfte darauf zurückzuführen sein, dass bei den Lehrenden oft noch Skepsis vorherrscht, und mobile Geräte eher als störend und ablenkend eingestuft werden. Ob Lehrende sich auf die Digitalisierung einlassen oder nicht, hängt stark von deren Eigeninitiative ab. Interessanterweise zeigt die Studie, dass Lehramtsstudierende sich als wenig digital affin erweisen – obwohl gerade sie die Treiber sein könnten, um mediengestütztes Lernen dann später in ihrem eigenen Unterricht voranzubringen. Inwieweit diese Ergebnisse auch im betrieblichen Lernen und in der Personalentwicklung bestätigt werden, zeigt der Monitor nicht. Hingegen stellt die Trendstudie zu digitalen Kompetenzen von Personalentwicklern (Seufert et al. 2019) unter anderem fest, dass der digitale Reifegrad in der Personalentwicklung als gering eingeschätzt wird und teilweise auch klare Konzepte zur Entwicklung digitaler Kompetenzen bei Mitarbeitenden fehlen. Im Bereich der Fertigkeiten im Umgang mit digitalen Medien und Tools zeigen sich deutliche Unterschiede. Die Studie stellt aber auch fest, dass der Fokus der Personalentwicklung eher auf Kulturveränderungen liegt, und gibt u. a. als Handlungsempfehlung an, Impulse für neue Wege zu generieren, das eigene Rollenverständnis zu klären und ein Verständnis für Technik, IT und Software zu entwickeln. So ist es sicher auch die Aufgabe der Personalentwicklung, Führungskräfte bei der Kulturveränderung zu unterstützen und neue Wege außerhalb von traditionellen Schulungsangeboten zu gehen.

Wie aus den vorangehenden Kapiteln abzuleiten ist, müssen die Lehrenden jedoch auch die Selbststeuerungsfähigkeiten der Lernenden als Lernziel und Lernvoraussetzung im Auge behalten. Sie müssen die Lernenden und Mitarbeitenden darin unterstützen, moderne Lernfähigkeiten und effektive tägliche Lerngewohnheiten zu entwickeln. Personalentwickelnde, Trainerende und Lehrende werden so mehr und mehr zu Ermöglichern von Lernerlebnissen, zu Lernberatern und Coaches. Darüber hinaus müssen Trainer und Lehrende aber auch medienbezogene Kompetenzen entwickeln, wenn von ihnen erwartet wird, beispielsweise in Inverted-Classroom-Settings Lerninhalte digital aufzubereiten und sie mediendidaktisch sinnvoll in ein übergeordnetes Konzept einzubinden.

Lehrende fungieren als Treiber für mediengestütztes Lernen.

Neues Rollenverständnis bei allen Beteiligten im Lernprozess schaffen.

5.3.3 **Lernende und Mitarbeitende**

Steigerung von Partizipation, Selbstorganisation sowie Selbstverantwortung im Lernprozess initiieren.

Wenn Lernende und Mitarbeitende vor allem bei der Arbeit selbst oder beim Aufbereiten und Unterrichten von Inhalten effektiv lernen, müssen auch sie sich vom reinen Konsumieren hin zum partizipativen Mitgestalten bewegen. In Flipped-Classroom-Settings müssen sie auch Selbstorganisation und Selbstverantwortung für ihr Lernen übernehmen und verstehen, dass lebenslanges Lernen und die eigene lebenslange Entwicklung wichtig sind, um ihren Marktwert, ihre Employability hochzuhalten. Allerdings sind hier auch die Ausgangssituationen zwischen stark formellen Lehrgängen und dual-betrieblich begleiten Situationen sehr unterschiedlich.

Orientierung im Lerninhalte-Dschungel und Lerntransfer bei knappem Zeitbudget gewährleisten.

So gilt es immer wieder abzuwägen, welche Settings und Methoden in welcher Situation adäquat sind. Die didaktische Reduktion und Aufbereitung von Wissen brauchen ihre Zeit, und genau diese ist im Alltag von Lernenden und Mitarbeitenden knapp. Wenn Trainerinnen und Trainer und Lehrende das Wissen also multimedial aufbereiten und zur Verfügung stellen, um dann auf den Lerntransfer mehr Zeit zu verwenden, ist das gut begründet. Auf der anderen Seite müssen Lernende und Mitarbeitende auch die Kompetenz entwickeln, sich in der nicht explizit auf sie zugeschnittenen Informationsflut zu orientieren, zu wissen, wie und nach welchen Kriterien sie die Funde evaluieren können und was schließlich in der aktuellen Situation relevant für sie ist. Welche Ansätze sich wann am besten eignen, hängt stark vom konkreten Bedarfsmoment ab. Muss ein Lernender sich etwas ganz Neues aneignen oder geht es darum, das Wissen oder Gelernte zu vertiefen und zu erweitern? Dann sind sicher formale und gut strukturierte und begleitet Angebote geeignet. Geht es hingegen darum, das Gelernte anzuwenden, ein konkretes Problem zu lösen und sogar Prozesse und Verhaltensweisen zu ändern, dann sind informelle Settings im Arbeitsprozess sicher effektiver, eventuell mit passendem Performance Support (s. auch Modell von Mosher und Gottfredson „five moments of need" 2011).

5.3.4 **Content**

Agilität berücksichtigen und Contents erstellen.

In der schnelllebigen Zeit, welche die Digitalisierung mit sich bringt, müssen Inhalte immer schneller bereitgestellt oder angepasst werden, was langwierigen Entwicklungszyklen und Materialien mit hohem Qualitätsanspruch entgegensteht. Die große Herausforderung ist jedoch nicht in erster Linie der Zugang zu Information, sondern wie schnell und einfach die richtige Information mit der passenden Granularität und Qualität gefunden wird.

Wer erstellt diese Inhalte, wie wird die gewünschte Qualität sichergestellt, wer pflegt und aktualisiert sie? Für viele Institutionen der Schweiz kommt auch noch die Übersetzung in die drei Landessprachen als weiterer Zeit- und Geldfaktor hinzu. Global agierende Unternehmen weichen gerne auf eine Sprachversion (Englisch) aus. Das kann jedoch nur dann funktionieren, wenn die Zielgruppe die englische Sprache in einem ausreichenden Maße beherrscht und wenn es nicht darum geht, Fachbegriffe für den deutsch-, französisch- oder italienischsprechenden Markt in der Schweiz anzueignen (was bei vielen Berufsausbildungen der Fall ist). Auch firmenspezifische Inhalte, z. B. zu spezifischen Produkten, sind nicht frei im Internet oder bei anderen Anbietern zu finden, diese müssen weiterhin selbst erstellt und bereitgestellt werden.

Für Inhalte allgemeinerer Art greift man aber gerne auf das Kuratieren von bereits vorhanden Inhalten zurück. Sicher können Nutzer sich auch einfach über eine Suchmaschinenabfrage selbst durch das große Angebot im Internet durchklicken. Es wird manchen aber schwer fallen zu entscheiden, welcher der vielen Inhalte in der Granularität und Qualität genau für ihre Zwecke passt. Der Vorteil von einem kuratierten Angebot ist, dass genau solche Fragen aufgefangen werden. Wird der Inhalt nämlich klassifiziert und sortiert, ist für den Nutzer viel Vorarbeit geleistet, und er kann sich auf die Auseinandersetzung mit dem Inhalt konzentrieren. Aber auch hier stellt sich die Frage, wer das Monitoring über all die bereits im Netz befindlichen Inhalte übernimmt, sie evaluiert und mit hilfreichen Metainformationen anreichert. Mit künstlicher Intelligenz und Automatisierungen wird in diesem Bereich sicher noch viel zu bewegen sein. Wie bereits erwähnt, müssten aber alle Nutzer hinsichtlich der lebenslangen Lernfähigkeit auch in der Lage sein, sich selbst orientieren zu können und anhand eigener Kriterien selbst Inhalte evaluieren und auswählen zu können. Der Prozess des Inhaltskuratierens unterscheidet sich von dem der Inhaltserstellung jedoch nicht so sehr, wie man meinen möchte. Es geht dabei nämlich nicht nur darum, Artikel, Podcasts, Beiträge, Kurse und Videos aus dem Internet zu sammeln und den Lernenden zur Verfügung zu stellen. Das Kuratieren von Inhalten umfasst Expertentätigkeiten, die auch am Anfang der Inhaltserstellung stehen: Aggregieren von Inhalten, Filtern der Sammlung für die Zielgruppe und den Zweck, Organisieren und Strukturieren dieser Inhalte und Informationen und schließlich die Kontextuali-

> Bestehende Inhalte kuratieren und anreichern.

sierung durch das Hinzufügen von Kommentaren, Titeln, Erläuterungen, Klassifikationen und Tags.

User-generated Content und Peer-Feedback nutzen.

In diesem Zusammenhang könnte der Ansatz von nutzergenerierten Inhalten („user generated content") auch geprüft werden. Zum einen lernen die Nutzer beim Erstellen und Bereitstellen von eigenen Inhalten selbst am meisten, zum anderen lernen sie auch, für eine definierte Zielgruppe bestehende Inhalte zu filtern und zu evaluieren und steigern so ihre Expertise. Skeptiker dieses Ansatzes befürchten aber, dass damit die Qualität nicht sichergestellt sei. Dem könnte entgegengewirkt werden, wenn der Inhalt in einem Lernsetting erarbeitet wird, wo Lehrende vor der Bereitstellung des Inhalts für die Peers noch einen kontrollierenden Blick auf die Inhalte werfen. Verbunden damit könnte auch eine anschließende Diskussion die Lernenden dazu anregen, sich über Fähigkeiten und Strategien der Inhaltskuratierung auszutauschen.

Weiterbildung in Medienkompetenz und Mediendidaktik anbieten.

Bereiten Lehrende oder sogenannte Subject Matter Experts (SME, Inhaltsexperten) die Inhalte selbst auf, um später in einem Inverted-Classroom-Setting die Vertiefung, Anwendung und den Transfer in die Praxis zu begleiten, stellen sich zwei wichtige Anforderungen an sie. Es wird eine Medienkompetenz ebenso wie die Kenntnis passender didaktischer Ansätze vorausgesetzt und überdies auch das Leben einer neuen Rolle als Lerncoach und Lernbegleiter. Das wird idealerweise in einem entsprechenden Weiterbildungsangebot für sie aufgefangen. Das gilt aber nicht nur für die SME, sondern ist auch in der Lehrerbildung und Ausbildung von Erwachsenenbildnern, Trainern und Personalentwickelnden zu berücksichtigen. Desgleichen stellen Inverted-Classroom-Settings aber auch an die Lernenden und deren Selbstorganisationsfähigkeiten große Ansprüche, die auch antrainiert und begleitet werden wollen.

5.4 Systeme

Bei allen Fragen rund um digitales Lernen und Content geht es auch um die Plattformen, über welche die Inhalte vertrieben werden, resp. über welche die Zusammenarbeit stattfinden kann. Die Plattform sieht sich je nach Situation mit unterschiedlichen Anforderungen konfrontiert. So sehen die Anforderungen an eine Corporate-Learning-Plattform anders aus als jene an eine Plattform im Rahmen eines formellen Abschlusses wie z. B. in Universitäten und Fachhochschulen. Fragen rund um Rahmenbedingungen und Budgets, infrastrukturelle Gegebenheiten etc. sind von Fall zu Fall zu klären, bevor an die Wahl eines Systems gegangen wird. Auch für die Geschäftsbereiche Talent Management und Human Competence Management gibt es diverse

Unternehmenssoftware-Lösungen. Diese dienen beispielsweise im Bereich der Personalbeschaffung dazu, Top-Talente zu identifizieren. Dabei ist es hilfreich, wenn der Nachweis über die in digitalen Lernangeboten erreichten neuen Skills auch den Weg aus den Lernplattformen in diese Systeme finden.

Typischerweise setzen Unternehmen und Bildungsinstitutionen zur Bereitstellung und Verwaltung von Inhalten, Organisation von Lernpfaden, Messung des Lernfortschritts und Ähnlichem Learning-Management-Systeme (LMS) ein. Meistens handelt es sich hierbei um eine isolierte Lernplattform, die einen Online-Kurskatalog zur Verfügung stellt, Lernaktivitäten überwacht und misst, nicht selten auch im Zusammenhang mit Compliance-Trainings. LMS sind oft mehr inhalts-, rollen- und administratorengesteuert denn lernerzentriert und werden nicht selten als hochstrukturiert und schwerfällig empfunden. Dem Ruf nach Lernerzentriertheit, Flexibilität, adaptivem, lebenslangem Lernen etc. wollen sogenannte Learning-Experience-Plattformen (LXP) gerecht werden. Sie wollen personalisierte Lernerfahrungen ermöglichen, Nutzern helfen, neue Lernmöglichkeiten zu entdecken, vorhandene Skills zu verbessern oder Lücken zu schließen. Durch die Verbindung mit anderen Systemen und Quellen eignen sie sich für das Kuratieren von Inhalten. Dank künstlicher Intelligenz unterstützen sie auch Nutzer mit Empfehlungen bei der Suche nach dem passenden Angebot. In Sachen Inhaltskuration können auch MOOCs (Massive Open Online Courses) und Online-Kursanbieter angebunden werden, was das firmeneigene Angebot massiv erweitert.

Balance zwischen Compliance-Reporting und adaptiver Lernerzentrierung wahren.

Dank Datenauswertungen können solche Systeme auch proaktiv Lernbedarfe erkennen und passende Vorschläge unterbreiten. LXP unterstützen in der Regel Lerntechnologiestandards wie die Experience API (xAPI) und das Shareable Content Object Reference Model (SCORM), um Lerndaten einer Person aus verschiedenen Quellen zu sammeln. Diese Daten werden dann in den meistens integrierten Learning Record Stores (LRS) gespeichert und können an weitere Systeme wie die bereits genannten Talentmanagementsysteme übertragen und weiterverwendet werden z. B. zwecks Erstellung von Stärkenprofilen oder zum Identifizieren von Potenzialen für Mitarbeiterentwicklung.

Vom Lernmanagement zum Talentmanagement.

Auch wenn die Funktionen moderner LXP sehr attraktiv klingen, ist eine Migration von einem bestehenden LMS zu einem LXP sehr gut zu überlegen. Viele LMS-Anbieter haben erkannt, dass sie ihre Systeme erweitern müssen, und haben bereits ähnliche Funktionalitäten wie oben beschrieben implementiert. Außerdem lassen sich LMS und LXP auch gut kombinieren, und nicht zuletzt ist es auch wieder eine Kulturfrage, wie eine Firma oder Bildungsinstitution LMS oder LXP in den Alltag einbindet und welche anderen Rahmenbedingungen für das Lernen zur Verfügung stehen.

5.5 Trends

Verschiedene Trends, welche sich auch durch die stetige Weiterentwicklung der Technologie ergeben, haben bereits Eingang in die Bildung gefunden, wenn auch noch nicht sehr verbreitet. Um den Nachweis ihrer Effektivität in Lernsettings zu erbringen, braucht es noch weitere Forschung, ebenso wie die Erarbeitung von passenden didaktischen Szenarien und Empfehlungen. Trotzdem lohnt sich der Blick auf diese Technologien und einzelne Fallstudien.

5.5.1 Artificial Intelligence (AI)

Künstliche Intelligenz steht an der Schnittstelle zwischen Mensch und Maschine, auch beim Lernen.

Künstliche Intelligenz (KI) befasst sich mit der Automatisierung intelligenten Verhaltens und ist für den Bildungsbereich besonders im Bereich der Lernbegleitung, Content-Kuratierung und Inhaltsempfehlung spannend. Künstliche Intelligenz (KI) erlaubt es Maschinen, aus Erfahrung zu lernen, sich auf neue Informationen einzustellen und Aufgaben zu bewältigen, die menschenähnliches Denkvermögen erfordern. In diesem Zusammenhang spielen auch Deep Learning und natürliche Sprachverarbeitung eine wichtige Rolle. Das Forschungsgebiet künstliche Intelligenz (KI) versucht, menschliche Wahrnehmung und menschliches Handeln durch Maschinen nachzubilden. An Wichtigkeit gewinnen KI und Deep Learning auch, weil neben Maus und Tastatur vermehrt Gesten, Streichen, Berührungen und natürliche Sprache für die Schnittstelle zwischen Mensch und Maschine eingesetzt werden. Eine große Herausforderung sind die Sprachverarbeitung und die Interpretation von Semantik. Die Verarbeitung natürlicher Sprache (Natural Language Processing, NLP) ist ein Teilbereich der künstlichen Intelligenz. Sie versucht, Computer zu befähigen, menschliche Sprache zu verstehen und zu interpretieren, also zwischen menschlicher Kommunikation und den Sprachverarbeitungsfähigkeiten von Computern zu agieren. Denn die menschliche, verbale Kommunikation steht der des Computers via Code gegenüber. Durch die Digitalisierung und die Verfügbarkeit von Big Data ist das Thema Mensch-Maschine-Kommunikation hochrelevant, gerade auch in der Aus- und Weiterbildung. Sprachassistenten wie Alexa, Siri oder Cortana können beispielsweise verbale Aufforderungen interpretieren und darauf reagieren. Wenn solche Sprachassistenten oder auch Chatbots Fragen der Lernenden interpretieren und ihnen relevante Antworten geben resp. sie zu den passenden Inhalten führen, ist das für die Orientierung in der großen Informations- und Wissensflut von immenser Bedeutung.

Computer können mithilfe von NLP Texte lesen, gesprochene Sprache hören, diese interpretieren und ermitteln, welche Teile wichtig sind. In der vielzitierten Informationsflut wäre eine effiziente und automatisierte Analyse von Text- und Sprachdaten Gold wert. Die Verarbeitung natürlicher Sprache und Text Analytics hängen eng miteinander zusammen, denn mit Text Analytics lassen sich in großen Mengen von Sprachdaten Wörter zählen, gruppieren und kategorisieren, um Struktur und Bedeutung zu extrahieren. NLP und Text Analytics werden bereits für diverse Anwendungen eingesetzt, z. B. in Speech-to-Text- und Text-to-Speech-Funktionen (Audioreader oder automatisierte Transkription), Dokumentenzusammenfassung, maschineller Übersetzung, Erkennung von Mustern und Hinweisen in E-Mails (Spam-Filter) oder schriftlichen Berichten zur Aufdeckung und Aufklärung von Verbrechen, Klassifizierung von Inhalten in aussagekräftige Themen, Social Media Analytics (Nachverfolgen der Sensibilisierung für bestimmte Themen) etc. Eine Weiterentwicklung von NLP ist das Natural Language Understanding (NLU), also das Verstehen der Bedeutung und Absichten, die semantische Interpretation von Sprache zu erkennen, auch in unterschiedlichen Kontexten, was für den Bildungskontext auch sehr vielversprechend sein dürfte.

Einzelne Teilbereiche, unter anderem mit dem Ziel, Arbeitserleichterungen zu schaffen, sind Virtual Reality (VR), Augmented Reality (AR), Mixed Reality (MR) und 360-Grad-Videos. Mit diesen Techniken versucht man, Realität und Virtualität zu verbinden und Erlebnisräume zu bilden, bei denen mithilfe spezieller Brillen die erfahrene Realität verändert oder erweitert wird.

Künstliche Intelligenz als Unterstützung bei der Informationsbewältigung nutzen.

5.5.1.1 Augmented Reality (AR)

Bei der „erweiterten Realität" geht es darum, dass die eigene Wahrnehmung durch technische Hilfsmittel um eine elektronische Ebene erweitert wird. Beispielsweise schaut der Zuschauer durch eine Kamera oder Videobrille auf sein Umfeld, wobei der Computer die gesehene Realität anreichert mit virtuellen Objekten, die sozusagen über die reale Welt projiziert werden. Auch einfache Augmented-Reality-Software auf einem Smartphone kann auf dem Display zusätzliche Objekte zur Kameraaufnahme einblenden. Mit Augmented Reality lassen sich Videos, Bilder, Animationen etc. mit gedruckten und digitalen Medien verbinden und schaffen neue Erlebniswelten wie z. B. interaktive Touren. Lernende können so beispielsweise Maschinen schon erkunden, bevor sie mit ihnen arbeiten müssen. Monteure können bei der Arbeit unterstützt werden, indem ihnen zusätzliche Informationen eingeblendet werden, und in Museen werden AR-Brillen eingesetzt, um zusätzliche Informationen zu Ausstellungsobjekten zu bieten oder Videos dazu abzuspielen.

Potenzial von Augmented Reality in Schulungsprozessen nutzen.

5

AR ist eine Technologie mit großem Potenzial für Schulungszwecke, auch wenn in diesem Bereich noch Forschung nötig ist. So wird AR vor allem in Industrieunternehmen bereits in Ausbildungsprozessen eingesetzt. Einige Untersuchungen zeigen, dass Schulungen mithilfe von AR es ermöglichen, Schulungskosten zu senken und die Effizienz der Mitarbeitenden durch effektiveres Lernen zu erhöhen. Der praktische, interaktive und visuelle Lernstil, den die AR-Schulung den Lernenden bietet, steigert den Lernerfolg dramatisch, reduziert Fehler der Mitarbeitenden langfristig und spart auch Zeit und Geld im Schulungsprozess, da die Mitarbeitenden schneller selbstständig lernen können. Das zeigen diverse Untersuchungen, wo z. B. herausgefunden wurde, dass AR-Anweisungen, die in 3D überlagert wurden, zu einer 82%igen Reduzierung der Fehlerquote bei der Montageaufgabe führten (Westerfield et al. 2015). Eine Studie aus dem Jahr 2014 zeigt, dass mobile AR bei der Erledigung einer Aufgabe die Ausführungszeit der Aufgabe um 50 % reduziert und die Konzentration der Mitarbeitenden um 50 % erhöht. Darüber hinaus verringerte die AR die Anzahl der Fehler um 90 % (Yaskevich 2017). Eine Fallstudie von Miller über die AR-Technologie für die Schweißausbildung zeigt, dass die Studierenden die Anzahl der korrekten Schweißungen in der Schweißkabine verdreifacht haben. Ihre für das Erreichen der Kursziele erforderliche Werkstattzeit ist um mehr als 60 % gesunken. Der Verbrauch von Verbrauchsmaterial (Stäbe, Platten usw.) wurde ebenfalls um mehr als 60 % reduziert (Hitch 2017). In einem Projekt der Königlichen Niederländischen Luftwaffe zur Verbesserung der Ausbildung für die Wartung von F-35-Flugzeugen wurde festgestellt, dass die modernisierte HoloLens-Ausbildung die Motivation der Studierenden erhöhte, den Übergang zur realen Wartung erleichterte und die Gesamtdauer der Ausbildung verkürzte (NLR 2020).

Offensichtlich ist also bereits ein Mehrwert zu erkennen, besonders in der Aus- und Weiterbildung im Bereich der Industrie. Es gilt allerdings, die Technologie und deren Lehransätze inkl. der Rollen, Orte, Aufgaben, didaktischen Szenarien weiter zu untersuchen und weitere Erfahrungen und Einsichten zu gewinnen.

5.5.1.2 Virtual Reality (VR)

In der virtuellen Realität kann der Mensch eine virtuelle digitale 3D-Welt z. B. durch eine VR-Brille erleben (sehen, hören, spüren). Im Gegensatz zur erweiterten und gemischten Realität gibt es in der virtuellen Realität nur virtuelle Objekte. In virtuellen Welten können Kopf- und teilweise auch Körperbewegungen des Menschen auf den Avatar übertragen werden, sodass ein möglichst tiefes Eintauchen – die „Immersion" – in diese Erlebniswelt möglich ist. Im Bereich der Virtual Reality lassen sich auch die 360-Grad-Videos ansiedeln, mit denen sich der Zuschauer nur umschauen kann, nicht mit Objekten interagieren oder sich selbst in dieser Welt bewegen kann.

VR-Brillen sind aktuell noch relativ schwer und unbequem, was mit ein Grund dafür sein dürfte, warum sie in der Bildung noch wenig Verbreitung finden. Trotzdem wird das Lernen mit Simulationen und simulierten Welten bereits eingesetzt, um z. B. Prozesse oder Verhaltensweisen zu trainieren, in denen Fehler gravierende Auswirkungen haben könnten. In der Simulation selbst sind die Konsequenzen harmlos, sodass Lernende einfach und angstfrei ausprobieren und aus ihren Fehlern lernen können. Konkrete Einsatzbereiche sind beispielsweise Fahr- und Flugzeuge, Maschinen und Geräte.

Lernen in simulierten Welten ohne Angst vor schwerwiegenden Konsequenzen.

Bei der technischen Umsetzung von Simulationen ist nicht nur der Einbezug visueller und auditiver Elemente essenziell, sondern auch die exakte physische Nachbildung realistischer Prozesse. Nur so kann ein Gefühl des direkten Einbezogenseins – der Immersion – in der virtuellen Welt erzeugt werden und somit positiv auf Lernprozesse wirken. Der große Vorteil bei Simulationen liegt in der Interaktion mit dem Lernstoff und dessen spielerischer Entdeckung und Erforschung. Zwar werden die Szenarien als spielerisch empfunden, es geht jedoch um ernsthafte Inhalte, weswegen beim Lernen in virtuellen Welten oft auch von Serious Gaming gesprochen wird (Höntzsch et al. 2013). Virtuelle Realitäten können auch in der Ausbildung von Lehrenden eingesetzt werden, was ein spannendes Projekt zum Aufbau von Klassenmanagementkompetenzen im Lehramtsstudium zeigt (Wiepke et al. 2019). Die Beobachtung der Weiterentwicklungen dieser VR-Anwendung an der Universität Potsdam dürfte sehr vielversprechend sein.

5.5.1.3 Mixed Reality

Vermischte oder gemischte Realitäten sind Umgebungen oder Systeme, welche die natürliche Wahrnehmung eines Nutzers mit einer künstlichen Wahrnehmung vermischen. Bei der Mixed Reality können Objekte und Subjekte sowohl der rea-

▣ **Tab. 5.2** Unterscheidung zwischen VR, AR und MR		
VR	**AR**	**MR**
Digitale Umgebung, welche die reale Welt komplett ausschließt	Digitaler Inhalt, der über die reale Welt gelegt wird	Digitaler Inhalt, der mit der realen Welt interagieren kann

5

Ein didaktisch gut konzipierter Einsatz von VR/AR hat vielschichtiges Potenzial.

len als auch virtuellen Welt miteinander interagieren. Dies ermöglicht weitere Erlebnis- und Lernwelten, wie z. B. mit der HoloLens von Microsoft.

▣ Tab. 5.2 fasst kurz die Unterschiede der drei Realitäten zusammen:

Eine Studie von 2018 untersuchte Chancen und Potenziale von VR und AR in der Aus- und Weiterbildung (Zender et al. 2018). Unter anderem eröffnen sich folgende Lernprozesse und bildungsspezifische Chancen: VR/AR fördert Lernen als situativen Prozess, ermöglicht den Transfer von (psycho-)motorischen Fähigkeiten in die Realität, verstärkt das Lernerlebnis durch Präsenz, spricht verschiedene Lerntypen an, ermöglicht multisensorisches/-modales Lernen und die Einblendung von kontextsensitiven und individualisierten Lernhilfen. Die Untersuchung zeigt aber auch, dass die Umsetzung von VR/AR-Anwendungen hohe Ansprüche an die Medienerstellung stellt, welche durch weniger medienaffine Lehrende schwer zu bewältigen sind. Auch hier gilt es, didaktisch und nicht technologisch getrieben vorzugehen und entsprechende Lehr- und Lernkonzepte zu entwickeln, denn oft sei der Lernerfolg keine Frage der Technologie, sondern der soliden Planung und Umsetzung eines didaktischen Konzepts. Da AR- und VR-Lernanwendungen noch relativ jung sind und die Ergebnisse noch stark von Fallstudien getrieben sind, bedürfen sie weiterer interdisziplinärer Forschung und Zusammenarbeit von verschiedenen Fachdisziplinen wie Didaktik, Informatik und Psychologie.

5.5.2 Learning Analytics (LA) und Educational Data Mining (EDM)

Nicht nur in der Wirtschaft, auch im Bildungsbereich werden mehr und mehr Daten gesammelt und zur Optimierung von Bildungsangeboten genutzt. Wenn der Ruf nach adaptivem Lernen und die Unterstützung durch künstliche Intelligenz immer lauter wird, ist der Umgang mit Daten ein großes Thema. Beim Educational Data Mining (EDM) wird anhand von Daten zu ermitteln versucht, welche Maßnahmen zu welchen Lernerfolgen oder Fortschritten führten, sodass Optimierungen zur Zielerreichung abgeleitet werden können. Mit dem Begriff Learning Analytics (LA) ist das Sammeln von Daten von Lernenden zu verstehen, um deren Lernen zu unterstützen und den Erfolg prognostizieren zu können (Schön und Ebner 2013).

Für die Forschung ist es selbstverständlich interessant zu erfahren, ob beim Abruf eines Videos Pausen gemacht oder auch vor- oder zurückgespult wurde, weil dies Hinweise darauf geben kann, wie aufmerksam das Video geschaut wurde. Daten, welche zeigen, dass eine Aufgabe nicht gelöst wurde, können z. B. dazu anregen, eine Aufgabenstellung zu verbessern. Die gleichen Daten können aber auch negativ und zu Überwachungszwecken verwendet werden. Deswegen ist der Datenschutz in diesem Zusammenhang besonders wichtig, ebenso wie die Notwendigkeit, Lehrende und Lernende darüber zu informieren, welche Daten zu welchem Zweck gespeichert, analysiert und weitergegeben werden.

> Daten analysieren zur Optimierung des Lernangebots.

Auch wenn durch die automatisierte Datenanalyse viele Hinweise zur Lernangebotsoptimierung gewonnen werden können, darf nicht vergessen werden, dass Bildung ein komplexer Prozess ist und dass die Datenanalyse allein nicht eindeutige Rückschlüsse darauf zulässt, warum sich ein Lernerfolg einstellt oder nicht. Lernerfolg, das Lernen überhaupt, ist in hohem Maße individuell, und eine kritische Auseinandersetzung unter Berücksichtigung sämtlicher Einflussfaktoren ist zwingend notwendig.

5.6 Nützliche Links zum Thema

Der Bereich digitales Lernen ist durch seine Nähe zur Technologieentwicklung auch sehr schnelllebig und entwickelt sich rasant weiter. Wer sich für weiterführende Literatur oder Hilfestellungen interessiert, findet diese in folgender, nicht abschließenden Liste:

- eLearning Journal (▶ https://www.elearning-journal.com/): News, Artikel, eBooks, Who is Who zu Dienstleistern und Freelancern, Benchmarkingstudie und Veranstaltungen im DACH-Raum. Besonders interessant das F&E Netzwerk zur Stärkung von Transparenz und Transfer von betrieblicher Praxis und wissenschaftlichen Erkenntnissen.
- CHECK.point eLEARNING (▶ https://www.checkpoint-elearning.de/) mit News zur E-Learning-Welt. Besonders interessant der eLEARNING CHECK, welcher jedes Jahr

5

das Kundenvotum zu E-Learning-Anbietern und -Dienstleistungen einholt.

- e-teaching.org des Leibniz-Instituts für Wissensmedien. Breites Angebot zu Themen wie Lernszenarien, Medientechnik, didaktisches Design, New & Trends etc.
- Mensch-Computer-Interaktion (MCI), DeLFI-Tagungsreihe zu innovativen, informatiknahen Ergebnissen zum Thema E-Learning aus Forschung und Praxis. Austausch von Anwendern und Entwicklern über das digitale Lernen und Lehren mit einem Schwerpunkt auf die Anforderungen an die Informatik (▶ https://dl.gi.de/handle/20.500.12116/1952).
- Swiss Competence Center for Innovation in Learning (scil) (▶ https://www.scil.ch/): Forschung zu Trends und Herausforderungen im Bildungsmanagement, Entwicklungsprojekte, Kompetenzentwicklung für Lehrende etc.
- Gesellschaft für Medien- und Kompetenzforschung (mmb Institut) (▶ https://www.mmb-institut.de/): Unabhängiges und privates Forschungs- und Beratungsinstitut zum digitalen Lernen, Untersuchung der Entwicklungen von Bildungs- und Qualifizierungssystemen (Analyse- und Forschungsprojekte rund um EdTech und KI, Marktanalysen, Projekt- und Programmevaluationen sowie Strategieberatung für Unternehmen und Politik). Von besonderem Interesse ist die Learning Delphi-Studie und der Branchenmonitor E-Learning-Wirtschaft.
- eLearning INDUSTRY (▶ https://elearningindustry.com/): News, Artikel, Webinare, eBooks und Hilfestellungen für die Wahl von Software und Dienstleistern.
- Trainingmag (▶ https://trainingmag.com/): Zeitschrift für berufliche Entwicklung, die sich für Ausbildung und Mitarbeiterentwicklung als Geschäftsinstrument einsetzt; Hinweise auf einschlägige Konferenzen, Videos, Podcasts, Webinare etc.
- Journal of Emerging Technologies in Learning (▶ https://online-journals.org/): Interdisziplinäre Zeitschrift zu Trends und Forschungsergebnissen sowie zu praktischen Erfahrungen bei der Entwicklung und Erprobung von technologiegestütztem Lernen.
- Capterra (▶ https://www.capterra.com/): Plattform für die Suche nach und Vergleich von Software inkl. Bewertungen.
- FindAnLMS (▶ https://www.findanlms.com/): LMS Reviews und Unterstützung bei der Suche nach passenden LMS.
- Top Tools for Learning (▶ https://www.toptools4learning.com/): Eine von Jane Hart (Centre for Learning & Per-

formance Technologies ► https://c4lpt.co.uk/) zusammengestellte Liste basierend auf den Ergebnissen jährlicher Erhebung über Lernmittel.

- E-Learning-Blog der Technischen Universität Graz (► https://elearningblog.tugraz.at/).
- Media and Learning News (► https://news.media-and-learning.eu/): Nachrichten und Informationen über den Einsatz von Medien in der allgemeinen und beruflichen Bildung, einschließlich interessanter Veröffentlichungen, Veranstaltungen, Initiativen, Websites, Projekte, Werkzeuge und Informationen über verschiedene Festivals und andere Wettbewerbe im Zusammenhang mit dem Einsatz von Medien im Bildungs- und Ausbildungssektor.
- The Elearning Guild (► https://www.elearningguild.com/): Community und Ressourcen für E-Learningspezialisten.
- Immersive Learning News (► https://www.immersivelearning.news/): Das Online-Magazin für VR/AR/MR Learning/Education. Weltweite Neuigkeiten zu Immersive Learning.

5.7 Wiederkehrende Veranstaltungen in der DACH-Region

Renommierte Konferenzen und Tagungen zum Thema digitales Lernen gibt es im englischsprachigen Ausland zahlreich. Anbei sei darum speziell auf eine Auswahl von deutschsprachigen Anlässen verwiesen:

- eLearning Summit Tour (► https://www.elearning-journal.com/elearning-summit-tour/): Konferenzreihe zum Thema Corporate eLearning der DACH-Region, veranstaltet vom eLearning Journal.
- Learning Innovation (► https://www.learning-innovation.ch/): Konferenz bisher parallel zur Personal Swiss veranstaltet, ab 2020 zum 11. Mal mit neuem Auftritt, neuem Konzept und neuen Formaten nach dem Motto: „shaping learning organisations".
- CLCCH Corporate Learning Community Regionalgruppe Schweiz (► https://colearn.de/clcch-regionalgruppe-schweiz-ist-gestartet/): Termine werden i. d. R. über eine Xing-Gruppe bekannt gegeben. Neu werden die Termine über die App Meetup bekannt gegeben, Die Gruppe heisst „Schweizer Corporate Learning Community #CLCCH und ist über folgenden Link zu finden meetup.com/de-DE/schweizer-corporate-learning-community-clcch.

- LEARNTEC (▶ https://www.learntec.de/): Internationale Fachmesse und Kongress rund um das Thema Digital Learning; Veranstaltung der Messe Karlsruhe.
- Education Forum. Event von Swiss Learning Hub AG (▶ https://www.swisslearninghub.com/).
- St. Galler Forum Digitales Lernen (▶ https://swissvbs.com/de/veranstaltungen/): Plattform für Anregungen zum digitalen Lernen und Austausch mit Kolleginnen und Kollegen aus anderen Unternehmen.
- Bildungsinnovatorveranstaltungen der eLearning Manufaktur (▶ https://bildungsinnovator.de/termine/zertifizierungen-events/) auch mit Ausbildungs- und Zertifizierungsangeboten, einer L&D School digital, Webinaren, Tools und Büchern.
- LEARN DAY (▶ https://learn-day.ch/de)
- LearNext (▶ https://www.learnext.space/): Veranstaltung an der Messe Hannover zum Thema, wie immersive Medien (VR/AR/MR) das Lernen und Arbeiten in Zukunft verändern.

5.8 Kurz & knapp (Glossar)

■ **Augmented Reality (AR)/erweiterte Realität**

Bei der Augmented Reality geht es nicht darum, sich komplett in eine virtuelle Realität zu versetzen, sondern darum, die „echte" Realität durch zusätzliche Elemente zu ergänzen. So werden virtuelle Objekte über die reale Welt projiziert, die künstlichen Objekte können jedoch nicht mit realen Objekten interagieren. Bei Augmented Reality sieht der Mensch die reale Welt, bekommt aber zusätzlich Informationen eingeblendet.

■ **Blended Learning/Flipped Classroom/Inverted Classroom**

Der umgedrehte Unterricht ist eine Unterrichtsmethode, welche Präsenzunterricht und Online-Lernen sinnvoll miteinander verschränkt. Die Inhalte werden so aufgeteilt, dass die Vorteile der beiden Lernformen optimal genutzt werden: Betreuungsintensive Inhalte wie z. B. Anwendungsaufgaben werden in Präsenzveranstaltungen behandelt, während reine Wissensvermittlung mithilfe von digitalen Medien stattfindet.

■ **Gamification**

Gamification bedeutet die Integration bekannter Spielelemente in Lernsituationen mit dem Ziel, die Motivation durch z. B. spielerischen Wettkampf zu fördern. So werden Ehrgeiz und Freude geweckt, Lernerfolge belohnt und Misserfolge spielerisch-sportlich genommen.

- **Learning Analytics**

Unter Learning Analytics versteht man die Auswertung von Daten über Lernende und zur Nutzung von Lernangeboten, Lernkontexten etc. Verwandt mit dem pädagogischen Data Mining, hat es zum Ziel, das Lernen und die Lernumgebungen besser zu verstehen, um sie optimieren zu können.

- **LMS**

Learning Management System oder Lernplattform, dient der Bereitstellung von Lerninhalten, der Organisation und Strukturierung von Lernangeboten, der Kommunikation zwischen Lernenden und Lehrenden und einem detaillierten Reporting zu den Usern.

- **LRS**

Learning Record Store oder Lerndatenspeicher, der vor allem dazu dient, Daten zu Lernaktivitäten zu sammeln, die in damit verbundenen Systemen generiert werden.

- **LXP**

Learning Experience Plattform ist eine Plattform ähnlich einem LMS, aber flexibler und stärker lernerzentriert, mit dem Ziel, das lebenslange Lernen zu unterstützen, auch Lerninhalte zu kuratieren, mittels künstlicher Intelligenz auf Empfehlungsbasis auch adaptive und personalisierte Angebote bereitzustellen und/oder Lernerlebnisse zu ermöglichen.

- **Microlearning**

Lerninhalte werden in kleinen Lerneinheiten und kurzen Schritte angeboten (sogenannte Lern-Nuggets). Sie sind leicht zu bewältigen und wenig zeitintensiv für die User.

- **Mixed Reality (MR)/vermischte Realität**

Bei Mixed Reality wird die reale Welt mit einer virtuellen Welt vermischt. Blendet die Augmented Reality nur zusätzliche Informationen ein, verschmelzen bei der Mixed Reality die Überlagerung des virtuellen Inhalts mit der realen Welt (Beispiel HoloLens von Microsoft).

- **Mobile Learning**

Lerninhalte bereitgestellt in Form einer App oder mobil tauglichen Websiten senken die Hürde zum Lernen. Während der

Zugfahrt oder beim Warten auf den Bus kann die Zeit zum Lernen ohne technische Hürden genutzt werden.

- **MOOCs**

Massive Open Online Courses lassen sich unterteilen in die stark strukturierten xMOOCs und die mit sozialen Elementen erweiterten cMOOCs. xMOOCs stellen meistens Vorlesungsaufzeichnungen mit anschließenden Tests zur Verfügung, während cMOOCs versuchen, die Teilnehmenden auch über soziale Medien einzubinden und zu aktivieren. Im Firmenumfeld trifft man auch auf sogenannte Small Private Online Courses (SPOC), die nach ähnlichem Modell aufgebaut sind, durch die Eingrenzung auf bestimmte Zielgruppen aber persönlicher und partizipativer ausfallen können.

- **SCORM**

Sharable Content Object Reference Model ist ein Standard, der den Austausch von Informationen zwischen E-LearningKursen und Lernplattformen ermöglicht. Er definiert, wie Informationen z. B. zum Lernstand der User oder ihrer Testresultate an die Lernplattform übermittelt werden. Er dient vor allem dem einfachen Kursabschluss-Tracking, unterstützt aber weder multiple Quellen noch Mobile oder Offline Learning.

- **Social Learning/„user generated content"**

Voneinander lernen, selbst Inhalte generieren („user generated content"), Lernen durch Erklären und Peer-Feedbacks führen zu einer erhöhten Partizipation und bereichern die Community ebenso wie die Einzelnen.

- **Storytelling**

Trockene oder abstrakte Lerninhalte werden durch berührende oder lustige Geschichten anschaulich und greifbar gemacht, und durch die Identifikation mit den Figuren können Nähe geschaffen und Hemmungen abgebaut werden, was lernförderlich wirkt.

- **Virtual Reality (VR)/virtuelle Realität**

Virtual Reality stellt die Wirklichkeit in Echtzeit dar und eröffnet dem Menschen eine interaktive Umgebung, in der er sich auch bewegen und seine Perspektive ändern kann. Dazu ist spezielle Hard- und Software nötig, die über eine einfache 3D-Techologie hinausgeht.

- **xAPI**

Experience API oder auch Tin Can ist ein Standard, der eng mit den LRS verbunden ist. Es handelt sich hierbei um eine

Weiterentwicklung des SCORM-Standards. xAPI ermöglicht den Austausch von Informationen zwischen Lerninhalten und Lernsystemen. Die Daten werden in einem LRS festgehalten. xAPI erfasst Daten aus multiplen Quellen, unterstützt Mobile und Offline Learnings sowie Simulationen und wird kontinuierlich weiterentwickelt.

Literatur

van Alten, DCD, Phielix C, Janssen, J Kester L (2019) Effects of flipping the classroom on learning outcomes and satisfaction: A meta-analysis. Educational Research Review 28:1–18. https://doi.org/10.1016/j.edurev.2019.05.003

Argyris C, Schön DA (2018) Die lernende Organisation. Grundlagen, Methode, Praxis. Sonderausgabe Management-Klassiker. Schäffer-Poeschel, Stuttgart

Broadbent J, Poon W (2015) Self-regulated learning strategies & academic achievement in online higher education learning environments: a systematic review. Internet High Educ 27:1

Cheng L, Ritzhaupt A, Antonenko P (2018) Effects of the flipped classroom instructional strategy on students' learning outcomes: a meta-analysis. Educ Technol Res Dev 67:793

Chi M, Wylie R (2014) The ICAP framework: linking cognitive engagement to active learning outcomes. Educ Psychol 49(4):219–243

Chou, Y.-K., 2016. Actionable Gamification, Freemont: Octalysis Media.

Clark D, Tanner-Smith E, Killingsworth S (2015) Digital games, design, and learning: a systematic review and meta-analysis. Rev Educ Res 86(1):79

Fiorella L, Mayer R (2014) Role of expectations and explanations in learning by teaching. Contemp Educ Psychol 39(2):75–85

Hart J (2019) Modern Workplace Learning 2019. A framework for continuous improvement, learning & development at work. Center for Modern Workplace Learning. Modernworkplacelearning.com

He W, Holton A, Farkas G, Warschauer M (2016) The effects of flipped instruction on out-of-class study time, exam performance, and student perceptions. Learn Instr 45:61–71

Hitch J (2017) Fusing the skills gap with augmented training. New equipment digest. February 5, 2017. https://www.newequipment.com/research-and-development/article/22059144/fusing-theskills-gap-with-augmented-training

Höffler TN, Leutner D (2007) Instructional animation versus static pictures: a meta-analysis. Learn Instr 17(6):722–738

Höntzsch S, Katzky U, Bredl L, Kappe F, Krause D (2013) Simulationen und simulierte Welten. Lernen in immersiven Lernumgebungen. In: Ebner M, Schön S (Hrsg) L3T. Lehrbuch für Lernen und Lehren mit Technologien, 2. Aufl. epubli GmbH, Berlin

Hoogerheide V, Loyens S, Gog T (2014) Effects of creating video-based modeling examples on learning and transfer. Learn Instr 33:108–119

Jeong H, Hmelo-Silver, C E, Jo, K (2019) Ten years of computer-supported collaborative learning: A meta-analysis of CSCL in STEM education during 2005–2014. Educational Research Review 28:100284. https://doi.org/10.1016/j.edurev.2019.100284.

Lachner A, Ly K-T, Nückles M (2018) Providing written or oral explanations? Differential effects of the modality of explaining on students' conceptual learning and transfer. J Exp Educ 86(3):344–361

Lachner A, Backfisch I, Hoogerheide V, van Gog T, Renkl A (2019) Timing matters! Explaining between study phases enhances students' learning. J Educ Psychol 112:841. Advance online publication

Låg T, Sæle RG (2019) Does the flipped classroom improve student learning and satisfaction? A systematic review and meta-analysis. AERA Open 5(3):1–17

Lombardo MM, Eichinger RW (1996) The career architect development planner, 1. Aufl. Lominger international, Minneapolis

Mosher B, Gottfredson C (2011) Innovative performance support: strategies and practices for learning in the workflow. MacGraw-Hill Companies, New York

Schmid U, Goertz L, Radomski S, Thom S, Behrens J (2017) Monitor Digitale Bildung. Die Hochschulen im digitalen Zeitalter. Bertelsmann Stiftung, Gütersloh

Schön S, Ebner M (2013) Das Gesammelte interpretieren. Educational Data Mining und Learning Analytics. In: Ebner M, Schön S (Hrsg) L3T. Lehrbuch für Lernen und Lehren mit Technologien, 2. Aufl. epubli GmbH, Berlin

Seufert S, Fandel-Meyer T, Meier C, Diesner I, Fäckeler S, Raatz S (2013) Informelles Lernen als Führungsaufgabe. Herleitung, explorative Fallstudien und Rahmenkonzept, Bd 24. IWP-HSG, St. Gallen

Seufert S, Guggemos J, Meier Ch, Helfritz KH (2019) Digitale Kompetenzen von Personalentwicklern. Digitale Reife und Augmentationsstrategien in der Personalentwicklung. Gemeinschaftsstudie vom Institut für Wirtschaftspädagogik der Universität St. Gallen, dem Swiss Competence Center for Innovations in Learning (scil) und der Deutschen Gesellschaft für Personalführung (DGFP). https://www.scil.ch/scil-research/trendstudie-digitale-kompetenzen-vonpersonalentwicklern/

VanLehn K (2011) The relative effectiveness of human tutoring, intelligent tutoring systems, and other tutoring systems. Educ Psychol 46(4):197–221

Westerfield G, Mitrovic A, Billinghurst M (2015) Intelligent augmented reality training for motherboard assembly. Int J Artif Intell Educ 25:157–172

Wiepke A, Richter E, Zender R, Richter D (2019) Einsatz von Virtual Reality zum Aufbau von Klassenmanagement-Kompetenzen im Lehramtsstudium. In: Pinkwart N, Konert J (Hrsg) Die 17. Fachtagung Bildungstechnologien, Lecture Notes in Informatics (LNI). Gesellschaft für Informatik, Bonn, S 133ff

Wouters P, van Nimwegen C, van Oostendorp H, van der Spek ED (2013) A meta-analysis of the cognitive and motivational effects of serious games. J Educ Psychol 105(2):249–265

X-Lab: frontrunner in augmented reality in MRO aerospace. NLR. (2020). https://www.nlr.org/articles/x-lab-frontrunner-augmented-reality-mro-aerospace/. Zugegriffen am 28.02.2020

Yaskevich A (2017) How to step-up training with augmented reality. ScienceSoft. https://www.scnsoft.com/blog/augmented-reality-training. Zugegriffen am 06.02.2017

Zender R, Weise M, Von der Heyde M, Söbke H (2018) Lehren und Lernen mit VR und AR – Was wird erwartet? Was funktioniert? In: Schiffner D (Hrsg) Conference Proceedings der Pre-Conference-Workshops der 16. E-Learning Fachtagung Informatik (DeLFI 2018), Frankfurt, 10. September 2018

5

Widerstand in Lehr- und Lernsituationen

Milesi Rita

Inhaltsverzeichnis

6.1   Definitionen von Widerstand – 112

6.2   Ursachen von Widerständen – 115
6.2.1   Psychosoziale Vorstruktur – 115
6.2.2   Befürchtungen – 115
6.2.3   Bevorzugte Lernformen – 116
6.2.4   Unterschiedliche Lernstile – 116
6.2.5   Unfreiwilligkeit – 116

6.3   Gruppenentwicklung und Widerstand – 117
6.3.1   Orientierungsphase – 117
6.3.2   Positionskampf und Rolle – 118
6.3.3   Vertrautheit, Intimität und Differenzierung – 119
6.3.4   Trennung und Ablösung – 119

6.4   Beispiele aus der Praxis – 119

6.5   Modelle und hilfreiche Prinzipien – 120
6.5.1   TZI – 120
6.5.2   Die vier Seiten einer Nachricht
        (Friedemann Schulz von Thun) – 123
6.5.3   Didaktische Überlegungen – 124

6.6   Widerstand als Zeigerpflanze – 126

6.7   Hilfreiches in Kürze – 127

        Literatur – 129

© Springer-Verlag GmbH Deutschland, ein Teil von Springer Nature 2021
U. Blum et al. (Hrsg.), *Weiterbildungsmanagement in der Praxis: Psychologie des Lernens*,
https://doi.org/10.1007/978-3-662-62631-3_6

6.1 Definitionen von Widerstand

Ein Widerstand kann zum Konflikt führen.

Oft werden die Begriffe Konflikt und Widerstand im gleichen Atemzug genannt. Für beide Phänomene gilt, dass sie in allen sozialen Kontexten anzutreffen sind, also auch in der Erwachsenenbildung. Beides sind Spannungssituationen, wobei es für den sozialen Konflikt mindestens zwei Parteien, also Personen, Gruppen oder Teams braucht, wohingegen ein Widerstand sich auch bei einer Person alleine manifestieren kann. Ein Widerstand kann, vor allem wenn er nicht beachtet wird, zu einem Konflikt führen. Allerdings wird nicht jeder Widerstand nach außen sichtbar. Es gibt jede Menge Widerstände, die sich still und leise wieder wegschleichen.

In der Fachliteratur findet sich für „Konflikt" eine sehr brauchbare Definition. Im Gegensatz dazu gibt es für Widerstand keine konzise Definition, die alle Aspekte in einem einzigen Satz vereint. Das Phänomen ist aber vielfach untersucht. Viele Autorinnen und Autoren haben sich damit befasst und dazu Thesen aufgestellt. Zusammengetragen ergeben diese ein gutes Bild und ermöglichen eine differenzierte Sicht. Hier einige dieser Aussagen:

> Widerstand …
> - ist eine – oft diffuse – Reaktion auf Veränderungen,
> - zeigt sich verbal und nonverbal,
> - ist ein natürlicher und notwendiger Bestandteil von Lernprozessen und Gruppen – eine Reaktion auf Lernzumutungen,
> - wahrgenommen, macht er Veränderung möglich,
> - ist eine Form der Kooperation,
> - ist eine Beziehungsform,
> - könnte auch mit dem großen Enthusiasmus der Kursleitung zu tun haben,
> - ist immer auch ein Zeichen von Betroffenheit, also ein Gradmesser für das Wesentliche.

Widerstand als eine Form der Kooperation.

Steve de Shazer (2018) macht mit der Aussage, Widerstand sei eine Form der Kooperation, eine Umdeutung zur sonst üblichen Leseart, Widerstand sei eine Kampfansage. Wenn man als Leiter oder Ausbilderin ein aufmüpfiges Verhalten, z. B. ein ständiges Hinterfragen, nun nicht mehr als Affront gegen sich selber nimmt, sondern als Beitrag zur Diskussion, wird die eigene Reaktion sehr viel milder ausfallen.

Auf der gleichen Ebene ist der Satz von Geri Thomann (2019) zu verstehen, Widerstand sei eine Beziehungsform. Alles Verhalten, welches als widerständig wahrgenommen wird, kann auch als Aufruf verstanden werden, sich mit der Person zu befassen. Nicht selten sind es sogar Hilferufe.

Anne Huber (2003) hat den Begriff „Lernzumutungen" geprägt. Mit jedem Lernziel, jedem Lehrplan wird den Teilnehmenden etwas zugemutet. Die Ausbildenden stehen für diese Lernzumutung und werden dadurch leicht zum Ziel von Unmut und Widerstand. Dies ist in der Erwachsenenbildung noch virulenter, denn Personen, die bereits Erfahrungen mitbringen, müssen oft verlernen. Und Verlernen ist schwieriger als Neulernen.

Mit dieser Sicht auf Widerstand sind die anderen Postulate leicht einzuordnen. Widerstand muss erst einmal wahrgenommen werden, sonst nützt er nichts. Dann kann man schauen, worum es eigentlich geht. Widerstand steht ja für etwas. Ein Mensch sträubt sich gegen das, was verlangt ist. Oder er ist überfordert, unterfordert, gelangweilt, ausgeschlossen, bedrängt, von Sorgen geplagt, müde, überarbeitet, krank, unsicher.

Nun zeigt sich Widerstand eben in allen möglichen Verkleidungen. Sowohl verbal wie nonverbal kann Widerstand eindeutig oder auch diffus in Erscheinung treten.

▶ **Beispiel**

Wenn Marta sagt, sie wolle auf keinen Fall mit Theres in eine Gruppe, ist das deutlich. Wenn sie aber sagt, sie wolle, dass die Gruppen nochmals neu formiert werden, ist nicht so klar, weshalb sie das möchte. Wenn sie „schon wieder Gruppenarbeit" vor sich hinmurmelt, ist der Interpretationsspielraum noch viel größer.

Das Gleiche beim nonverbalen Widerstand: Packt ein Teilnehmer in der Mitte eines Referats seine Sachen und geht grußlos und ohne Erklärung, so war das vermutlich nicht sein Thema. Aber was ist mit jenem, der auf seinem Block Häuschen ausmalt und dabei mit den Füßen scharrt? ◀

Am Beispiel der Kritzeleien beim Zuhören lässt sich noch aufzeigen, dass nicht alles, was nach Widerstand aussieht, jedes Mal Widerstand ist. Falten auf der Stirn, verschränkte Arme, ein kritischer Blick können genauso gut Ausdruck von Konzentration oder innerer Auseinandersetzung sein.

Die Kursleitung selber kann auch zur Quelle von Widerstand werden, indem sie ihr Thema oder Fachgebiet mit zu großem Enthusiasmus vorbringt. Das nimmt vielleicht missionarische Züge an, oder es wird die Erwartung vermittelt, es

Vorsicht bei der Diagnose „Widerstand".

müssten nun alle so viel Begeisterung für dieses Fach an den Tag legen. Wenn die Kursleitung das Thema auf diese Art belegt und quasi für sich beansprucht, bleibt für die Teilnehmenden nichts mehr, das sie für sich entdecken könnten.

Es bleibt die letzte Aussage, nämlich, dass dort, wo Widerstand entsteht, etwas Wesentliches (noch) verborgen ist. Diese Aussage schließt quasi alle vorangegangenen Thesen mit ein. Widerstand braucht Beachtung, denn er entsteht aus gutem Grund. Damit ist nicht gesagt, dass es immer an der Kursleitung ist, den Widerstand zu beseitigen. Beseitigen ist zudem das falsche Wort. Transformieren wäre besser. Und nicht jeder Widerstand muss besprochen werden, manchmal hilft schon Beobachten und Aufmerksam-Sein für die noch uneindeutigen Zeichen.

Weil aus Widerstand auch Konflikt entstehen kann, hier noch ein Blick auf dieses Phänomen. Die Definition für Konflikt nach B. Rüttinger (in Glasl 2013) besagt:

> **Übersicht**
> Konflikte sind …
>   Spannungssituationen,
>   in denen zwei oder mehrere (Personen, Gruppen, Teams),
>   die voneinander abhängig sind,
>   mit Nachdruck versuchen,
>   scheinbar oder tatsächlich unvereinbare Handlungspläne
> zu verwirklichen.
>   Mindestens eine Partei ist sich ihrer Gegnerschaft bewusst.

So gesehen bewegen sich Widerstände in der Lehr-Lern-Situation immer sehr nahe am Konflikt. Zwei Parteien sind immer gegeben, Leitung und Teilnehmer, Teilnehmer und Teilnehmer. Eine mehr oder weniger große Abhängigkeit ist da.

> **▶ Beispiel**
> Eine Teilnehmerin weigert sich, für eine Präsentation nach vorne zu kommen. Vielleicht aus Trotz oder Angst, oder weil sie Hemmungen hat. Wenn die Leitung nun darauf besteht, dass diese Teilnehmerin nach vorne kommen soll, ist dies bereits ein Konflikt. Es bleibt abzuwägen, ob es sich zu insistieren lohnt. Hilft es der Teilnehmerin, etwas zu überwinden, oder verhindert diese Aktion, dass sich die Teilnehmerin angstfrei auf das weitere Lernen einlassen kann? ◀

6.2 Ursachen von Widerständen

Widerstand zeigt sich in allen möglichen Formen und kann sich grundsätzlich gegen alles richten. Widerstand entsteht dann, wenn etwas nicht so läuft, wie man es sich vorgestellt hat. Oder wenn eine Erwartung gestellt wird, die jemand nicht erfüllen kann oder will. Widerstand entsteht aus Überforderung oder Unterforderung, Zwang, Engführung, Langeweile, Missachtung, vielleicht aus der Angst, bloßgestellt zu werden. Es lohnt sich, zu forschen und zu verstehen, woher Widerstände überhaupt kommen können. Heidi Ehrensperger (2013) sagt in ihrem Artikel *„Welchen Sinn macht Widerstand?"*, es gäbe hundert gute Gründe für Widerstand. Und das ist vermutlich sogar noch untertrieben. Eine große Quelle für Widerstand ist die grundsätzliche Verschiedenheit der Menschen und die Unmöglichkeit, dieser Verschiedenheit immer gerecht zu werden. Hier einige, die besonders in der Lernsituation zum Tragen kommen.

Widerstand als Reaktion auf nicht erfüllte Erwartungen.

6.2.1 Psychosoziale Vorstruktur

Tobias Brocher legt in seinem Buch *Gruppenberatung und Gruppendynamik* (2015) sehr nachvollziehbar dar, wie Menschen in ihren Ursprungssystemen ihre Art und Weise, wie sie mit der Umwelt interagieren, lernen und ausprägen. (In den ersten Jahren ist dies meistens die Familie. Später kommen Kita, Kindergarten, Schule etc. dazu.) Das Kind lernt zwangsläufig durch alles, was um es herum ist und stattfindet. Es registriert, wie auf sein Verhalten reagiert wird (mit Lob, Ermutigung, Kritik, Tadel, Nichtbeachtung etc.). Diese früh gelernten Muster nennt er *psychosoziale Vorstruktur*. Vieles davon ist unbewusst, bleibt aber weiterhin wirksam. Diese Vorstruktur wird in neuen Gruppen, also auch in Lerngruppen, immer wieder reaktiviert. Menschen versuchen, sich die vertrauten Bedingungen wieder zu schaffen.

Früh gelernte Muster bleiben wirksam.

6.2.2 Befürchtungen

In die aktuelle Fort- und Weiterbildungssituation von Erwachsenen spielen die Peer-Group-Erfahrungen aus Kindheit und Jugend mit hinein. So befürchten nicht wenige Erwachsene, in einer neuen Lerngruppe abgelehnt, ausgelacht oder nicht/kaum beachtet zu werden. Daraus kann die Angst erwachsen, eine inzwischen in Beruf, eigener Familie und Freundeskreis gewonnene Sicherheit und Anerkennung wie-

Die Erfahrungen in Gruppen aus den frühen Lebensjahren sind prägend.

der aufs Spiel zu setzen. Auf der anderen Seite findet sich aber auch bei Erwachsenen, die bis anhin positive Gruppen- und Lernerfahrungen gemacht haben, die Angst davor, dass dies in der neuen Lerngruppe nun erstmals anders sein könnte. Zurückgehend auf Brochers Modell der „psychosozialen Vorstruktur" kommt es nun auf das Bild von Gruppenleitung an, das die anwesenden Erwachsenen in sich tragen. Die Einstellung bei den Teilnehmenden ist häufig zwiespältig. Positiv erscheint die Möglichkeit, sich von einer oder einem Kompetenteren bei der Lösung eigener Probleme helfen zu lassen, negativ erscheint die Notwendigkeit, sich dadurch in deren oder dessen Abhängigkeit zu befinden. Was auf der einen Ebene die eigene Angst reduzieren hilft, vergrößert sie auf der anderen (Antons et al. 2019).

6.2.3 Bevorzugte Lernformen

Ausbilder und Ausbilderinnen kennen viele Lernformen und Methoden – die darbietenden, die erarbeitenden, die selbstgesteuerten etc. Dazu die Sozialformen: Einzelarbeit, Paararbeit, Gruppenarbeit und Plenum. Auch da gilt: Nicht alle mögen das Gleiche. Zuviel vom Ungewohnten oder Unliebsamen produziert Widerstand.

6.2.4 Unterschiedliche Lernstile

Kolb (1976) unterscheidet vier verschiedene Lernstile (Antons et al. 2019). Damit ist bereits gesagt, dass nicht alle Menschen den Lernprozess spontan auf die gleiche Art angehen. Die einen wollen zum Beispiel experimentieren, andere wollen zuerst die Theorie von Grund auf verstehen. In einer Gruppe kommen in der Regel alle Lernstile vor. Das heißt auch, dass die Leitung für sie alle Lernwege bereithalten muss.

6.2.5 Unfreiwilligkeit

Es kann niemand gezwungen werden, freudig in einer nicht selbst gewählten Weiterbildung zu sitzen. Wer nicht freiwillig in einem Kurs sitzt, hat alles Recht auf Widerstand. Nicht alle machen ihr Recht auf Widerstand geltend, andere dafür umso vehementer. Beides verdient Anerkennung: da zu sein und das Beste daraus machen zu wollen genauso wie trotz Widerstand gekommen zu sein und zu bleiben.

6.3 Gruppenentwicklung und Widerstand

Die Gruppendynamik ist ein großes Feld, was mögliche Widerstände anbelangt. Es lohnt sich, Grundkenntnisse über die Entwicklung einer Gruppe zu haben. Zu verstehen, wo die Gruppe steht und was sie gerade bewältigen muss, heißt auch, leichter zu erkennen, welche Widerstände eben gerade mit dem Geschehen in der Gruppe zu tun haben und nicht unbedingt mit dem Kursthema als solchem. Ich beziehe mich hier auf das 5-Phasen-Modell nach J.A. Garland et al. 1969 (Antons et al. 2019). In Gruppen sind diese Phasen gut zu beobachten, unabhängig davon, ob es sich dabei um Gruppen mit einem klar definierten Anfang und Ende handelt oder um sogenannte „slow-open groups", in denen immer wieder Leute weggehen und neue dazu kommen.

6.3.1 Orientierungsphase

Die Orientierungsphase zeichnet sich dadurch aus, dass die Menschen in der Gruppe wohl formal bereits eine Gruppe sind, gefühlt sind die Einzelnen jedoch erst je ein Individuum unter anderen Individuen. Die Teilnehmenden sind in dieser Phase vor allem mit den folgenden vier Fragen beschäftigt:

1. Wer bin ich hier?
2. Wer sind die Anderen?
3. Was gilt hier?
4. Kann ich das?

Bei der ersten Frage geht es für die einzelne Person darum, herauszufinden, wer sie denn jetzt hier im Kreise dieser Menschen ist. Gehört sie zu den Jungen, den Alten, zu jenen, die bereits Erfahrung haben oder eben nicht? Ist sie als Mann oder Frau in der Mehrheit oder in der Minderheit? Gibt es Merkmale, die sie mit anderen teilt? Zum Beispiel die soziale oder kulturelle Herkunft, die Sprache, die Interessen etc. Um dies alles herauszufinden, braucht es viele Gelegenheiten. Diese müssen in der Kursgestaltung mit eingeplant werden – also Vorstellungsrunden, immer wieder wechselnde Gruppenkonstellationen, Gesprächsinseln, Möglichkeiten für informelle Begegnungen.

Dabei wird die zweite Frage bereits ein Stück weit beantwortet werden können. Allerdings geht es bei dieser noch um mehr, nämlich um die Frage, wie denn diese anderen zu einem selbst stehen. „Mögen sie mich?", „Komme ich mit den anderen zurecht?", „Wen mag ich?", „Wie komme ich mit der Kursleitung klar?"

Vier Fragen welche die Teilnehmenden in Anfängen beschäftigen.

Die dritte Frage ist die Frage nach den Normen. „Wie geht es hier zu? Wie muss ich mich verhalten, damit ich nicht anecke?"

Die vierte Frage ist jene nach der Leistung. „Was immer im Kurs oder Lehrgang gefordert ist – kann ich das leisten, oder werde ich überfordert sein? Oder eher unterfordert?"

Wenn das Individuum diese vier Fragen mehr oder weniger zufriedenstellend für sich beantwortet hat, kann es sich auf den weiteren Prozess einlassen. Wenn nicht, wird es über kurz oder lang wegbleiben. In Freizeitkursen ist das sehr schön zu beobachten. In Lernsituationen, in denen die Teilnehmenden nicht freiwillig über den Verbleib entscheiden können, resultieren aus unbefriedigenden Daseinszuständen jede Menge Widerstände.

6.3.2 Positionskampf und Rolle

In dieser Phase geht es darum, als Individuum einen Platz in der Gruppe zu bekommen. Jeder Mensch hat seine Vorerfahrungen in und mit Gruppen, hat einige Rollen besser gelernt als andere, kennt sich mit seinem Verhalten in Gruppen. Dementsprechend wird sie oder er sich einbringen. Wenn diese Rollenangebote gut passen und sich ergänzen, entsteht eine förderliche und belebende Atmosphäre. Manchmal entstehen aber auch Konkurrenz und Rivalität. Diese wiederum kann auf vielfältige Weise demonstriert werden. Oft wird die Kursleitung in diese Machtkämpfe verwickelt, sei es als Schiedsrichter oder als Konkurrent. Man kann sagen, dass in dieser Phase das Geschehen auf der Gruppenebene (noch) mehr Energie und Aufmerksamkeit braucht als das Kursthema selbst. Dies ist wiederum in der Planung zu berücksichtigen. Die in dieser Phase gezeigten Widerstände sind zum Teil weit weg von der eigentlichen Ursache.

▶ **Beispiel**

Wenn Paul ahnt, dass Jack vielleicht doch der Klügere ist und bei den anderen auch noch besser ankommt, so wird er nicht vor allen in Tränen ausbrechen, sondern sich lieber über die schlechte Qualität der Unterlagen beklagen.

In externen, gruppendynamischen Kursen, welche jeweils fünf Tage in einem Seminarhotel stattfinden, werden wir als Leitung sehr hellhörig, wenn sich die Teilnehmenden in den ersten beiden Tagen über das Essen beschweren. Das ist zu diesem Zeitpunkt eben einfacher, als darüber zu reden, was in der Gruppe ansteht. ◀

6.3.3 **Vertrautheit, Intimität und Differenzierung**

In den Phasen Vertrautheit und Intimität sowie Differenzierung gibt es in der Regel weniger Anlass für Widerstand. Die Gruppe ist arbeitsfähig, die Teilnehmenden können sich frei äußern. Die Kursleitung hat lediglich darauf zu achten, dass sie die Gruppe nicht in der einen oder der anderen Form festhalten will. Das Bedürfnis nach Gemeinsamkeit und Zugehörigkeit soll gleichwertig zum Bestreben nach Individualität und Unterschiedlichkeit beachtet werden.

6.3.4 **Trennung und Ablösung**

In der letzten Phase geht es um Trennung und Ablösung. Etwas Stabiles geht zu Ende, eine Zugehörigkeit geht verloren. Diesen Verlust verarbeiten Menschen sehr unterschiedlich, und es können sich ganz unerwartete Widerstände zeigen. Dazu gehört unter anderem, am Schluss alles schlecht zu finden, zu behaupten, man habe nichts gelernt. Eine weitere Form von Widerstand dem Abschied gegenüber ist es, am letzten Termin nicht mehr zu erscheinen.

Wenn in einer Gruppe Leute weggehen oder neue dazu kommen, so verändert sich zwangsläufig die bestehende Struktur. Es braucht eine erneute Orientierung, eine neue Rollenverteilung. Veränderungen lösen Widerstände aus. Also ist auch bei neuen Gruppenkonstellationen mit solchen zu rechnen.

Wechselt in einer Gruppe die Zusammensetzung zu häufig, kann es sein, dass die Gruppe nicht mehr vom Fleck kommt. Ganz nach dem Motto: „Es lohnt sich doch nicht, sich zu engagieren, morgen ist schon wieder alles anders."

6.4 **Beispiele aus der Praxis**

Widerstand ist nicht gleich Widerstand. Es gibt die leichtfüßigen, die mittelschweren und die happigen Widerstände. Man könnte sie auch auf einer Skala von 1 bis 10 einordnen. Nicht dass das etwas ändern würde, aber es bringt ein bisschen Ordnung.

▶ **Beispiel**

Auf 1 ist eine Situation einzuordnen, die alle Ausbildenden kennen. Es steht eine Gruppenarbeit an, die Teilnehmenden sind aufgefordert, Vierergruppen zu bilden, es passiert jedoch nichts. Dieses Nichtreagieren kann als Widerstand gedeutet werden. Erklärungen bzw. Viele Gründe sind denkbar: Es ist nach dem Mittag, alle sind müde; die Teilnehmenden wissen nicht, nach welchem Kriterium sie sich einteilen sollten; das Thema ist nicht spannend; sie sind überfordert etc. Was ist also zu tun? Am besten nachfragen: „Was lässt euch zögern, jetzt die Gruppen zu bilden?" ◄

> ▶ **Beispiel**

Im gruppendynamischen Seminar wird ohne Tische gearbeitet. In der Anfangsphase des Seminars wird mit der Gruppe ein Kontrakt zur Zusammenarbeit ausgehandelt. Eine Teilnehmerin moniert an dieser Stelle die fehlenden Tische. Die Kursleiterin legt die Gründe dafür dar. Trotzdem insistiert die Teilnehmerin auf das Hinstellen von Tischen. Von den anderen Teilnehmenden erhält sie keine Unterstützung. Sie manövriert sich ins Abseits. Dieser Widerstand ist ungefähr auf 5 einzuordnen. Die Maßnahme war, das Thema für den Moment auf die Seite zu legen und der Teilnehmerin die Möglichkeit zu geben, mit einer neuen Aufgabe und auf andere Weise mit den anderen in der Gruppe in Kontakt zu kommen. ◄

> ▶ **Beispiel**

Ebenfalls in einer gruppendynamischen Woche verhält sich ein Teilnehmer der Leitung gegenüber ablehnend bis feindselig. Weil das Untersuchen der Beziehungen in der Gruppe ein zentrales Thema des Kurses ist, kann bei den Gruppenmitgliedern wohl einiges reifen und auch aus dem Unterbewussten aufsteigen. Jedenfalls wird diesem Teilnehmer am Donnerstag klar, dass ihn die Kursleiterin an seine Schwiegermutter erinnert. Mit dieser hat er „das Heu nicht auf der gleichen Bühne". Nachdem er dies in Worte fassen kann, wird die Beziehung zwischen den beiden merklich entspannter, wenn auch nicht besonders herzlich. Dies wäre ein Beispiel für einen Widerstand auf Stufe 10. Diese Art von Widerstand entzieht sich einem direkten Zugang. Es beginnt damit, dass die Ursache selbst den Betroffenen dieser Widerstände nicht klar ist. Also tun Ausbildende gut daran, solchen Widerständen mit Respekt und Faszination zu begegnen. ◄

6.5 Modelle und hilfreiche Prinzipien

6.5.1 TZI

Ruth Cohn (o. J.), die Begründerin der TZI (themenzentrierte Interaktion), hat sich sehr dafür eingesetzt, das Lernen zu etwas Lebendigem und Menschlichem zu machen. Sie geht von folgender Grundannahme aus:

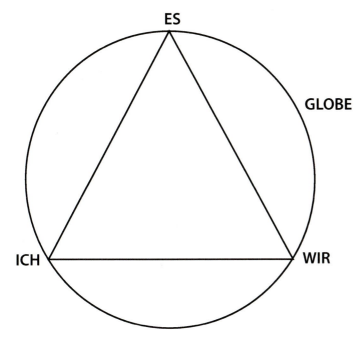

ES

GLOBE

ICH   WIR

◻ **Abb. 6.1** TZI-Dreieck. (Quelle: Ruth Cohn – ▶ https://www.ruth-cohn-institute.org/tzi-konzept.html)

❯ Jede Gruppe ist durch vier Faktoren bestimmt: die Person (Ich); die Gruppeninteraktion (Wir), die Aufgabe (Es), das Umfeld (Globe). Die Anerkennung und Förderung der Gleichgewichtigkeit der Ich-Wir-Es-Faktoren im Umfeld ist die Basis der TZI-Gruppenarbeit (Ruth Cohn Institute) (◻ Abb. 6.1).

Es ist die Aufgabe von Ausbildenden, diese vier Faktoren in einer guten Balance zu halten. Sie können darauf achten, dass alle zu Wort kommen, Interaktion ermöglichen, das Thema verfolgen, ohne rigide zu sein, den Bezug zur Außenwelt halten.

Die Aufgabe der Lehrperson: Eine gute Balance halten.

Ihr Weltbild und ihre Werte (Axiome) formuliert Ruth Cohn (o. J.) so:

1. Der Mensch ist eine psychobiologische Einheit. Er ist auch Teil des Universums. Er ist darum gleichermaßen autonom und interdependent. Die Autonomie des Einzelnen ist umso größer, je mehr er sich seiner Interdependenz mit allen und allem bewusst ist.
2. Achtung gebührt allem Lebendigen und seinem Werden und Vergehen. Respekt vor dem Wachstum bedingt bewertende Entscheidungen. Das Humane ist wertvoll; Inhumanes ist wertbedrohend.

3. Freie Entscheidung geschieht innerhalb bedingender innerer und äußerer Grenzen. Erweiterung dieser Grenzen ist möglich (Ruth Cohn Institute).

Besonders interessant und beachtenswert sind ihre Postulate und Hilfsregeln, die unterdessen schon legendär sind.

Die Postulate
1. Das Chairpersonpostulat: Leite dich selbst.
2. Das Störungspostulat: Störungen haben Vorrang.

6

Übersicht

Die **Hilfsregeln** sind Anleitungen zur Verwirklichung der Postulate auf der Basis der Axiome:
1. Vertritt dich selbst in deinen Aussagen; sprich per „Ich" und nicht per „Wir" oder „Man".
2. Wenn du eine Frage stellst, sage, warum du fragst und was deine Frage für dich bedeutet. Sage dich selbst aus und vermeide das Interview.
3. Sei authentisch und selektiv in deinen Kommunikationen!
4. Halte dich mit Interpretationen von anderen zurück. Sprich stattdessen deine persönlichen Reaktionen aus.
5. Sei zurückhaltend mit Verallgemeinerungen.
6. Wenn du etwas über eine andere Person sagst, sage auch, was es dir bedeutet.
7. Seitengespräche haben Vorrang. Sie stören und sind meist wichtig.
8. Nur einer zur gleichen Zeit, bitte!

„Hilfsregeln helfen, wenn sie helfen (R. Cohn) und dürfen nicht zu einem Gesetz gemacht werden." (Ruth Cohn Institute)

Im Zusammenhang mit Widerständen ist das zweite Postulat wichtig. Es bedeutet, dass Widerstände in der Lehr-/Lern-Situation, wenn sie stören, Beachtung brauchen. Mit der Hilfsregel Nr. 7 wird explizit das Phänomen *Seitengespräche* beleuchtet. Das ist etwas, das in allen Ausbildungssituationen vorkommt. Ruth Cohn (o. J.)findet auch, dass sie stören, geht aber davon aus, dass sie entstehen, weil etwas anderes keinen Platz hat. Vielleicht konnten die Teilnehmenden schon lange nichts mehr selber beitragen. Oder es ist jemandem etwas nicht ganz klar, und er kann nicht mehr folgen. Es ist langweilig,

heiß, zu viel etc. Es braucht also eine Klärung und eine Veränderung, damit es für alle passend weitergehen kann. Das
Gleiche gilt für alle Widerstände, die die Balance zwischen
dem Ich, dem Wir und dem Thema beeinträchtigen.

Dies ist eine gute Stelle, um das Thema der Unfreiwilligkeit
nochmals etwas genauer zu beleuchten. Viele Menschen müssen eine Weiterbildung besuchen. Die einen finden sich damit
ab, andere leisten passiven Widerstand, einige stören aktiv deswegen. Unfreiwilligkeit ergibt sich aus äußeren Zwängen, es
würden z. B. Tagegelder wegfallen, die Arbeitsstelle hängt
davon ab, eine Autorität (Vater, Mutter, Ehepartner, Chef,
Staat) hat die Kursteilnahme verordnet. Es könnte sich loh-
nen, mit den leidenden Unfreiwilligen den Ursprung des
Zwangs zu ergründen und genau zu benennen. Dann kann
sich das Individuum entscheiden, sich diesem Zwang zu beugen oder sich an der richtigen Stelle dagegen aufzulehnen. Danach ist es wichtig, den Menschen innerhalb des Rahmens,
den die Lernsituation bietet, freie Entscheidungen zu ermöglichen. Auch wenn diese klein sein mögen, solange der Mensch
eine Wahl hat, hat er Einfluss. Konkret könnte das heißen, die
Teilnehmenden wählen ihre Partner für Gruppenarbeiten selber (nach immer wieder neuen Kriterien, damit keine er-
starrten Subgruppen entstehen), sie haben die Wahl, ein
Thema auf unterschiedliche Arten zu bearbeiten, sie können
hier oder dort lernen und arbeiten.

Dies alles liegt präzise auf der Linie des ersten Postulats
nach Ruth Cohn. Es geht dabei immer darum, sich selbst zu
leiten und Verantwortung für die eigenen Entscheidungen zu
übernehmen.

> Wohlwollender Umgang mit
> Unfreiwilligkeit.

6.5.2 Die vier Seiten einer Nachricht (Friedemann Schulz von Thun)

Für den Umgang mit Widerstand leistet Schulz von Thuns
Theorie gute Dienste. Zur Erinnerung:

Jede Mitteilung, jede Aussage kann auf vier Ebenen oder
auf vier verschiedene Arten gehört werden. Es sind dies die
Sachebene, die Selbstoffenbarung, die Beziehungsebene und
der Appell. Der Adressat entscheidet, auf welcher Ebene er die
Mitteilung empfängt (Schulz von Thun 1998).

Das Gleiche gilt für den Umgang mit Widerstand. Je nachdem, auf welcher Ebene ein gezeigter Widerstand empfangen
und eingeordnet wird, fällt die Reaktion unterschiedlich aus.
Dazu ein Beispiel:

Zu Beginn einer längeren Weiterbildung für Ausbildende steht nach einigen Informationen zum Kurs und zur Leitung die Vorstellungsrunde an. Damit die Teilnehmenden sich nicht ganz ins Unvertraute hinein vorstellen müssen, hat die Kursleiterin zuerst einige Minuten Zeit gegeben, sich mit den Nachbarn zur linken und zur rechten auszutauschen. Danach folgt eine klassische Vorstellrunde. Ursula beginnt, und eine ihrer ersten Aussagen ist, sie hasse Gruppenarbeiten, sie arbeite lieber allein. Dies bringt sie mit einiger Vehemenz vor. Der Widerstand ist greifbar, nur ist nicht besonders klar, wogegen. Die Kursleiterin kann die Aussage mannigfaltig verstehen. Auf der Sachebene ist es die Information darüber, wie Ursula eine bestimmte Arbeitsform für sich einordnet. Auf der Appellebene könnte dies die Aufforderung sein, in diesem Lehrgang keine Gruppenarbeiten anzusetzen. An Selbstoffenbarung ist auch einiges da; indem Ursula diese Aussage so früh im Kurs und quasi ohne Not macht, lässt sich vermuten, dass Gruppenarbeiten für sie mit negativen Erfahrungen verbunden sind. Vielleicht wurde sie in Gruppen schlecht aufgenommen oder sie fand wenig Akzeptanz, konnte sich nicht durchsetzen etc. Vielleicht will sie damit lediglich sagen, dass sie anders sei als die meisten, die Gruppenarbeiten mögen. Viel Raum für Hypothesen und Spekulationen. Die Bedeutung auf der Beziehungsebene zu finden, ist mit noch mehr Vermutungen verbunden. Es könnte die Prophylaxe sein für den Fall, dass sie keinen Anschluss findet im Stil von „falls ich nicht mit euch klarkomme, weiß ich weshalb". Oder „ich bin anders als ihr, ich bitte, das zur Kenntnis zu nehmen". Die Kursleiterin reagiert und sagt, dass in diesem Lehrgang immer wieder Gruppenarbeiten anstünden, wie das für sie sei. Darauf meint Ursula, damit hätte sie schon gerechnet. Sie würde ja ihrerseits als Ausbilderin ebenfalls Gruppenarbeiten anordnen, ihre Teilnehmenden machten das gerne. Es blieb also abzuwarten, wie sich die weitere Zusammenarbeit ergeben würde. Diese war dann nicht besonders schwierig. Ursula gab sich Mühe, nicht anzuecken, obwohl sie Potenzial dazu hatte. Die anderen gaben sich auch Mühe, sie bei Gruppenwahlen ganz selbstverständlich einzubinden. Rückblickend bestätigte sich am ehesten die Hypothese schlechter Erfahrungen mit anderen Kursteilnehmenden. Der gezeigte Widerstand hatte also den Sinn, auf etwas aufmerksam zu machen, das Beachtung brauchte. Obwohl niemand so genau wusste, worum es ging, bewirkte Ursulas frühe Aussage, dass alle behutsam mit ihr umgegangen sind. ◀

6.5.3 Didaktische Überlegungen

Bereits Pestalozzi plädierte für Kopf, Herz und Hand.

Dozierende müssen didaktisch geschickt handeln. Beharrlich hält sich der Frontalunterricht. Die didaktische Überzeugung dahinter ist, dass die Leitung ihr Wissen lediglich darlegen muss, die Teilnehmenden zuhören, und schon ist es bei diesen angekommen und dauerhaft gelernt. Forschungen kommen zum Ergebnis, dass die Behaltensquote dabei erschreckend klein ist.

Bereits Pestalozzi plädierte für Kopf, Herz und Hand, also eine Kombination von Kognition, eigenem Handeln und Emotion. Lernen gelingt besser, wenn es mit positiven Gefühlen und Erlebnissen verbunden ist. Selber tun, selber erfahren und entdecken bewirkt nachhaltigeres Lernen. Das gilt auch heute noch.

Heute ist viel vom Konstruktivismus die Rede. Die Grundannahme beim Konstruktivismus ist folgende: Jeder Mensch erschafft sich seine Sicht auf die Welt im Inneren selber. Er muss alles Wissen, seine Meinungen, alles Empfinden über die Welt in sich aufbauen – also konstruieren. Er muss seine Handlungskompetenzen mit seinem Körper, seinem Geist und seiner Seele selber entwickeln. Es gibt keine Möglichkeit, wie ein Mensch seine Kenntnisse und Kompetenzen einem anderen Menschen direkt übergeben oder einpflanzen könnte. Rolf Arnold (2018) sagt dazu: *„Weder Kognition noch Emotion haben eine Öffnung, durch welche Wissen oder Gefühle ‚hineingeschoben' werden können."*

> „Weder Kognition noch Emotion haben eine Öffnung, durch welche Wissen oder Gefühle ‚hineingeschoben' werden können." (Arnold)

Aus dem lernzielorientierten Verständnis resultieren die Bemühungen, einen Stoff in Teile zu zerlegen, damit sie von den Lernenden möglichst gut aufgenommen werden können. Trotz allem gibt es keine Garantie, dass ein Inhalt beim Gegenüber genau so ankommt, wie die Leitung es dargelegt hatte. So kommt es, dass Vieles nicht gelernt wird, obwohl es gelehrt wurde. Auf der anderen Seite werden Dinge gelernt, die nie im Lehrplan standen.

Die konstruktivistische Sicht auf das Lehren legt nahe, sich von der *Vermittlungsdidaktik* zu verabschieden. Nicht die Lehrperson weiß, wie am besten gelernt wird, sondern der Lernende. Dazu braucht es eine *Ermöglichungsdidaktik* (Arnold 2018).

> Von der Vermittlungsdidaktik zur Ermöglichungsdidaktik.

Was hat das alles mit Widerstand zu tun? Die Vermittlungsdidaktik beinhaltet ein Gefälle zwischen den Lehrpersonen und den Lernenden. Da sind die Wissenden, dort die Unwissenden. Solche Gefälle und Hierarchien, die schnell Gefühle von oben–unten hervorrufen können, haben immer ein großes Widerstandspotenzial. Demgegenüber ist die Ermöglichungsdidaktik eher auf Augenhöhe gedacht. Rolf Arnold zitiert dazu Comenius (1592–1670), der dafür plädiert, der Lehr-Lern-Prozess möge etwas *„zu beider größtem Vergnügen"* sein.

Eine weitere Konsequenz daraus ist nach Arnold, dass der einzige Widerstand, der an die Adresse der Lehrperson gehe, jener gegen die angebotene Form sei. Dazu ein Beispiel.

6

▶ **Beispiel**

Eine Gruppe Asylbewerber mit vorläufigem Bleiberecht besuchte seit einem Jahr ein Programm mit Sprachkurs plus diversen Zusatzmodulen. Diese wurden von immer wieder neuen Kursleiterinnen und Kursleitern durchgeführt. Nun, da sie schon ziemlich gut Deutsch konnten, stand ein zweiwöchiges Programm Bewerbungstraining an. Die noch junge Kursleiterin ging mit viel Elan an die Aufgabe und begann den Unterricht mit einer Vorstellungsrunde. Es schwappte ihr eine Welle der Empörung entgegen. Schon wieder, hieß es, wir kennen alle diese Spiele, wir sind es leid, wir kennen uns alle. In ihrer Verunsicherung insistierte die Kursleiterin, sie fand, man müsse sich doch kennenlernen. Das erschwerte ihren Start mit dieser Gruppe sehr. Wäre sie entspannt gewesen, hätte sie ihren Vorschlag fallen gelassen und nun einfach gefragt: „Was muss ich über euch wissen und was wollt ihr über mich wissen, damit wir gut zusammenarbeiten können?" ◀

Die Form wird immer gelernt und sei es auch nur, eine Lektion oder einen Tag lang still zu sitzen. (F.B. Simon)

Fritz B. Simon (2014) führt den Gedanken zur angebotenen Form noch weiter. Er sagt, die Form wird immer gelernt. Sie ist quasi ein blinder Passagier. Im Kochkurs, in dem selbstverständlich Zwiebeln geschnitten und Suppen gerührt werden, entwickeln die Teilnehmenden automatisch diese manuellen Fähigkeiten. Offiziell gelehrt wird jedoch, was im Rezept steht und in welcher Reihenfolge was zu tun sei. Simon geht so weit zu behaupten, die meisten Menschen hätten in der Grundschule vor allem gelernt, einige Stunden lang still zu sitzen. Das bedeutet für Ausbildende, die Lernform mit Bedacht zu wählen, denn sie wird unweigerlich mitgelernt. Das findet in jedem praktischen Unterricht bereits seine Anwendung. Es käme niemand auf die Idee, Elektriker nur im Kursraum auszubilden.

Dieses Kapitel möchte ich mit einer Aussage von Horst Siebert (2019) schließen. Er sagt, Menschen seien lernfähig, aber unbelehrbar.

6.6 Widerstand als Zeigerpflanze

Der gezeigte Widerstand eines Einzelnen könnte auch ein Hinweis für den Widerstand mehrerer sein.

Wenn ein einzelner Mensch Widerstand signalisiert, heißt das noch nicht, dass er damit allein ist. Gerade in Lerngruppen kann man sich bequem zurücklehnen, nachdem ein Kollege schon einmal einen Einwand platziert hat, und schauen, was nun passiert.

> ▶ **Beispiel**

Im Kurs X wird ein neues Thema eingeführt. Herr Amstutz kommentiert dies mit den Worten „Wozu soll denn das schon wieder gut sein?!" Die Ausbilderin ist nun vielleicht versucht, Herrn Amstutz den Sinn der Sache zu erklären, ihn vom Nutzen zu überzeugen oder ihn sonst wie zu beschwichtigen. Sie könnte aber auch prüfen, ob die anderen auch mit dieser Frage unterwegs sind. Nun melden sich noch ein paar Teilnehmer. Das entlastet Herrn Amstutz, er ist nicht mehr der Einzige und dadurch nicht mehr so exponiert. Zudem bekommt sein Einwand mehr Gewicht. Für die Ausbilderin wird dies auch deutlich, gleichzeitig sieht sie, dass es in der Gruppe Leute gibt, die dem neuen Thema gegenüber keinen Widerstand signalisieren. Sie kann nun diese einbeziehen und sie bitten, zu sagen, wo für sie der Nutzen des Themas liegt. Es kann natürlich sein, dass alle den Sinn und Zweck nicht verstehen. Dann lohnt es sich, etwas weiter auszuholen. Sie könnte die Gruppe einladen zu überlegen, wo, wann und wofür die Teilnehmenden auf jeden Fall, eventuell, rein hypothetisch, in ferner Zukunft, unter Umständen einen Vorteil davon haben könnten. ◀

Das Gleiche gilt übrigens für das Nichtverstehen. Oft sagt nur ein Teilnehmer, er hätte etwas nicht verstanden. Andere sind froh, dass sie sich nicht offenbaren mussten. Sie können dann bei der angebotenen Wiederholung unbemerkt Trittbrett fahren.

6.7 Hilfreiches in Kürze

Bei Antons, Ehrensperger und Milesi (2019, S. 305 f.) finden sich folgende Hinweise (Auszug):

- Die Kursleitung muss nicht nur Wissen zu vermitteln, sondern auch den Gruppenprozess im Auge zu haben. Es geht um die Lernfähigkeit: Solange Störungen im Untergrund sind, kann nicht optimal gelernt werden.
- Auf überraschend starke Gefühle achten: Wenn in der (neuen) Lernsituation alte Gefühle hochkommen, wird dies oft von starken Affekten begleitet.
- Die Interventionen den unterschiedlichen Entwicklungsphasen in Gruppen anpassen.
- Die Kursleitung soll bedenken, dass Verlernen oft schwieriger ist als Neulernen.
- Mit dem Widerstand gehen, nicht gegen ihn.

- Die Teilnehmenden haben in der neuen Lernsituation den Wunsch nach Anerkennung und Zuwendung. Gleichzeitig fürchten sie die Abhängigkeit von der Kursleitung. Das bedeutet, dass man auf Autonomie statt auf Konformismus hinarbeiten soll.
- Spannungen und affektive Vorgänge passend thematisieren – in der Gruppe besprechbar machen. Dabei keine Schuldzuweisungen vornehmen, sondern Phänomene beschreiben.
- Adäquate Arbeits- und Sozialformen verwenden und damit Interaktion und Selbsttätigkeit der Teilnehmenden ermöglichen.
- Oft sind Teilnehmende, die sich in eine Weiterbildung begeben, in Umbruchsituationen. Manchmal sind sie sich dessen noch gar nicht voll bewusst. Es ist gut, wenn die Kursleitung diesen Punkt mit bedenkt und verständnisvoll und geduldig mit Widerstand umgeht.
- Die Kursleitung sollte ihren Enthusiasmus für ihr Fach etwas zügeln. Zuviel des Guten ruft Widerstand hervor.
- Echtes Interesse für die Teilnehmenden und ihre Widerstände zeigen.
- Dafür sorgen, dass die Teilnehmenden sich nicht verteidigen müssen.
- Sorgsam mit Schamgefühlen umgehen.
- Als Kursleiter das eigene Tun regelmäßig in Intervision bzw. Supervision besprechen.

Ebenfalls hilfreich:
- Positive Annahmen treffen.
- Ich-Botschaften senden.
- Offene Fragen stellen.
- Keine Suggestivfragen stellen.
- Zirkuläre Fragen nutzen: z. B. „Müsste ich jetzt wissen, in welcher Situation du steckst, dass du so reagierst?" Oder: „Was würdet ihr in der Leitungsrolle tun, wenn die Gruppe …?"

Fazit
Gut bearbeitete Widerstandsphänomene bringen die Gruppe weiter. Somit kann man Widerstand als Kraft vielleicht sogar begrüßen. Ganz im Sinne von Nagel (2016), der den Widerstand als Glücksfall bezeichnet, oder Lahninger (2012), für ihn bedeuten Widerstände Motivation.

Literatur

Antons K, Ehrensperger H, Milesi R (2019) Praxis der Gruppendynamik. Übungen und Modelle, 10. vollständig überarbeitete. Aufl. Hogrefe, Göttingen

Arnold R (2018) Ich lerne, also bin ich. Eine systemisch-konstruktivistische Didaktik, 3. Aufl. Carl-Auer, Heidelberg

Brocher T (2015) Gruppenberatung und Gruppendynamik, 2. Aufl. Springer, Wiesbaden

Cohn R (o. J.) TZI-Konzept. https://www.ruth-cohn-institute.org/tzi-konzept.html. Zugegriffen am 07.01.2020

De Shazer S (2018) Das Spiel mit Unterschieden, 7. Aufl. Carl-Auer, Heidelberg

Ehrensperger H (2013) Welchen Sinn macht Widerstand? www.heidi-ehrensperger.ch. Zugegriffen am 02.12.2019

Garland, J.A., Jones, H.E. & Kodolny, R.L. (1969). Ein Modell für Entwicklungsstufen in der Sozialarbeit-Gruppe. In S. Bernstein & L. Lowy (Hrsg.), *Untersuchungen zur sozialen Gruppenarbeit in Theorie und Praxis* (S. 96–99). Freiburg i.B.: Lambertus

Glasl F (2013) Konfliktmanagement. Ein Handbuch für Führungskräfte, Beraterinnen und Berater, 11. aktualisierte. Aufl. Haupt, Bern

Huber AA (2003) Möglichkeiten des konstruktiven Umgangs mit Widerstand in erwachsenendidaktischen Veranstaltungen. Gr Organ 34(2):133–145. https://doi.org/10.1007/s11612-003-0014-1

Kolb, D.A. (1976). *The Learning Style Inventory: Technical Manual.* Boston, MA:McBer & Co.

Lahninger P (2012) Widerstand als Motivation. Herausforderungen konstruktiv nutzen in Moderation, Training, Teamentwicklung, Coaching, Beratung und Schule, 3. Aufl. Ökotopia, Münster

Nagel E (2016) Glücksfall Widerstand. Vom produktiven Umgang mit ganz normalen Ausnahmen. Versus, Zürich

Schulz von Thun F (1998) Miteinander reden 1+2. rororo, einmalige Sonderausgabe, Reinbek bei Hamburg

Siebert H (2019) Didaktisches Handeln in der Erwachsenenbildung. Didaktik aus konstruktivistischer Sicht, 8. bearbeitete. Aufl. ZIEL, Augsburg

Simon FB (2014) Die Kunst, nicht zu lernen. Und andere Paradoxien in Psychotherapie, Management, Politik …, 6. Aufl. Carl-Auer, Heidelberg

Thomann G (2019) Ausbildung der Ausbildenden. Professionelles Handeln in der Erwachsenenbildung und Weiterbildung, 5. komplett überarbeitete. Aufl. hep, Bern

Lösungsorientierte Beratung in der Ausbildungstätigkeit

Elisa Streuli und Urs Blum

Inhaltsverzeichnis

7.1   Einleitung: Die Rolle der Beratung in der Ausbildung – 132
7.1.1 Kompetenzen der Ausbildenden – 133
7.1.2 Beratung im Lernkontext – 133

7.2   Der Beratungsbegriff – 134
7.2.1 Formen der Beratung: Fach- und Expertenberatung – 135
7.2.2 Abgrenzung zu verwandten Begriffen – 140

7.3   Lösungsorientierte Beratung – 142
7.3.1 Methoden und Werkzeuge – 144
7.3.2 Fünf Schritte des lösungsorientierten Kurzzeitcoachings – 147

7.4   Integration von lösungsorientierter Beratung (Prozessberatungsmodell) und Fachberatung (Expertenmodell) – 148
7.4.1 Beratungsmodell in 7 Schritten – 150

7.5   Möglichkeiten und Grenzen der lösungsorientierten Beratung in der Ausbildung – 151

Literatur – 158

© Springer-Verlag GmbH Deutschland, ein Teil von Springer Nature 2021
U. Blum et al. (Hrsg.), *Weiterbildungsmanagement in der Praxis: Psychologie des Lernens*,
https://doi.org/10.1007/978-3-662-62631-3_7

Lernziele

Nach dem Erarbeiten dieses Kapitels sind Sie in der Lage,

- die Bedeutung von Beratung in der Aus- und Weiterbildung zu erkennen,
- unterschiedliche Formen von Beratungsgesprächen zu unterscheiden und Implikationen für die eigene Rolle abzuleiten,
- den Ansatz der lösungsorientierten Beratung zu beschreiben,
- das Vorgehen und einzelne Methoden in der lösungsorientierten Beratung zu erkennen,
- den Ansatz der lösungsorientierten Beratung auf die eigenen Beratungssituationen anzuwenden,
- Möglichkeiten und Grenzen der Beratung in der Ausbildung für sich zu definieren und dadurch das eigene Rollenrepertoire zu erweitern.

7

7.1 Einleitung: Die Rolle der Beratung in der Ausbildung

Shift from Teaching to Learning.

Das Verständnis von Lehren und Lernen hat sich in den vergangenen Jahrzehnten stark verändert. Der Fokus auf den Lernprozess und die Bedürfnisse der Lernenden haben zugunsten von formaler Präsentation und Instruktion an Bedeutung gewonnen. Didaktische Prinzipien wie Zielgruppenorientierung, Handlungsorientierung oder selbstgesteuertes Lernen sind Beispiele für Ansätze, welche lernpsychologisch die Konstruktion von Wissen durch die Lernenden fördern (Negri et al. 2010, S. 16 ff). Zusammengefasst werden diese Prinzipien beispielsweise unter Begriffen wie der Ermöglichungsdidaktik (Negri et al. 2010) oder dem „Shift from Teaching to Learning" (Welbers und Wildt 2005). Gemeinsam ist diesen Ansätzen der veränderte Anspruch an die lehrende oder dozierende Fachperson. Daraus abgeleitete Rollendefinitionen sind vielfältig und beinhalten unter anderem Elemente wie Coach, Moderator, Lern- oder Bildungsberater (Braun et al. 2008).

Die Praxis der Weiterbildungsanbietenden bestätigt dieses Bild: In der Weiterbildungsstudie 2019/2020 zeigt sich, dass 98 % der Weiterbildungsanbietenden in der Schweiz Beratungsleistungen erbringen. Dies sind sowohl informative Beratungen über das eigene Angebot als auch Lernberatungen und Beratungen mit Fokus auf die persönliche Entwicklung (Sgier et al. 2020).

7.1.1 Kompetenzen der Ausbildenden

Diese veränderten Anforderungen bedingen Kompetenzen, die über das reine didaktische und methodische Handwerk hinausgehen. Ein Beispiel hierzu zeigt sich im vom Bundesministerium für Bildung und Forschung geförderten Forschungs- und Entwicklungsprojekt GRETA, welches zum Ziel hat, die Professionalität in der Erwachsenen- und Weiterbildung zu fördern (Strauch et al. 2019). Im Rahmen des GRETA-Forschungs- und Entwicklungsprojekt ist ein Kompetenzmodell für Lehrende entstanden, welches die verschiedenen Facetten der Aufgabe abbildet. Die professionelle Handlungskompetenz Lehrender beinhaltet die Kompetenzaspekte fach- und feldspezifisches Wissen, professionelle Werthaltungen, Selbststeuerung und berufspraktisches Wissen und Können. Das berufspraktische Wissen und Können umfasst neben didaktisch- und methodischen Kompetenzen auch die Kompetenzbereiche Organisation und Beratung, beschrieben sowohl als Lernberatung als auch als Lernbegleitung und -unterstützung (◙ Abb. 7.1).

7.1.2 Beratung im Lernkontext

Beratung im Kontext von Lernen kann in zwei Formen unterschieden werden: Lernberatung als Lernprozessberatung und Lernberatung als didaktische Form (Pätzold 2009). Die Lernprozessberatung beinhaltet fachliche Beratung zum Lernstoff sowie Lernberatung zu Lerntechniken und Lernstrategien. Lernberatung als didaktische Form hingegen findet im Beratungsgespräch statt. Dabei geht es um die Ermittlung des Bedarfs, das Festlegen von Zielen und die Entwicklung von Strategien sowie deren Umsetzung. Dieses Kapitel befasst sich mit der Lernberatung als didaktische Form.

> Lernberatung als Prozessberatung und als didaktische Form.

Die Beratungskompetenz stellt demnach einen wesentlichen Baustein der Handlungskompetenz von Lehrpersonen in Aus- und Weiterbildung dar. Diese beinhaltet sowohl ein Bewusstsein über die eigene Rolle und die Grundhaltung in der Beratung als auch die Sicherheit in der Anwendung von Methoden in der jeweiligen Beratungssituation. Ein Ansatz zur professionellen Begleitung von Lernenden während dem Lernprozess ist das Konzept der lösungsorientierten Beratung (▶ Abschn. 7.3).

In jedem Fall üben Fachpersonen in der Aus- und Weiterbildung eine Vielfalt an Rollen aus. So sind sie sowohl Fachpersonen, wodurch eine Wissensasymmetrie gegenüber ihren Teilnehmenden besteht. Zudem sind sie auch Lernbegleitende, Lernstrategieberatende, Coach und letzten Endes auch

7

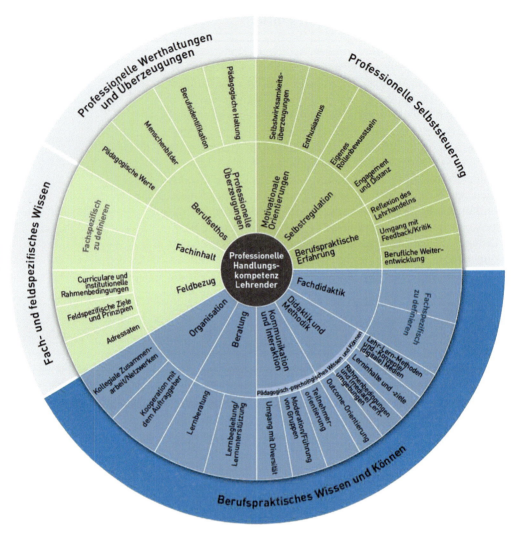

◼ Abb. 7.1   hier einfügen/GRETA Kompetenzmodell. (Quelle: Open Source – Creative Commons Lizenz)

Beurteilende und Entscheidungstragende. Diese Rollen beinhalten das Potenzial, je nach Situation im Wiederspruch zu
stehen und zu Rollenkonflikten zu führen (Marti et al. 2014).
Umso mehr steigt damit die Bedeutung des Bewusstseins und
der Kompetenzen im Umgang mit verschiedenen Rollen.

7.2 Der Beratungsbegriff

Unter professioneller Beratung wird mit Bezugnahme auf
Lippmann (2013a, S. 15) eine Form der Kommunikation verstanden, *in der ein konkretes Anliegen im Hinblick auf eine passende und zieldienliche Lösung bearbeitet wird.*

Vereinfachend gesagt, wird in der professionellen Beratung ein (berufliches) Anliegen einer Person („Kunde/Kundin", z. B. Lernende) mithilfe einer professionellen Beraterin (z. B. Ausbilderin) dahingehend bearbeitet, dass die Klientin ihre selbstbestimmte Handlungsfähigkeit (wieder)erlangen und dabei ihre verfügbaren Handlungsmöglichkeiten erweitern kann.

Die Beratende stellt die für das Anliegen erforderlichen Kompetenzen – Beratungs- sowie evtl. auch Sach- und Feldkompetenzen zur Verfügung und gestaltet das jeweilige Vorgehen transparent und zieldienlich. Entscheidend für das Gelingen ist neben den Kompetenzen der Beratenden insbesondere eine tragfähige, kooperative und für beide Seiten als sinnhaft und „zieldienlich" erlebte Beratungsbeziehung (Lippmann 2013a, S. 23).

Beratung ist somit kein fertiges „Produkt" oder eine standardisierte Dienstleistung, sondern erfolgt in einem interaktiven Prozess zwischen den Beteiligten. Für den Ausbildungskontext bedeutet dies, dass die Ausbildenden in der Rolle der Beratenden in ein Austauschverhältnis mit den Auszubildenden – d. h. dem „Kundensystem" – treten. Sie tun dies mit dem Auftrag und dem Ziel, die Auszubildenden auf ihrem Weg bestmöglich zu unterstützen.

Beratung als interaktiver Prozess.

Dieses Verständnis unterscheidet sich stark von der Annahme, dass für Lernende von den Ausbildenden ein Plan erstellt wird, welchen die Lernenden möglichst detailgetreu abzuarbeiten haben. Das obige Beratungsverständnis setzt voraus, dass Lernende mündige Subjekte sind, welche ihre Kompetenzen eigenverantwortlich verbessern wollen und können und dazu punktuell die passenden Beratungs- und ggf. Feldkompetenzen der Ausbildenden benötigen. Dieses Beratungsverständnis fußt auf derselben Grundhaltung wie das konstruktivistische Lernverständnis. In beiden Fällen konstruiert die lernende Person ihre Erkenntnisse und Strategien selber, während die ausbildende oder beratende Fachperson den Prozess gestaltet und bei Bedarf Unterstützung bietet (◗ Abb. 7.2).

7.2.1 Formen der Beratung: Fach- und Expertenberatung

In der Beratungsliteratur wird (idealtypisch) zwischen zwei Hauptformen der Beratung unterschieden, der Fach- oder Expertenberatung und der Prozessberatung (Schein 2010).

Fach-/Expertenberatung vs. Prozessberatung.

Expertenberatung ist nach Lippmann (2019, S. 463) dadurch gekennzeichnet, dass die Kundin das Anliegen bzw. Problem an die Beratenden delegiert und von ihnen die vorgefertigte Lösung erwartet.

7

Abb. 7.2 Beratung Start. (Quelle: Tobias Leuenberger 2018)

Diese Art der Beratung wird beispielsweise in der Informatik, im Recht (z. B. Verträge usw.) und in der Betriebswirtschaft (z. B. Buchhaltung, Treuhand, Steuern) nachgefragt. Doch auch im persönlichen oder interpersonellen Bereich erwarten Kundinnen und Kunden oft konkrete Lösungsvorschläge und Tipps, wie sie ein Problem – z. B. den Umgang mit einem „schwierigen Mitarbeitenden" oder einer „schwierigen Schulklasse" – lösen sollen.

Die Expertenberatung setzt voraus, dass die Kundin das Problem richtig erkannt hat und weiß, welches Fachwissen es dafür braucht, und dass sie mitteilt, welches Ergebnis sie benötigt (z. B. eine Steuererklärung, eine Jahresbilanz, einen

Bauvertrag usw.), nach dem Motto: „Ich sage dir, welches Problem ich habe, und du lieferst mir dafür die Lösung." Das bedingt, dass die Lösung von dem Kunden akzeptiert und auch umgesetzt wird und keine unbeabsichtigten Nebenfolgen zu erwarten sind.

Expertenberatungen eignen sich somit insbesondere bei fachlichen Problemen, bei denen die Kundin über kein oder zu wenig Know-how verfügt und dieses auch nicht aufbauen möchte („ich muss nicht alles können – dafür gibt es Spezialistinnen!").

Im Ausbildungskontext sind Expertinnen in der Regel Fachspezialistinnen. Sie sagen, was das Ziel ist (und haben bereits die richtige Lösung) und geben vor, wie der richtige Weg dorthin aussehen muss („erst machst du dies, dann das"). Diese Art von Beratung kommt in allen schulischen Disziplinen vor – die Lehrenden lehren, die Lernenden lernen, was ihnen vorgegeben wird. Insofern als die Lernenden dazu angehalten werden, Fertigkeiten und Kompetenzen einzuüben und anschließend eine Rückmeldung zu erhalten, ist diese Beratungsform im Ausbildungskontext eng mit der Instruktion (siehe ▶ Abschn. 7.2.2) verwandt.

Die Expertenrolle ist jedoch auch bei persönlichen oder interpersonellen Anliegen verführerisch:

„Es kann sehr befriedigend sein, sich anderen als jemand darzustellen der wirklich ‚weiß', was los ist oder in einer gegebenen Situation getan werden sollte. Neben der persönlichen Befriedigung für den Berater gibt es noch einen anderen Umstand: den des Klienten, sich sicher in den Händen eines Experten zu wissen, der so klug und tüchtig ist, dass die Angst vor gegenwärtigen oder zukünftigen Schwierigkeiten verschwindet." (Steele 1969, zit. nach Lippitt und Lippitt 2006. S. 87).

Beratende, welche sich als Expertinnen für die persönlichen Probleme ihrer Klientinnen halten, schaffen Abhängigkeiten, statt sie darin zu unterstützen, die (bereits vorhandenen) Kompetenzen zu aktivieren. Zudem empfehlen die Beratenden häufig ihre eigene Erfahrung als bestmögliche Lösung, die aber für die Kundinnen in deren Kontext keineswegs sinnvoll oder zielführend sein muss.

Schein vertritt dementsprechend für die Beratung in Organisationen die Meinung, dass sich Beratende inhaltlich zurückhalten und ihre Kompetenzen ganz in den Dienst der gelingenden Prozessberatung stellen sollen:

„Es ist eine Sache, ein Experte darin zu sein, wie man einer Organisation lernen hilft, und eine andere, ein Experte für die tatsächlichen Managementprobleme zu sein, welche die Organisation zu lösen versucht." (Schein 1969, zitiert nach Lippitt und Lippitt 2006, S. 88). Ähnliches gilt für die Beratung von Einzelpersonen: Die auszubildende Person darin zu unterstützen, eine effektive Lernmethode herauszufinden, hilft ihr, Problemlösungskompetenz aufzubauen. Eine Sammlung von Tipps – z. B. gegen Prokrastination – kann hilfreich sein, ist aber möglicherweise auch frustrierend, wenn die Auszubildenden die guten Tipps individuell gar nicht umsetzen können und die gut gemeinten Tipps für sie möglicherweise nicht zieldienlich sind.

Beratung zweiter Ordnung.

Beratung zweiter Ordnung, d. h. Beratung, wie eine Lösung gefunden werden kann (statt die Lösung vorzugeben), ist ein Merkmal der Prozessberatung. Expertenberatung steht eher für „Single-loop"-Lernen, Prozessberatung für „Double-loop"-Lernen, also das Lernen zu lernen, das im Folgenden (in Anlehnung an Lippmann 2019, S. 465 ff.) genauer erläutert wird:

Im Gegensatz zur Expertenberatung gibt die Kundin die Verantwortung für die Lösungsfindung nicht an die Beratende ab, sondern wird von ihr im Lösungsprozess unterstützt. („Du hilfst mir, mein Problem klar zu benennen und passende Lösungen zu erarbeiten.") Dieser Beratungsansatz geht davon aus, dass die Kundin letztlich am besten weiß, welche Lösungen für sie nützlich und umsetzbar sind. Die Beraterin hilft der Kundin, Vorkommnisse oder Verhaltensweisen wahrzunehmen, sinnhaft zu deuten und angemessen damit umzugehen. Damit trägt die beratende Person die Verantwortung zwar für den Beratungsprozess, aber nicht für das Ergebnis bzw. dessen Umsetzung. Die Kundinnen werden von der beratenden Person darin unterstützt, ihre Ressourcen zu nutzen, Optionen zu entwickeln und somit die Wahlfreiheit zu erhöhen, eine angemessene Lösung zu finden. Damit erhöht sich die Chance für die Kundinnen, dass sie die Lösung auch umsetzen werden. Das Motto „Hilfe zur Selbsthilfe" bzw. das Sprichwort „Statt den Menschen Fische zu geben, sollte man ihnen das Fischen beibringen" verdeutlichen diesen Ansatz: Es geht darum, die Lern-, Problemlösungs- und Handlungsfähigkeit der Kundinnen zu erhöhen, indem sie ihre eigenen Kompetenzen als hilfreich erleben und dadurch zukünftige Probleme selbst lösen können.

Was sich in der Theorie ziemlich einfach anhört, ist in der Praxis vielfach schwierig: So sind Ausbildende als „Lehrpersonen" häufig darauf sozialisiert, Anweisungen zu erteilen, und fördern hauptsächlich das „Lernen am Modell" (die Lehrperson instruiert, die Lernenden ahmen es nach). Die Beratung „auf Augenhöhe", bei welcher die Lernenden die Lösung selbst finden und sich eigenverantwortlich für ihre weiteren Handlungen entscheiden, fällt deshalb vielen Ausbildungspersonen auch bei außerfachlichen Anliegen schwer. Hinzu kommen – insbesondere bei minderjährigen Lernenden – die Erwartungen der Eltern, welche die Ausbildungsperson oft in eine Zwickmühle bringen. Hier hat die Ausbildungsperson zusätzlich die Aufgabe, zwischen unterschiedlichen Erwartungen zu vermitteln und Transparenz über die eigene Rolle – bzw. die unterschiedlichen Rollen der Ausbildenden und die damit verbundenen Widersprüche (siehe ▶ Abschn. 7.4) herzustellen. Lebenslanges Lernen ist hier ganz besonders gefragt, gerade für Ausbildungspersonen.

▶ **Beispiel**

Unterscheidung von Fach- und Prozessberatung.

Angenommen, eine Lernende benötigt Hilfe beim Erstellen einer Jahresbilanz in der Buchhaltung. Hier braucht es eine Person, welche Schritt für Schritt den Lösungsweg aufzeigt, durch Rückfragen sicherstellt, dass die Lernende die einzelnen Schritte verstanden hat, und am Schluss die Lernende eine ähnliche Aufgabe selbst, zunächst begleitet und unterstützt von der Ausbilderin, wiederum Schritt für Schritt lösen lässt und anschließend eine Rückmeldung dazu gibt. Das bedingt, dass es *eine objektiv richtige Lösung* gibt und dass die Ausbilderin weiß, auf welchem Weg die Lösung gefunden wird und wie sie die Lösungsschritte verständlich kommunizieren kann. Diese Form der Beratung wird „Expertenberatung" oder „Fachberatung" genannt.

Es würde in diesem Beispiel wenig nützen, wenn die Ausbilderin fragen würde, was die Lernende bereits versucht hat, welche Befürchtungen sie in Bezug auf die Lösung hat und wie zuversichtlich die Lernende ist, eine Lösung zu finden!

So absurd dieses Beispiel für die Beratung beim Erstellen einer Bilanz ist, so wenig zielführend wäre das genannte Vorgehen in anderen Situationen.

Angenommen, eine Lernende ist sich plötzlich nicht mehr sicher, ob sie ihre Ausbildung nicht lieber abbrechen und im Austausch mit der Ausbilderin diese Frage klären möchte.

Hier wäre es nicht unbedingt zielführend, wenn die Ausbilderin Überzeugungsarbeit zur Weiterführung der Ausbildung leisten würde, der Lernenden einen strikten Vorgehensplan zum erfolgreichen Abschluss aufstellt, den sie minutiös kontrolliert und die Aufgabenerfüllung belohnt und die Nichterfüllung bestraft.

Vielmehr geht es bei einem so gelagerten Anliegen darum, Befürchtungen im Hinblick auf die Weiterführung zu eruieren, eventuelle Zweifel zu ergründen, Wünsche und Lebensträume herauszufinden und die Lernende in ihrem Kompetenzerleben zu unterstützen. Entscheidungswege sollen ausgelotet und mögliche Folgen abgeschätzt werden mit dem Ziel, Orientierung zu schaffen und die Lernende in den Modus des eigenverantwortlichen Handelns zu bringen. Die Antworten hat die Lernende – die Aufgabe der Ausbilderin ist es, geeignete Fragen zu stellen.

Wofür sich die Lernende schließlich entscheidet – die Ausbildung weiterzuführen oder sie abzubrechen – liegt in ihrer Verantwortung.

Diese Form der Beratung einer Person im Hinblick auf die *für sie passende Lösung* wird „Prozessberatung" – oft auch „Coaching" – genannt. ◄

Fach- und Expertenberatung als Pole auf einem Kontinuum.

Fach- bzw. Expertenberatung und Prozessberatung liegen in einem Kontinuum, auf dem verschiedene Rollen angesiedelt sind. Während die Fach- bzw. Expertenberatung direktiven Charakter hat (die beratende Person sagt, was die Klientin tun muss), ist die Prozessberatung nicht direktiv (die beratende Person stellt ergebnisoffene Fragen). In der Ausbildung sind diese Rollen in einer Person und häufig im selben Gespräch vereint.

7.2.2 Abgrenzung zu verwandten Begriffen

■ **Coaching**

Ursprünglich aus dem Sportbereich stammend, wird Coaching heute häufig synonym zur Prozessberatung verwendet. In der Regel findet Coaching in einer 1:1-Beziehung von Kundin und beratender Person statt. Coaching unterscheidet sich von der Prozessberatung dahingehend, dass Coaching begriffsgeschichtlich eher für die Beratung von Einzelpersonen, Prozessberatung eher für Organisationen verwendet wird. Beide Begriffe bezeichnen jedoch einen Vorgang, bei dem das Anliegen aus dem Kundensystem heraus definiert und in der Bearbeitung und Lösungsfindung durch eine Beraterin unterstützt wird mit dem Ziel, die Handlungs-, Lern- und Problemlösefähigkeit des Kundensystems zu verbessern (vgl. dazu ausführlicher u. a. Lippmann 2013a; Schmidt 2018). Auch in der Ausbildung ist Coaching mittlerweile zum festen Bestandteil geworden.

■ **Supervision**

Supervision ist eine Form der Beratung, in welchem die Reflexion des beruflichen (Rollen-)Handelns im Zentrum steht. Sie kommt häufig im erzieherischen und pflegerischen Kontext zum Einsatz. Bearbeitet werden beispielsweise Fragestellungen, wie mit einer großen Heterogenität von fachlichen Kompetenzen in einer Klasse umgegangen werden kann. Angeleitet wird die Supervision durch eine prozesserfahrene (und oft auch fachlich affine) Moderatorin (vgl. dazu auch Thomann 2019).

Ziel der Supervision ist die Erhaltung und Förderung der persönlichen, sozialen und fachlichen Kompetenz der Supervisandinnen in ihrem Arbeitsfeld. Die Supervision kann im Einzel- oder Gruppensetting erfolgen. In einer Gruppe sind in der Regel Menschen mit ähnlichen Fragestellungen bzw. im gleichen Berufsfeld beteiligt.

- ■ **Intervision**

Die Intervision ist eine Form der kollegialen Beratung, bei der ein berufliches Anliegen einer Person (Fallbringerin) in einem klar strukturierten Prozess und mit einer vorangegangenen Rollenzuteilung (Beratung, Prozessmoderation, Beobachtung) bearbeitet wird (vgl. dazu Lippmann 2013b). Im Gegensatz zur Supervision in der Gruppe wird die Moderationsrolle wechselnd durch ein Mitglied der Intervisionsgruppe übernommen und der Gesamtprozess von einem nicht an der Beratung beteiligten Mitglied beobachtet und am Schluss auf der Metaebene reflektiert. Die Struktur ist stärker durch eine im Vorfeld geklärte Methode bestimmt; während in einer Supervision die Supervisorin oft situativ geeignete Methoden flexibel anwendet.

- ■ **Training**

Unter Training wird ein Einüben von bestimmten Fähigkeiten mit dem Ziel einer Verbesserung und Routinisierung von Handlungskompetenzen verstanden. Ausgehend vom Training im Sport (Lauf-, Wurf-, Sprungtraining usw.) kann Training in ganz unterschiedlichen Handlungsbereichen erfolgen (Kommunikations- und Verhandlungstraining, Erste Hilfe, chirurgische Eingriffe usw.). Dabei kommen in der Regel Simulationen (Rollenspiele, Übungspuppen u. a.) zum Einsatz. Wichtig sind hier die klare Aufgabenstellung mit einem bestimmten Ziel, die wiederholte Übung, ein entwicklungsorientiertes Feedback und die gemeinsame Reflexion. Im Kontinuum von Experten- und Prozessberatung bzw. direktiven und nicht-direktiven Rollen (■ Abb. 7.3) ist das Training im Bereich der direktiven Rollen angesiedelt.

- ■ **Instruktion**

Instruktion bedeutet die genaue, direktive Unterweisung einer Aufgabe im Hinblick auf ein bestimmtes Ziel mit regelmäßiger Überprüfung und Sicherstellung der richtigen Umsetzung. Sowohl das Ziel als auch der Weg sind hier klar vorgegeben. Die früher verwendeten 3 K „kommandieren, kontrollieren, korrigieren" sind mit dem modernen Führungs- und Lehrverständnis in Verruf geraten. Geblieben ist jedoch die Notwendigkeit,

Beobachter	Prozessberater	Faktenermittler	Erkenner von Alternativen	Mitarbeiter an Problemlösungen	Trainer (Erzieher)	Experte	Advokat

KLIENT

BERATER

Ausmaß der Berateraktivität beim Problemlösen

Nicht-direktiv   direktiv

| Stellt Fragen, die man überlegen sollte | Beobachtet Problemlösungsprozesse und gibt Feedback | Sammelt Daten und regt dazu an, darüber nachzudenken und sie zu interpretieren | Sucht nach Alternativen und Hilfs- mitteln für den Klienten, hilft ihm, die Konsequenzen einzuschätzen | Schlägt Handlungs- möglichkeiten vor und entscheidet mit | Trainiert den Klienten | Prüft, über- denkt und liefert grund- legende Entscheidungen oder praktische Anwendungen | Schlägt Verfahrensweisen vor, überredet oder lenkt den Prozess der Problemlösung |

◘ **Abb. 7.3**   Direktive und nicht direktive Beraterrollen. (Quelle: Lippitt und Lippitt 2006, S. 84)

einen genauen Auftrag zu erteilen, die Umsetzung gemeinsam anzuschauen und, wo nötig, die notwendigen Anpassungen vorzunehmen – statt 3 K könnte man daher von den 3 A der Instruktion sprechen.

■ **Delegation**

In der Delegation werden Auftrag, Ziel, vorhandene Ressourcen (z. B. Zeit, Budget, Infrastruktur, Personal u. a.) vorgegeben. Die Verantwortung für den Weg obliegt jedoch der Person, die den Auftrag ausführt. Dies bedeutet, dass die auftragserteilende Person u. U. für Fehler geradestehen muss, welche die umsetzende Person verursacht hat. Auch dies gehört zum Lernprozess und kann durch eine regelmäßige gemeinsame Überprüfung der erreichten Fortschritte und Meilensteine (teilweise) beeinflusst werden.

7.3 Lösungsorientierte Beratung

Lösungsorientierte Beratung aktiviert Lösungskompetenzen.

Eine Form, die sich insbesondere bei kürzeren Beratungen bewährt hat, ist die lösungsorientierte Beratung. Der Grundgedanke dabei ist, dass die Lösung nicht in der Problemanalyse liegt, sondern dass vorhandene Lösungskompetenzen und Handlungsmöglichkeiten aktiviert werden. Das Problem wird deshalb durchaus ernst genommen und gewürdigt, jedoch nicht weiter erforscht. Alle weiteren Schritte dienen der Ressourcenerschließung, der Zielbildvorstellung und der Optionsentwicklung.

Das Konzept der lösungsorientierten Beratung stammt vom US-amerikanischen Psychotherapeuten Steve de Shazer (1940–2005). Er orientiert sich dabei an systemisch-konstruktivistischen Theorien mit der Prämisse, dass soziale Systeme ein Beziehungsgefüge darstellen, deren Elemente in ständigen Wechselwirkungen stehen und sich permanent selbst organisieren. Die Vorgänge in einem System werden von den Betrachtenden sinnhaft interpretiert. Allein die Tatsache, dass jemand das System betrachtet und die Vorgänge darin interpretiert, hat wiederum Auswirkungen auf das System. Bildhaft kann man sich dies an einem Mobile darstellen, bei welchem die einzelnen Elemente auch nicht isoliert agieren, sondern jeweils das ganze Mobile bewegen. Für die Beratung heißt dies nun, dass die Deutung von Verhaltensweisen durch die beratende Person lediglich eine Möglichkeit aus ihrer Perspektive heraus darstellen. Diese Deutung kann keineswegs eine Situation, ein Verhalten oder gar einen Menschen „objektiv" beschreiben.

Vor dem Hintergrund, dass Ereignisse und Verhaltensweisen niemals objektiv beschrieben, sondern nur subjektiv gedeutet werden und diese Deutungen wiederum Auswirkungen auf andere Ereignisse und Verhaltensweisen haben, leitete Steve de Shazer für die lösungsorientierte Beratung folgende Lehrsätze ab (zit. nach Bamberger 2015, S. 17, geringfügig verkürzt).

> **Übersicht**
>
> Lehrsätze der lösungsorientierten Beratung
>
> − **Klienten sind Experten ihres Lebens**. Sie wissen am besten, wie sie ihr Leben bislang erfolgreich gemeistert haben.
> − **Klienten verfügen über vielfältige Ressourcen**. Das sind Fähigkeiten, Fertigkeiten, Erfahrungen, Einstellungen usw., um das Leben zu gestalten. Sie haben diese im Moment vielleicht etwas aus den Augen verloren, können aber im Gespräch mit dem Berater wieder den Zugang gewinnen.
> − **Probleme sind etwas Normales**. Sie gehören zum menschlichen Leben. Probleme lassen sich als Vorboten von Neuem verstehen.
> − **Probleme sind nicht die ganze Zeit existent**. Es gibt immer auch Ausnahmen, d. h. Zeiten, in denen sie die Klienten weniger bis fast gar nicht beeinträchtigen.
> − **Lösung heißt das, was funktioniert, häufiger zu tun**. Funktionierendes kann man z. B. in den „Ausnahmen" entdecken. Wenn etwas nicht funktioniert, soll man etwas anderes probieren.

- **Lösung wirkt selbstverstärkend**. Aus dem, was funktioniert, resultiert meist ein sich verstärkender Entwicklungsprozess.
- **Berater erweitern die Optionen**. Sie unterstützen Klienten darin, ihr Ressourcenpotenzial autonom zu nutzen.
- **Berater sind Bewunderer von Autonomie**. Sie nehmen
  den Klienten in dieser Autonomie und voller Respekt und
  Wertschätzung wahr.

7.3.1 Methoden und Werkzeuge

Die oben genannten Lehrsätze erfordern von der Beratungs-
person eine fragende, interessierte und wertschätzende Haltung. Zentrale Methoden im Beratungsprozess sind dementsprechend **zuhören, fragen, wertschätzen, ermutigen** (Bamberger
2015, S. 71 f).

7.3.1.1 Die vier Grundwerkzeuge im lösungsorientierten Beratungsprozess: zuhören, fragen, wertschätzen, ermutigen

Zuhören, fragen, wertschätzen und ermutigen sind die Grundwerkzeuge im lösungsorientierten Beratungsprozess.

Zuhören. Zuhören ist gemäß dem deutschen Philosophen
Gerd Achenbach „die Seele des Gesprächs" (Bamberger
2015. S. 75). Zuhören – bzw. „lösungsorientiertes Zuhören" –
bedeutet, dass sich die beratende Person aufmerksam in die
Sichtweise der Klientin einlässt. Sie versucht dabei, die subjektive Bedeutung „hinter" dem Gesagten zu verstehen, d. h.
die Gefühle, welche mit den Worten verbunden sind, und
einen „Sinn für das Gemeinte" (Bamberger 2015, S. 75) zu
entwickeln.

Fragen. Fragen sollen dazu anregen, ein Anliegen zu klären. Inwieweit auch die Beraterin das Anliegen inhaltlich verstehen muss, ist umstritten. Wir vertreten die Haltung, dass
sich in erster Linie die Klientinnen über ihr Anliegen klar werden sollen – ob sich dies der beratenden Person voll und ganz
erschließt, ist nicht zwingend notwendig. Das Verstehen-Wollen
durch die Beratenden hat oft zur Folge, dass sie ein Problem
lösen möchten, was der lösungsorientierten Beratung entgegensteht.

Fragen sollen dazu anregen, den Optionsraum der Klientin
zu öffnen, auszuwählen, Probehandlungen vorzunehmen, verschiedene Möglichkeiten abzuwägen, eigene Ressourcen zu erschließen. Dazu eignen sich insbesondere offene Fragen in
hervorragender Weise.

Frageart	Erläuterung	Beispiele
Quantifizie-rende Fragen	Wirken öffnend, lösen Denkprozesse aus	Was, wann, wer, wie viel, wo, wie lange usw.
Konkreti-sierende Fragen	Helfen, den entscheidenden punkt zu finden	Woran merken Sie das? Wie zeigt sich dieses Verhalten? Was tun Sie, wenn....? Vorsicht mit der Warum-Frage: sie kann unter Druck setzen, wenn sie auf die Vergangenheit bezogen ist, und sinnvoll sein, wenn sie zukunftsgerichtet ist!
Klärende Fragen	Haben zum Ziel, Sichtweisen zu verstehen und Zusammenhänge sichtbar zu machen	Wie erklären Sie sich das? Wann trifft das nicht ein? Wo würden Sie Ihren Anteil sehen?
Ziel-orientierte Fragen	erarbeiten mit der ratsuchenden Person, wohin sie möchte	Was ist Ihr wichtigstes Ziel für das heutige Gespräch? Was sollte in diesem Gespräch geschehen, damit es sich gelohnt hat? Woran würden Sie erkennen, dass Sie Ihr Zielerreicht haben?
Fragen nach Mustern	Wiederholte Handlungsweisen und Ausnahmen aufdecken	Kennen Sie dieses Verhaltensmuster aus anderen Situationen? Wo und wann tritt es typischerweise auf?
Ressourcen-orientierte Fragen	Fähigkeiten und Möglichkeiten aktivieren, die bei der zielerreichung unterstützen	Welche Bespiele aus der Vergangenheit gingen schon ein bisschen in die gewünschte Richtung? Wie haben Sie das geschafft? Was/wer Könnte Sie auf dem Weg zu diesem Ziel unterstützen?
Fragen nach Unter-schieden	Differenzierung schaffen, Unterschiede benennen, Handlungsmöglichkeiten erkennen	Wann ist es anders? Was läuft bereits so, wie Sie es sich wünschen? Woran würden Sie erkennen, dass Sie einen ersten Schritt in die gewünschte Richtung gegangen sind?
Skalierungs-fragen	Konkretisierende Untergruppe der Fragen nach Unterschieden	Auf einer Skala von 1 (ganz am Anfang) bis 10 (Ziel perfekt erfüllt) stehen Sie jetzt? Wohin möchten Sie kommen? Was würde das (z.B. 8) bedeuten/wie sähe das aus? Was ist auf dieser Position (X) schon da, was bei X-1 noch nicht da war? Was wäre auf X+1 anders als jetzt?
Hypo-thetische Fragen	Eine Lösungssituation vorstellen, Tabus ansprechen, Wiederstände sichtbar mache, Weg und Ziel verknüpfen	Angenommen, es geschieht über Nacht ein Wunder und Ihre wichtigsten Probleme sind gelöst: Woran Würden Sie das am nächsten Morgen feststellen? Was ist anders?
Zirkuläre Fragen	Neue Perspektive einbeihen	Was würde eine wohlmeinende Freundin ihnen raten? Stellen Sie sich vor, Sie haben einen inneren Zwilling: Was würde er oder sie zu Ihnen sagen? Woran würde Ihre Kollegin feststellen, dass sich etwas geändert hat?
«Verrückte» und unerwar-tete Fragen	Neue, innovative Handlungs-weisen anregen, eingeschliffene Muster unterbrechen	Was würde der Stuhl, auf dem Sie jetzt sitzen, nach Abschluss unserer Sitzung über Sie sagen oder denken? Welche Reaktion würde der Stuhl zeigen?
Paradoxe Fragen	nicht zieldienliche Handlungsmuster erkennen	Was müssten Sie tun, um das Problem noch zu verschlimmern? Was müssten Sie tun, damit Sie Ihre Lehrstelle möglichst rasch wieder verlieren?

🔹 **Abb. 7.4**   Auswahl an offenen Fragen („W-Fragen"). (Quelle: eigene Darstellung Elisa Streuli)

🔹 Abb. 7.4 gibt einen Überblick über verschiedene Frage-formen aus der lösungsorientierten Beratung. Die Reihenfolge hat keine Bedeutung, und es gibt Überlappungen. Probieren Sie einige aus, die für Sie passen, und lassen Sie sich dabei von Ihrer Intuition und Phantasie leiten.

Zentral bei offenen Fragen ist, dass sie in einer interessier-ten, ergebnisoffenen Haltung gestellt werden – wenn sie zur Kontrolle verwendet oder die Antworten von der Lehrperson als „richtig" oder „falsch" bzw. als „gut" oder „schlecht" ta-xiert werden, können sie kontraproduktiv wirken.

Wertschätzen. Als Menschen sind wir jederzeit verletzbar, vor allem verletzbar in unseren Bedürfnissen nach Selbst-achtung und sozialer Zugehörigkeit (Bamberger 2015, S. 77). In der lösungsorientierten Beratung bedeutet Wertschätzung, dass die Beraterin beispielsweise würdigt, dass die Klientin

7

achtsam mit sich selbst umgeht, indem sie in einer herausfordernden Situation Hilfe geholt hat, dass sie würdigt, welche Ressourcen die Klientin bereits aktivieren konnte und welche Schritte sie bereits für die Problemlösung unternommen hat. „Das Wertschätzende ist das Heilsame", sagt die systemisch orientierte Psychologin Insa Sparrer (zit. nach Bamberger 2015. S. 77). Ein lösungsorientiertes Beratungsgespräch endet immer mit dem „Heilsamen", d. h. mit wertschätzenden Rückmeldungen und Komplimenten der beratenden Person. Wichtig dabei ist, dass ein Kompliment nicht einfach als „technisches Werkzeug" am Schluss heruntergespult wird, weil es eben zum Ablauf einer lösungsorientierten Beratung gehört, sondern dass die Wertschätzung aus einer echten Anteilnahme und Würdigung des Erreichten geäußert wird. Das gilt allerdings für jede Methode der Beratung: Wenn sie zur bloßen Technik verkommt, soll man sie lieber sein lassen.

Ermutigen. Alle guten Absichten nützen nichts, wenn sie nicht in konkrete Handlungen umgesetzt werden. Hier kann die beratende Person die Klientin wiederum dabei unterstützen, Lösungsressourcen zu aktivieren, erste kleine Schritte zu gehen oder auch ein gefahrloses Experiment im Einklang mit der Zielerreichung zu wagen. Zur Ermutigung gehören auch Komplimente darüber, was im Hinblick auf das Ziel bereits unternommen und erreicht wurde und was die Beraterin speziell beeindruckt hat. Bamberger (2015, S. 78) nennt dies das „Geschenk eines erweiterten Selbstbildes". Beim Ermutigen geht es insbesondere darum, den Glauben der Klientin an sich selbst zu stärken. Das bedeutet nicht, dass die Auszubildenden sich selbst überschätzen sollen. Vielmehr geht es darum, ihr Zutrauen in die ihnen ganz individuell innewohnenden Fähigkeiten, Kompetenzen und Möglichkeiten zu stärken und zu festigen.

7.3.1.2 Weitere Methoden

Neben den Fragen gibt es eine Vielzahl von weiteren Methoden der Kompetenzfokussierung und Lösungsorientierung. Einen fundierten Werkzeugkoffer mit konkreten Fallbeispielen zu verschiedenen Beratungsthemen stellt z. B. Hofert (2013) zur Verfügung. Sehr geeignet in der Beratung sind Bilder – selbst gemalte oder Bilder aus einer Kartei –, mit denen meist ein unmittelbarer Zugang zu Wünschen, Gefühlen und Ressourcen gefunden wird. Direkt aus den Skalierungsfragen der lösungsorientierten Beratung abgeleitet ist der Solution Walk. Zur Anregung neuer Sichtweisen, aber auch hilfreich für die Entscheidungsfindung ist die Stuhlwechselmethode. Diese drei Methoden werden im Folgenden genauer vorgestellt.

- **Arbeit mit Bildkarteien**

„Ein Bild sagt mehr als 1000 Worte." Viele Menschen finden über ein Bild einfacher Zugang zu ihren Wünschen, Gefühlen und Zielen als über das Wort. Aus einer Kartei wählen die Auszubildenden ein Bild, das sie in Verbindung mit ihrem Anliegen spontan anspricht. Ihre Erklärung, weshalb sie gerade dieses Bild ausgewählt haben, unterstützt durch weiterführende Fragen der beratenden Person, verhilft ihnen zu Einsichten, die über das Gesprochene hinausgehen. Geeignete Bildkarteien sind z. B. im Zürcher Ressourcenmodell (ZRM) oder unter ▶ www.laufbahndiagnostik.ch zu finden.

- **Solution Walk**

Der Solution Walk arbeitet mit Skalierungsfragen (siehe ◪ Abb. 7.4). Die Kundin platziert sich auf der Skala, die ihrer aktuellen Situation entspricht. Sie bzw. er erprobt Schritte in Richtung des gewünschten Ziels und erlebt, wie sich das körperlich anfühlt.

- **Stuhlwechselmethode**

Diese Methode eignet sich insbesondere in Konfliktsituationen. Die Kundin setzt sich auf den Stuhl der (nicht anwesenden) Person, mit der sie in einem Konflikt steht, und erlebt, wie es sich anfühlt, auf der gegnerischen Seite zu sitzen.

Diese und andere Methoden sind geeignet, die Lernenden auf ihrem eigenen Weg zur Lösung zu unterstützen. Sie sind eingebettet in die oben genannten Grundwerkzeuge im lösungsorientierten Beratungsprozess: zuhören, fragen, wertschätzen, ermutigen.

7.3.2 Fünf Schritte des lösungsorientierten Kurzzeitcoachings

Peter Szabo, ein Schüler von Steve de Shazer, hat zusammen mit Daniel Meier ein einfaches und gut handhabbares Ablaufmodell eines lösungsorientierten Kurzzeitcoachings entwickelt. Gemäß Meier und Szabo können bereits einmalige Interventionen erfolgreich sein.

Die Aufgabe des Coachs ist es, einen passenden Rahmen „aus zielgerichteten Fragen, aus präsentem Zuhören, aus bestärkenden Rückmeldungen und aus nützlichen Zusammenfassungen" (Meier und Szabo 2009, S. 10) zu konstruieren. „Dies schafft für den Kunden einen Raum, um Gedanken zu ordnen, Ziele zu konkretisieren, sich seiner Ressourcen bewusst zu werden und nächste Schritte zu planen (Meier und Szabo 2009)."

Phasen der lösungsorientierten Beratung.

Phase	Bezeichnung	Erläuterung	Zentrale Frage / Inhalte der Phase
1	Coaching-Vereinbarung	Gewünschtes Ergebnis am Ende des Gesprächs	Was soll in diesem Gespräch passieren, damit Sie am Schluss sagen können, dieses Gespräch hat sich für Sie gelohnt?
2	Futur Perfekt	Erwünschter Zieluzustand	Angenommen, es geschieht über Nacht ein Wunder, das all Ihre Probleme oder Herausforderungen löst: Woran würden Sie dies am nächsten Morgen merken? Welche Auswirkungen hätte die Situation nach dem Wunder auf Sie und auf Personen, die Ihnen wichtig sind?
3	Funktionierende Vorboten	Vorhandene Ressourcen und gelingende Ausnahmen	Gab es in den letzten Wochen Situationen, in denen ein kleines bisschen von dem Wunder passiert ist? Wie haben Sie dies geschafft?
4	Kleine Schritte	Wahlmöglichkeiten und erste Schritte in Richtung Ziel, ggf. erste konkrete Schritte	Auf einer Skala voon 1 bis 10, wo stehen Sie heute? Wobei 10 heißt, dass Sie dass Ziel vollumfänglich erreicht haben und 1 das Gegenteil davon? Woran würden Sie erkennen, dass Sid schon einen Schritt höher sind? Und woran noch?
5	Coaching-Abschluss	Rückblick und Ausblick Evtl. Folgetermin	Wertschätzung und Komplimente für das Erreichte und für die guten Intentionen Einladen zu einem Experiment (z.B. so tun als ob; Tagebuch mit 3 Erfolgserlebnissen pro Tag, Bild als Erinnerungshilfe usw. usf.)

Abb. 7.5 5-Phasen-Modell des lösungsorientierten Kurzzeitcoachings. (Nach Meier und Szabo 2009, S. 27)

Das lösungsorientierte Kurzzeitcoaching nach Meier und Szabo enthält fünf Phasen (■ Abb. 7.5).

7.4 Integration von lösungsorientierter Beratung (Prozessberatungsmodell) und Fachberatung (Expertenmodell)

Integration von lösungsorientierter Beratung und Fachberatung in der Praxis.

Gemäß Lehrbuch erfolgt die lösungsorientierte Beratung einem klaren Ablaufschema und enthält sich jeglicher inhaltlicher Lösungsvorschläge, wie dies auch im Prozessberatungsmodell (von welchem die lösungsorientierte Beratung eine Teilmenge ist) der Fall ist.

Allerdings kommen in der Praxis die verschiedenen Formen – Fach- bzw. Expertenberatung und Prozessberatung bzw. lösungsorientierte Beratung – in den allerwenigsten Fällen in „Reinform" zur Anwendung.

Deshalb plädieren in letzter Zeit zunehmend mehr Autorinnen dafür, die Trennung aufzuheben und eine sinnvolle Integration anzustreben (Titscher 2001). Königswieser und Hillebrand (2015) verwenden dafür den Begriff der Komplementärberatung und postulieren, dass die Zukunft von Beratung „in der Bündelung beider Know-how-Bereiche" liegt (Königswieser und Hillebrand 2015).

Im Beispiel der Erstellung einer Bilanz können durchaus innere Blockaden („mit Zahlen hatte ich schon immer Mühe!") die Lernenden daran hindern, Schritt für Schritt auf die Lösung zuzusteuern. Auch hier kann es durchaus Sinn machen, zu schauen, welche Schwierigkeiten in der Vergangenheit bereits erfolgreich gemeistert wurden und wie das möglicherweise auf das Erstellen einer Bilanz übertragbar ist.

Im Beispiel der Unsicherheit bezüglich der Weiterführung einer Ausbildung können Statistiken über spätere Berufschancen, Hilfestellungen zu einer passenden Strukturierung des Tagesablaufs oder Erfahrungsberichte von Ausbildungsabbrechenden durchaus eine sinnvolle Ergänzung im Sinn von Angeboten für die Entscheidungsfindung darstellen.

Diese „Mischformen", welche Prozess- und Fachberatung integrieren, erfordern ein erhöhtes Bewusstsein der eigenen Rolle: Die Ausbilder kann und soll ihre Erfahrung als Angebot zur Verfügung stellen und muss gleichzeitig akzeptieren, wenn die Lernenden ihre Erkenntnisse daraus möglicherweise nicht teilen oder gegenteilige Schlüsse daraus ziehen. Dabei ist die Ausbilderin jedoch immer in die Organisation eingebettet, welche Ziele und Leitplanken vorgibt.

Nachfolgend wird ein integriertes Ablaufschema eines Beratungsgesprächs vorgestellt. Prozessberatung und Expertenberatung sind in einem integrierten Gesprächsablauf mit 7 Schritten enthalten, wobei die Gewichtungen je nach Modell unterschiedlich sind. Insbesondere sind klärungs- und lernfördernde Elemente („fragen") im Prozessmodell vorherrschend, während im Expertenmodell Informationen („sagen") viel Raum einnehmen (◘ Abb. 7.6).

Die Spalte in der Mitte zeigt die 7 Schritte. In der linken Spalte sind zu jedem Schritt mögliche weiterführende Fragen aufgeführt, die vor allem in der Prozessberatung gestellt werden. Die rechte Spalte verdeutlicht, was die einzelnen Schritte in der Expertenberatung bedeuten.

Mit diesem Ablaufschema wird ein Gerüst angeboten, welches hilft, mit den verschiedenen Schritten und Beratungsebenen virtuos „durch die Beratung zu klettern", und das konkrete Vorgehen und die eigene Rolle situativ angepasst in den Dienst des Auftrags und der Zielsetzung der Kundin zu stellen.

Ablaufschema eines Beratungsgesprächs		
Weiterführende Fragen (Prozessberatungsmodell)		**Informationen (Expertenmodell)**
Ist dieses Ziel durch Sie selbst erreichbar? Ist es realistisch? (SMART)	1) **Anliegen / Ziel** Worum geht es? Was möchten Sie erreichen?	
Ggf. Beratungsverständnis erläutern, falls «Tipps» und Rat-Schläge gewünscht	2) **Gesprächsziel und Beratungsauftrag** Was wäre für Sie ein gutes Ergebnis nach diesem Gespräch? Wie kann ich Sie dabei unterstützen?	Ggf. Rollenklärung, falls Expertise fehlt
Auf einer Skala von 1 (ganz am Anfang) bis 10 (am Ziel): Wo stehen Sie jetzt? Und was ist auf X anders, als wenn Sie auf einer 1 wären?	3) **Ist-Situation und Ressourcen** Was haben Sie bereits unternommen 9 (im Hinblick auf das Ziel)?	
Was wäre anders, wenn Sie auf X+1 wären? Was würde Ihnen Ihr/e Partner/in vorschlagen? Was noch?	4) **Optionen, Vorschläge, Möglichkeiten** Welche weiteren Optionen sehen Sie?	Informationen zu Fakten/rechtl. Situation u.a.
Angenommen, Sie würden das tun, und angenommen, Sie würden damit Ihr Ziel erreichen - wie geht es Ihnen damit?	5) **Eventuelle Hindernisse, Befürchtungen** Gibt es irgendwelche Befürchtungen in Bezug auf die Lösungsmöglichkeiten? (ggf. Neubewertung der Vorschläge)	Ggf. Vor-/Nachteile aufzeigen
Was brauchen Sie dazu? Wer kann Sie dabei unterstützen?	6) **Konkrete Maßnahmen** Was werden Sie nun als nächstes tun?	Empfehlungen
Kompliente und Rückmeldungen	7) **Abschluss**	Ggf. Angebot für Folgeberatung

◘ **Abb. 7.6** Beratungsmodell in 7-Schritten. (Quelle: eigene Darstellung Elisa Streuli)

7.4.1　Beratungsmodell in 7 Schritten

Am Ende des Kapitels ist ein Beispiel dargestellt, wie ein Beratungsgespräch im Prozessberatungsmodell entlang der 7 Schritte aussehen könnte, mit den entsprechenden Erläuterungen zum Vorgehen. Bei diesem Beispiel handelt es sich um ein Anliegen, das von der Kundin mit der Unterstützung der Beraterin in nützlicher Frist, d. h. 1–3 Sitzungen, bearbeitbar ist. Dieses Vorgehen eignet sich gut für die lösungsorientierte Beratung. Wenn die beratende Person (Ausbildende) jedoch feststellt, dass hinter dem Problem belastende Ereignisse aus der Kindheit und Blockaden liegen, die in einer

Bearbeitung in diesem Setting nicht möglich sind, soll sie jedoch auf andere (therapeutische) Beratungsmöglichkeiten durch dafür ausgebildete Expertinnen und Experten hinweisen. Auch hier zeigt sich ein deutlicher Unterschied zwischen fachlicher Beratung mit entsprechender Expertise und persönlichen Problemstellungen, welche u. U. abzugeben sind. Dies erfordert von der beratenden Person (Ausbildende) eine erhöhte Rollenreflexion und Demut, welche Anliegen in diesem Kontext bearbeitbar sind – und welche nicht.

7.5 Möglichkeiten und Grenzen der lösungsorientierten Beratung in der Ausbildung

Menschen in ihrer Entwicklung zu beraten ist Teil der Aufgabe von Ausbildenden, Personalentwickelnden und Trainerinnen. Die lösungsorientierte Beratung vermag in Beratungssituationen Kompetenz, Sicherheit und Handlungsmöglichkeiten zu bieten. Gleichzeitig gibt es jedoch Grenzen beim Einsatz der lösungsorientierten Beratung in Ausbildungssituationen. Eine wichtige Einschränkung leitet sich aus der Verschränkung mehrerer Rollen in der Aus- und Weiterbildung ab. In der Praxis agieren Ausbildende einerseits als Begleiterinnen auf Augenhöhe und Lerncoachs. Genauso gehört aber auch der Aspekt der Beurteilung zu ihrer Rolle. In herausfordernden Situationen müssen Entscheidungen und verbindliche Abmachungen getroffen werden. Oftmals sollen Ziele vereinbart werden, um ein gewünschtes Verhalten zu erreichen. In diesen Situationen ist die Ausbilderin nicht neutral und unbeteiligt, sondern Teil des Systems und an einer spezifischen Lösung interessiert. Unter diesen Umständen ist die Beratung definitionsgemäß nicht ergebnisoffen. Das eingangs dieses Kapitels beschriebene GRETA-Kompetenzrad zeigt die Vielfalt der in der Aus- und Weiterbildung benötigten Kompetenzen auf eindrückliche Art.

Nun wäre es aber falsch, daraus abzuleiten, dass der Ansatz der lösungsorientierten Beratung in solch einem Fall nicht geeignet wäre. Viel eher ist es sinnvoll, im Vorfeld eines Gesprächs den eigenen Möglichkeitsraum zu definieren. Was ist in der Situation möglich, welche Lösungsansätze kann ich zulassen, worauf muss ich jedoch bestehen? Diese Einschränkungen können als Leitplanken im Beratungsgespräch geklärt und berücksichtigt werden. Unabhängig davon kann ein Gespräch mit der Grundhaltung und entlang dem Beratungsmodell gestaltet werden. Auch kann ich einzelne Bausteine aus den Fragetechniken in einem Gespräch einsetzen, ohne eine Prozessberatung zu führen.

Gezielter Einsatz der Haltung und der Techniken aus der lösungsorientierten Beratung.

Mit anderen Worten bietet die lösungsorientierte Beratung einen Werkzeugkasten an Methoden zur Gestaltung von Beratungsgesprächen, die unter Berücksichtigung der konkreten Situation ausgewählt und angewandt werden können. Nutzen Sie diesen Werkzeugkasten mit Augenmaß, um in Ihrer Rolle Sicherheit und Effektivität zu gewinnen.

> **Fazit**
>
> Mit der steigenden Komplexität der Anforderungen an Lernende und Auszubildende steigt auch die Notwendigkeit der Problemlösung und Verantwortungsübernahme. Einfache Rezepte, wie ein Problem am besten gelöst oder ein Anliegen zielführend bearbeitet wird, gibt es oft nicht. Für die Auszubildenden wird deshalb die Lernberatung und -begleitung zunehmend wichtiger. Die lösungsorientierte Beratung gibt den Auszubildenden einen nützlichen Werkzeug- bzw. „Lernkoffer" an die Hand. Damit können Sie ihre Auszubildenden im Prozess der Problemlösung unterstützen, indem Sie ihnen helfen, sich ihre vorhandenen Fähigkeiten und Kompetenzen bewusst und nutzbar zu machen. Dies setzt voraus, dass die Ausbildenden ihren Lernenden auch selbst mit einer wertschätzenden, interessierten und somit *lernenden Einstellung* begegnen.

▶ Beispiel

Mögliches Beispiel eines Beratungsgesprächs im Prozessberatungsmodell

Situation: Eine Lernende (L) wendet sich an ihre Ausbildungsperson (A), weil sie seit einigen Wochen kaum mehr schlafen kann und mit Sorge der bevorstehenden Prüfung entgegensieht. ◀

■ **Schritt 1: Anliegen/Ziel**

A: Können Sie mir schildern, worum es bei Ihrem Anliegen geht?

L: Ja, also wissen Sie, ich kann einfach nicht mehr schlafen. Ich bin zwar todmüde, aber dann wälze ich mich im Bett und denke an die Prüfung von übernächster Woche, dann tanzen die Zahlen und die Buchungssätze nur noch so vor meinen Augen herum, und mir wird ganz schwindlig. Ich habe wirklich Angst vor dieser Prüfung.

A (hört aufmerksam zu.)

L: Ja, und jetzt möchte ich das natürlich gerne ändern – ich bin sonst den ganzen Tag erschöpft und kann mich überhaupt nicht mehr auf den Stoff konzentrieren.

A: Das klingt anstrengend. – Und Sie möchten wieder besser einschlafen können.

L: Ja, sehr anstrengend. Ich weiß mir nicht mehr zu helfen, deshalb bin ich jetzt zu Ihnen gekommen.

(Erläuterung zum 1. Schritt: Hier geht es darum, dass L das Anliegen kurz schildert und ein Ziel definiert. A würdigt die Belastung, die L durch die Situation erfährt („das klingt anstrengend") und schätzt ein, ob das Ziel realistisch und im eigenen Einflussbereich von L liegt.)

■ Schritt 2: Gesprächsziel und Beratungsauftrag

A: Ich danke Ihnen für das Vertrauen, und ich werde Sie gerne darin begleiten, dass Sie für sich hier eine gute Lösung finden. – Wir haben nun rund eine Stunde Zeit. Was müsste in dieser Stunde passieren, damit Sie am Ende zur Türe hinausgehen und sagen, ja, das Gespräch hat sich gelohnt?

L (überlegt): Hm. – Nach dieser Stunde wäre ich zuversichtlicher, dass ich wieder schlafen kann. Und ich hätte keine Angst mehr vor der Prüfung.

A: Sie wünschen sich mehr Zuversicht, und Sie möchten unbeschwert der Prüfung entgegengehen. – Und wie kann ich Sie dabei unterstützen?

L: Vielleicht können Sie mir da ein paar Tipps geben – wobei, ich habe schon vieles ausprobiert, was ich im Internet gegoogelt habe – von 100 rückwärts immer 3 abziehen, die Hauptstädte in den USA aufzählen, die Schaltjahre rückwärts nennen – genützt hat es aber nicht viel, im Gegenteil raucht mir davon noch mehr der Kopf.

A: Ich bin beeindruckt, was Sie schon alles versucht haben! Meine Hypothese ist, dass Sie bereits alle Einschlafhilfen in sich tragen, aber ihnen diese noch verborgen sind. Wenn es Ihnen recht ist, möchte ich gerne ein paar Fragen stellen. Dann können wir gemeinsam schauen, ob die Tipps, die für Sie hilfreich wären und die Sie bereits in sich tragen, auf diese Weise zum Vorschein kommen. Sind Sie damit einverstanden?

L: Ich soll selbst mir Tipps geben? Ok, Ja, ist gut.

A: Und wenn Ihnen eine Frage zu persönlich ist oder Sie diese nicht beantworten möchten, bitte ich Sie, mir diese Frage wieder zurückzugeben. Sie entscheiden, welche Fragen für Sie passen und welche nicht.

L: Ok.

A: Sie haben zwei Aspekte genannt: Schlafen zu können und die Angst vor der Prüfung. Möglicherweise hängt beides zusammen. Vielleicht können wir in dieser begrenzten Zeit nur ein Thema bearbeiten, die Angst oder das Einschlafen. Was möchten Sie gerne zuerst angehen?

L: Das Einschlafen, das wäre schon mal was … Wenn ich schlafe, habe ich auch keine Angst, die kommt nur, wenn ich wach bin, aber dann hindert sie mich am Einschlafen – also ich weiß jetzt nicht, ob man das auseinanderhalten kann, aber ja, Einschlafen wäre schon mal gut.

(Erläuterung zum 2. Schritt: Hier lässt A das gewünschte Ergebnis für die Sitzung formulieren und holt sich einen expliziten Beratungsauftrag. Da das Anliegen von L doch relativ komplex ist, nimmt A den Aspekt heraus, der für L am vordringlichsten ist – auch wenn es eventuell nicht möglich sein wird, beides zu trennen. Weiters wünscht sich L einen Tipp wie bei einer Expertenberatung. A erläutert das eigene Beratungsverständnis und installiert eine Beziehung auf Augenhöhe, indem sie die Kompetenz für die eigene beste Lösung die Expertenrolle [für das eigene Leben] bei L verortet. Das Ziel ist immer die Befähigung zum Handeln und zur eigenen Lösungsfindung, nicht zur Befolgung von wie immer gearteten Tipps.)

▪ 3. Schritt: Erkunden von Ressourcen

A: Offenbar dauert es beim Einschlafen oft etwas länger – können Sie mir dazu etwas sagen?

L: Ich gehe um 10, 11 Uhr ins Bett, bin dann schon todmüde, dann liege ich noch mindestens bis um 2 Uhr wach, die Gedanken kreisen, bis ich dann irgendwann doch noch einschlafe.

A: Das war an mehreren Tagen so?

L: Ja, eigentlich immer.

A: Eigentlich immer. Gab es dennoch in der letzten Woche auch Nächte, wo Sie leicht eingeschlafen sind?

L: Nein, eigentlich – doch, am Montag, als es so geregnet hat draußen, da hatte ich einen Platten und musste vom Bahnhof zu Fuß nach Hause. Ich war tropfnass und habe mich geduscht, abgetrocknet und bin dann gleich eingeschlafen. Da habe ich gar nicht mehr an die Prüfung gedacht.

A: Also am Montag war es leicht. Gab es noch andere Tage, wo Sie leicht eingeschlafen sind?

L (überlegt lange): Also ja, es fällt mir ein, wenn ich gar nicht an die Prüfung denke, dann geht es generell einfacher. Am schlimmsten ist das Grübeln, wenn ich nicht abschalten kann.

A: Und wann gelingt es Ihnen, abzuschalten?

L: Das war vor dem Skiwochenende, da musste ich noch alles aufschreiben, was ich noch einkaufen wollte, und über dieser Liste bin ich eingeschlafen.

A: Wie schreiben Sie auf – im Handy? Oder auf einem Zettel?

L: Auf einem Blatt Papier – ich habe früher noch viel auf dem Handy geschrieben, aber das hat mich noch mehr wachgehalten.

A: Nun haben Sie zwei Beispiele genannt, wo Sie rasch eingeschlafen sind. Ihr Wunsch ist es, dass Sie regelmäßig leicht einschlafen. Auf einer Skala von 1 bis 10, wie zuversichtlich sind Sie, dass sich dies in den nächsten Tagen so einpendelt, wie Sie es sich wünschen? 1 wäre gar nicht zuversichtlich, und bei 10 würden Sie einschlafen, noch bevor Sie sich ausgezogen haben … Wo stehen Sie im Moment?

L: Hm, so auf einer 3.

A: Sie sind jetzt auf einer 3. Was ist auf einer 3 bereits da, das auf einer 1 nicht da wäre?

L: Auf 1 könnte ich nie schlafen, auf einer 3 gelingt es ja immerhin manchmal.

A: Es gelingt manchmal – als Sie im Regen zu Fuß heimgingen, und als sie die Liste für das Skiwochenende machten.

L: Ja, genau.

A: Wenn ich Ihre Schwester fragen würde – Sie haben mir früher erzählt, dass Sie als Kind gemeinsam in einem Zimmer geschlafen haben – was würde sie sagen, wie Sie gut einschlafen können?

L: Sie würde sagen, nach der Gutenachtgeschichte – also das ist schon lange her.

(Erläuterung zum 3. Schritt: Mit der Frage nach Ausnahmen und Unterschieden – wann war es besser? – werden die Ressourcen der Kundin aktiviert. Die zirkuläre Frage – wenn ich Ihre Schwester fragen würde – erschließt weitere Ressourcen)

- ### 4. Schritt: Weitere Möglichkeiten, Optionen für kleine Schritte

A: Sie stehen auf einer 3. Was wäre auf einer 4 anders, das auf einer 3 noch nicht da ist?

L: Auf einer 4 würde ich mich nicht mehr so lange im Bett wälzen, höchstens eine Stunde.

A: Was wäre ein möglicher erster Schritt, der Sie von einer 3 auf eine 4 bringen würde?

L: Zu Fuß im Regen heimgehen (lacht) – hm – einfach einen Spaziergang machen am Abend? Oder eine Geschichte lesen? Müsste ich ausprobieren …

A: Was noch?

L: Hm – wenn ich dann an den nächsten Tag denke, dann kommt mir so viel in den Sinn, woran ich denken sollte, und dann werde ich wieder hellwach! Kennen Sie Inspektor Colombo? Das haben meine Eltern früher immer geschaut. Der hatte so ein Notizheftchen in der Westentasche, wo er zwischendurch immer wieder hineinschrieb, wenn ihm etwas in den Sinn kam. – Genau: So ein Büchlein muss ich mir neben das Bett legen, so vergesse ich nichts.

A: Sie machen einen Spaziergang, lesen vor dem Einschlafen eine kurze Geschichte, und wenn Ihnen etwas in den Sinn kommt, schreiben Sie es in ein Büchlein neben dem Bett. Stellen Sie sich vor, damit können Sie wunderbar einschlafen. – Ich habe Ihnen ein paar Bilder ausgelegt. Wählen Sie sich eines aus, das Sie spontan anspricht in Bezug auf das Einschlafen.

L (schaut die Bilder an, überlegt, wählt schließlich eines aus. Das Bild zeigt eine endlose Straße in einer Wüstenlandschaft)

A: Können Sie mir zu diesem Bild etwas sagen?

L: Die Straße auf diesem Bild geht einfach geradeaus weiter. Das hat so etwas Normales: Ich schlafe ein, nach 7, 8 Stunden stehe ich wieder auf – das ist einfach der normale Lauf. So etwas wünsche ich mir. Eine Normalität. Einen Rhythmus. Um 11 Uhr ins Bett, um 6:30 Uhr wieder aufstehen. Einfach geradlinig, egal, was nach dem Horizont kommt.

(Erläuterung zum 4. Schritt: Mit den Skalierungsfragen wird die Kundin zu kleinen Schritten ermutigt. Mit dem Bild findet sie Zugang zu ihrem Wunsch nach Orientierung, den sie bis dahin noch nicht so geäußert hatte.)

■ **5. Schritt: Eventuelle Befürchtungen**

A: Wie geht es Ihnen damit?

L: Irgendwie gut. Es kommt immer der Morgen nach dem Abend.

A: Gibt es noch irgendetwas, das Sie trotzdem am Einschlafen hindern könnte?

L: Ja – dass ich nicht alles aufgeschrieben habe. Vielleicht habe ich doch noch etwas vergessen, was wichtig wäre.

A: Was würden Sie dann tun?

L: Hm – ich weiß nicht, aber „nobody is perfect", oder?

A: Ja (lacht). Kennen Sie den Film?

L: Ein Film? Nein, möchte ich anschauen! Und mir den Spruch groß an die Türe schreiben!

(Erläuterung zum 5. Schritt: Das Ansprechen von Befürchtungen ist nicht zwingend, doch es hilft, die inneren Widerstände, die möglicherweise gegen eine Lösung sprechen, einzubinden. Die Kundin hat möglicherweise ein starkes Bedürfnis nach Anerkennung, das im Fall eines Fehlers bedroht wäre. Dies ist zu würdigen. Mit Humor („nobody is perfect") konnte sie die Angst vor Fehlern in ein anderes Licht rücken.)

■ 6. Schritt: Konkrete Umsetzungen

A: Nun geht es um die Umsetzung. Sie haben nun ja Ihren Rucksack gut gefüllt für Ihren Weg. Brauchen Sie noch etwas, damit Sie Ihre Vorsätze gut umsetzen können?

L: Nein, ist gut, ich suche nun in der Buchhandlung eine Kurzgeschichtensammlung. – Darf ich das Bild mit der Straße über dem Bett aufhängen? Dann sehe ich es immer vor mir. Es geht einfach immer weiter.

A: Ja, selbstverständlich.

L: Ich erzähle Ihnen dann, ob es funktioniert!

(Erläuterung zum 6. Schritt: Hier geht es um die ganz konkreten Umsetzungsschritte. Die Kundin hat einen Zugang zu ihren Ressourcen gefunden und möchte die Umsetzung mit viel Elan angehen. Dazu nimmt sie sich eine Erinnerungshilfe [Bild] und kauft sich eine konkrete Hilfe zum Einschlafen [Geschichtensammlung]. In der lösungsorientierten Beratung werden die Schritte nicht schriftlich vereinbart und unterschrieben, weil die Kundin die Umsetzung dafür trägt und der Beraterin keine Rechenschaft darüber schuldig ist. Die Kundin hat hier eine freiwillige Selbstverpflichtung geäußert [erzählen, ob es funktioniert].)

■ 7. Schritt: Rückmeldungen und Komplimente

A: Sehr gut – damit wären wir am Schluss. – Mich beeindruckt, wie gewissenhaft und gleichzeitig mit welcher positiven Energie Sie dieses Thema angehen, das Sie ja doch sehr belastet hat. Ich habe den Eindruck, dass Ihr Gesichtsausdruck nun viel gelöster ist als zu Beginn dieses Gesprächs.

L: Ja, vielen Dank, Sie haben mir ein paar gute Tipps gegeben.

A: Tipps? Die Ideen sind ja alle von Ihnen gekommen. Meine Aufgabe war nur, Ihnen zu helfen, den Weg dazu freizuschaufeln. Ich wünsche Ihnen alles Gute – und toi toi toi bei der Prüfung; alles, was Sie dazu brauchen, ist schon längst in Ihrem Gehirn eingelagert, da können Sie aus dem Vollen schöpfen. Und was mir persönlich hilft: Ich sage mir immer: Es haben es auch Dümmere als ich schon geschafft!

Beide lachen, L bedankt sich für das Gespräch, A und L verabschieden sich voneinander.

(Erläuterung zum 7. Schritt: Mit den Komplimenten am Schluss würdigt die Beraterin die Kompetenzen und Ressourcen der Kundin. Ganz am Schluss zeigt sie mit einer ganz persönlichen Rückmeldung, dass die Beraterin ähnliche Sorgen kennt und die Kundin mit ihren Ängsten nicht allein ist.)

Literatur

Bamberger GG (2015) Lösungsorientierte Beratung, 5. Aufl. Beltz, Weinheim

Braun B, Hengst J, Petersohn I (2008) Existenzgründung in der Weiterbildung. Bielefeld: wbv Verlag

Hofert S (2013) Meine 100 besten Tools für Coaching und Beratung. Gabal, Offenbach

Königswieser R, Hillebrand M (2015) Einführung in die systemische Organisationsberatung, 8. Aufl. Carl-Auer, Heidelberg

Lippitt G, Lippitt R (2006) Beratung als Prozess, 4. Aufl. Rosenberger Fachverlag, Leonberg

Lippmann E (2013a) Coaching – Angewandte Psychologie für die Beratungspraxis, 3. Aufl. Springer, Berlin/Heidelberg

Lippmann E (2013b) Intervision – Kollegiales Coaching professionell gestalten, 3. Aufl. Springer, Berlin/Heidelberg

Lippmann E (2019) Beratung und Coaching im Einzel- und Gruppensetting. In: Lippmann E, Pfister A, Jörg U (Hrsg) Handbuch Angewandte Psychologie für Führungskräfte, 5. Aufl. Springer, Berlin/Heidelberg, S 459–581

Marti S, Sabatella F, Streuli E, Studer T (2014) Man will ja Leute fitmachen für das System – eine qualitative Rekonstruktion des Rollenverständnisses von Jobcoachs in der Schweiz. Schlussbericht. Fachhochschule Nordwestschweiz FHNW, Olten

Meier D, Szabo P (2009) Coaching – erfrischend einfach. Solutionsurfers, Luzern

Negri C, Braun B, Werkmann-Karcher B, Moser B (2010) Grundlagen, Kompetenzen und Rollen. In C. Negri (Hrsg.), Angewandte Psychologie für die Personalentwicklung: Konzepte und Methoden für Bildungsmanagement, betriebliche Aus- und Weiterbildung (S. 7–68). Heidelberg: Springer

Pätzold H (2009) Pädagogische Beratung und Lernberatung. PÄD Forum, 5, 196–199

Schein EH (2010) Prozessberatung für die Organisation der Zukunft, 3. Aufl. EHP, Köln

Schein EA (1969) Process consultation: Its role in organization development. Reading, MA: Addison-Wesley

Schmidt G (2018) Einführung in die hypnosystemische Therapie und Beratung. Carl-Auer, Heidelberg

Sgier I, Schüepp P, Haberzeth E, Dernbach S (2020) Beratung in der Weiterbildung. Ergebnisse der jährlichen Umfrage bei Weiterbildungsanbietern. SVEB & PHZH, Zürich

Steele FI (1969) Consultants and detectives. Journal of Applied Behavioral Science, 5(2), 193–194, 200

Strauch, A., Lencer, S., Bosche, B., Gladkova, V., Schneider, M., & Trevino-Eberhard, D. (2019). GRETA – kompetent handeln in Training, Kurs & Seminar. Das GRETA-Kompetenzmodell. Bonn: Deutsches Institut für Erwachsenenbildung DIE.

Leuenberger T (2018, Bilder): erscheint nicht im Literaturverzeichnis, nur Copyright-Angabe

Thomann G (2019) Ausbildung der Ausbildenden - Professionelles Handeln in der Erwachsenenbildung und Ausbildung, 5. Aufl., Bern: h.e.p

Titscher S (2001) Professionelle Beratung – was beide Seiten vorher wissen sollten. Ueberreuter, Berlin

Welbers U, Wild J (Hrsg.) (2005) The shift from teaching to learning: Konstruktionsbedingungen eines Ideals; für Johannes Wildt zum 60. Geburtstag. Bertelsmann

7

Lern- und Lehrpsychologie, Bedeutung für die betriebliche Weiterbildung und Auswirkungen auf eine moderne betriebliche Bildung/Personalentwicklung

Gabathuler Jürg und Bajus Sandra

Inhaltsverzeichnis

8.1   Wie lernen Menschen? – 161
8.1.1   Das Lernen durch Verstärkung/Konditionierungslernen – 162
8.1.2   Lernen am Modell – 163
8.1.3   Lernen durch Einsicht – 164
8.1.4   Lernen und Konstruktivismus – 165

8.2   Lehre in der beruflichen Bildung – oder wie
        sind effektive Lernumgebungen zu gestalten – 167
8.2.1   Was hat Lehre mit Lernen zu tun – 167
8.2.2   Theoretische Ansätze des Lehrens – 168
8.2.3   Lerntheoretischer Ansatz – 169
8.2.4   Curriculumtheoretischer Ansatz – 169
8.2.5   Konstruktivistischer Ansatz – 169
8.2.6   Problemorientierter Ansatz – 170

© Springer-Verlag GmbH Deutschland, ein Teil von Springer Nature 2021
U. Blum et al. (Hrsg.), *Weiterbildungsmanagement in der Praxis: Psychologie des Lernens*,
https://doi.org/10.1007/978-3-662-62631-3_8

8.3   **Prinzipien des Lehrens – 170**

8.3.1   Zielgruppen- und Teilnehmendenorientierung – 171

8.3.2   Anwendungsbezug – 171

8.3.3   Perspektivenverschränkung – 171

8.3.4   Selbstreflexion – 171

8.3.5   Erlebnisqualität – 172

8.3.6   Konstruktivistische Gestaltungsprinzipen – 172

8.4   **Effektive Gestaltung von Lernumgebungen – 174**

8.4.1   Wichtige Erkenntnisse aus der Lern- und Lehrpsychologie
für in der betrieblichen Bildung tätige Personen – 174

8.5   **Wann ist meine Weiterbildungsabteilung fit für die
Zukunft? – 175**

8.5.1   Welche Handlungsfelder ergeben sich daraus für eine moderne Personalentwicklung? – 177

8.6   **Veränderte Rollen für eine moderne Personalentwicklung – 181**

Literatur – 183

> **Übersicht**
>
> Dieser Beitrag hat zum Ziel,
> - die in der betrieblichen Bildung verwendeten lernpsychologischen Grundlagen zu erläutern,
> - aufzuzeigen, in welchem Zusammenhang Lernen und Lehren stehen,
> - theoretische Ansätze und Prinzipien der Lehre zu beschreiben,
> - darzustellen, worauf bei effektiven Lernumgebungen zu achten ist,
> - die Bedeutung der im agilen Manifest definierten Werte für eine moderne Personalentwicklung aufzuzeigen,
> - Handlungsfelder für eine moderne Personalentwicklung zu identifizieren und zu erläutern.

8.1 Wie lernen Menschen?

Der Nürnberger Trichter ist schon lange Geschichte, und allen in der Weiterbildung tätigen Personen ist bekannt, dass Lernen so nicht stattfindet. Auch wenn man Lernen direkt nicht beobachten kann, so gibt es doch eine Vielzahl von wissenschaftlichen Erkenntnissen (Edelmann 2012; Hoffmann und Engelkamp 2013), wie Lernen beim Menschen zustande kommt.

Betrachtet man die Definitionsversuche zum Begriff Lernen, so liegt der Hauptfokus bei den psychologischen Lerntheorien auf einer Veränderung des Zustandes im Vergleich zu einem Ausgangszustand. Ob sich der Ausgangszustand für den Lernenden dadurch verbessert, spielt keine Rolle, nur die Veränderung ist von Bedeutung. Ein solcher, ungünstiger Lernprozess liegt beispielsweise dann vor, wenn ich gelernt habe, dass mir in Frustsituationen das Essen von Süßigkeiten bei der Bewältigung hilft. Dieses Verhalten verstärkt sich mit der Zeit, d. h. in schwierigen Situationen gehört der Griff zu Süßigkeiten zunehmend zwingend dazu. Das Erlernen von neuen Handlungsoptionen oder Copingstrategien unterbleibt, trotz aller ungesunden Folgen.

Ohne Veränderung also kein Lernen, aber nicht jede Veränderung ist bereits Lernen. Damit Lernen stattfindet, muss eine Veränderung zeitlich überdauern, und sie muss durch Erfahrung oder Übung zustande gekommen sein. Reifungsprozesse im Gehirn, wie sie in der Adoleszenz stattfinden, gehören nicht dazu. Darunter fällt beispielsweise die Entwicklung zum verantwortungsbewussten Handeln als Erwachsener, die Entwicklung einer eigenen Identität oder die Ausprägung der Selbstkontrolle.

Drei Lernprozesse spielen in der betrieblichen Bildung eine wichtige Rolle

Bis heute besteht keine Einigkeit darüber, wie viele und welche Unterkategorien von Lernprozessen sinnvoll sind. Für die betriebliche Bildung sind aus Sicht der Autoren das Lernen durch Verstärkung oder Konditionierungslernen, das Lernen am Modell und das Lernen durch Einsicht die relevanten Lernprozesse, die für die Gestaltung von betrieblichen Weiterbildungen von Bedeutung sind.

8.1.1 Das Lernen durch Verstärkung/ Konditionierungslernen

Bis in die 1960er-Jahre dominierten in der Lernpsychologie der Behaviorismus und der Neo-Behaviorismus. Bedeutende Forscher in diesen Gebieten waren beispielsweise I.P. Pawlow, F. Skinner und E.L. Thorndike. Einen vertiefenden Überblick mit detaillierten Informationen zu diesem Thema liefern aktuelle Psychologielehrbücher, wie z. B. Zimbardo 2016 oder Myers 2014.

Im Kern geht es beim Konditionierungslernen darum, eine beobachtbare Veränderung z. B. bei Mitarbeitenden zu erreichen. Im beruflichen Alltag wird dabei die positive Verstärkung, die negative Verstärkung und die Bestrafung am häufigsten eingesetzt.

Positive Verstärkung liegt dann vor, wenn ich eine Person lobe, z. B. dass sie das Gelernte aus einer Weiterbildung rasch in den beruflichen Alltag umgesetzt hat. Das Lob dient als positiver Verstärker und veranlasst die Person, auch beim nächsten Mal neu Gelerntes auszuprobieren. Darunter fällt auch kritisch-konstruktives Feedback an Kursteilnehmende, die sich mit einem falschen Lösungsansatz verrannt haben. Aber auch das Aufzeigen von Fehlern gehört in die Kategorie des positiven Verstärkens, denn erst durch diese Rückmeldung gelingt es, die Anforderung im Sinne eines positiven Lernerlebnisses zu bewältigen.

Bei negativer Verstärkung fallen die unangenehmen Auswirkungen weg. Dies ist beispielsweise dann der Fall, wenn ein Team die Nachbearbeitungsaufgabe in einem Weiterbildungskurs innerhalb der zur Verfügung gestellten Zeit erledigen kann und keine Mehrzeit dafür aufwenden muss.

Bestrafung ist das Tadeln von Verhalten, indem ich als Trainer/-in das Auftreten von Fehlern nicht nur kritisiere, sondern als Bestrafung nutze, indem ich eine negative Beurteilung/ Bewertung abgebe. Oder ich kritisiere störende Beiträge eines Kursteilnehmenden. Das Bestrafen von störendem Verhalten

8

Beim Konditionierungslernen spielen positive/ negative Verstärkung und die Bestrafung eine Rolle in der betrieblichen Bildung.

ist in der Regel aber wenig effektiv, da dadurch kein alternatives Verhalten vermittelt wird (Kauffeld 2016). Auch wird durch Bestrafung das Lernen sabotiert, wenn dadurch eine Weiterbildungsatmosphäre entsteht, bei der Angst das dominante Gefühl ist. Jegliche Kreativität und jegliches Mitdenken werden dadurch unterbunden. Dass Angst ein schlechter Begleiter beim Lernen ist, zeigen auch Untersuchungen aus der Neurobiologie (Franken 2019; Spitzer 2010).

> **Übersicht**
>
> Lernen und operantes Konditionieren in der beruflichen Weiterbildung
>
> ▬ Positive Verstärkung wird erreicht durch konstruktivkritisches Feedback oder durch Lob und Wertschätzung z. B. als Rückmeldung bei herausfordernden Aufgaben, die von den Teilnehmenden gelöst worden sind und für die sie gelobt werden. Lob und Wertschätzung müssen aber dem Schwierigkeitsgrad der Aufgabe angepasst sein. Ein inflationärer Gebrauch von Lob wirkt wenig authentisch, eine positive Verstärkung unterbleibt dadurch. Auch der Einsatz von E-Learnings, bei denen am Schluss das Lernen z. B. mit einem Schlusstest oder einem Quiz bewertet wird, gehören zu den positiven Verstärkern.
>
> ▬ Negative Verstärkung ergibt sich in der Weiterbildung dann, wenn eine Aufgabe nicht in der dafür vorgesehenen Zeit gelöst werden kann, sodass die Aufgabe in der freien Zeit nach dem Kurs fertiggestellt werden muss.
>
> ▬ Bestrafung ist das Tadeln von störendem Verhalten in einer Weiterbildung. Wenn durch die Bestrafung Angst ausgelöst wird, so wird der Lernprozess sabotiert. Dies zeigen auch neurobiologische Untersuchungen.

8.1.2 Lernen am Modell

Obwohl die Anhängerinnen und Anhänger des Behaviorismus überzeugt waren, dass mit den behavioristischen Lerntheorien sämtliche Lernprozesse abschließend beschrieben werden können, gab es schon früh Kritik an einer rein behavioristischen Betrachtungsweise. Hauptstreitpunkt: Ein Verhalten ist nie nur eine Reaktion auf einen äußeren Reiz, sondern beinhaltet auch Prozesse des Wahrnehmens, des Merkens, der Erfahrung und der Bewertung. Die sogenannte kognitive Wende ab den 1960ern legte den Fokus auf die mentalen Prozesse, die bei den Behavioristinnen und Behavioristen gänzlich ausgeblendet

Vom Behaviorismus zum Lernen am Modell.

wurden, da diese nicht beobachtbar sind (Myers 2014). Seit dem Durchbruch der kognitivistischen Psychologie wird Lernen als Informationsverarbeitungsprozess verstanden (Klauer und Leutner 2012). Albert Bandura untersuchte diese Zusammenhänge und begründete das Beobachtungslernen oder das Lernen am Modell, welches zu den sozial-kognitiven Lernprozessen zählt (Myers 2014; Bak 2019). Beim Lernen am Modell steht das Abschauen von Verhaltensweisen bei Anderen im Zentrum. Eine detaillierte Beschreibung des Modelllernens findet sich im Buch von Kauffeld 2016, ▶ Kap. 3.

> Lernen am Modell findet in der betrieblichen Bildung vor allem im Bereich des informellen Lernens statt.

Für das Modelllernen in Organisationen eignen sich v. a. Settings, die dem informellen Lernen zuzuschreiben sind. Dazu gehören Teamprojekte oder die Mitarbeit in einem Projekt, Coaching oder Mentoring-Programme. Ein wichtiger Bestandteil innerhalb dieser Formen ist wiederum das konstruktiv-kritische Feedback. Damit wird das neu gelernte Verhalten gespiegelt und kann anschließend justiert werden.

> **Übersicht**
>
> Lernen am Modell findet in der beruflichen Weiterbildung v. a. in folgenden Settings statt:
> - Mentoring,
> - Coaching,
> - Teamprojekt,
> - Mitarbeit in Projekten.
> - Damit Lernen am Modell effektiv sein kann, braucht es immer konstruktiv-kritisches Feedback.

8.1.3 Lernen durch Einsicht

> Neue Problemlösungsvarianten mit Lernen durch Einsicht.

Beim Lernen durch Einsicht wird eine Problemstellung durch die Person analysiert und strukturiert. Dadurch werden neue Problemlösungsvarianten entwickelt, die auf andere Situationen anwendbar sind. Das Problem wird neu durchdacht und in neuen Situationen ausprobiert.

In der beruflichen Bildung passiert Lernen durch Einsicht vor allem in der gezielten Reflexion entweder in der Gruppe oder als Individuum. So können z. B. anhand eines gescheiterten Change-Management-Prozesses durch gedankliche Auseinandersetzung in der Gruppe Prozessschritte optimiert oder neue Instrumente entwickelt und eingesetzt werden. Eine wichtige Grundvoraussetzung für das Lernen durch Einsicht ist eine gute Selbstreflexion. Unter Selbstreflexion fallen beispielsweise die Kenntnis der eigenen Stärken und Entwicklungsfähigkeit und ein gutes Urvertrauen, um adäquat mit Fehlern, Kritik oder konstruktiv-kritischen Rückmeldungen umgehen zu können.

> **Übersicht**
>
> In der beruflichen Weiterbildung wird Lernen durch Einsicht mittels Einzelreflexion oder Gruppenreflexion gefördert. Konkret eigenen sich dazu Optimierungen zu einer bestehenden Problemstellung. Das heißt, es gilt, etwas Bestehendes zu hinterfragen, neue Lösungen zu entwickeln und diese auf eine neue Situation, z. B. aus der eigenen Unternehmung, zu übertragen.
>
> Ergänzend kann auf der individuellen Ebene die Selbstreflexion gefördert werden, die eine Grundvoraussetzung für das Lernen durch Einsicht ist. Unter Selbstreflexion wird in diesem Beitrag Folgendes verstanden:
> - die Kenntnis der eigenen Stärken und Schwächen,
> - Offenheit für Kritik und Feedback,
> - die Lust auf neue Erfahrungen und die damit einhergehenden Veränderungen,
> - und die proaktive Suche nach konstruktiv kritischen Rückmeldungen.
>
> Um die Selbstreflexion zu fördern, eignen sich Instrumente wie ein Development Center, ein 360-Grad-Feedback, kollegiale Fallberatung oder eine gelebte Fehlerkultur, wie sie beispielsweise in Fuckup Nights erfahren werden kann (◘ Tab. 8.1).

8.1.4 Lernen und Konstruktivismus

Konstruktivismus ist keine Lerntheorie, sie setzt jedoch den Lernenden in den Mittelpunkt. Der Konstruktivismus betrachtet Lernen als individuell konstruierten Prozess. Jedes Individuum lernt auf der Grundlage seiner eigenen, persönlichen Erfahrungen (Kauffeld 2016). Das bedeutet, dass vermitteltes Wissen nicht abgespeichert wird, sondern es wird damit ein eigenes Bild der Realität konstruiert, welches von den Wertvorstellungen und Erfahrungen der Person geprägt ist (Franken 2019)

Betrachtet man die Prinzipien des konstruktivistischen Unterrichtens, so lassen sich daraus wichtige Hinweise für die betriebliche Weiterbildung ableiten. Gleichzeitig gibt es verblüffende Parallelen zum aktuell stark überstrapazierten Begriff des agilen Lernens.

Die Bedeutung des Konstruktivismus für die Gestaltung von Weiterbildungen.

8

Tab. 8.1 Überblick lernpsychologische Lerntheorien in der betrieblichen Bildung. (Eigene Darstellung, Jürg Gabathuler)

Lernpsychologische Theorie	Bedeutende Persönlichkeiten	Wichtige theoretische Aspekte	Einsatz in der betrieblichen Bildung
Operantes Konditionieren (Behaviorismus)	E.L. Thorndike, 1874–1949 B.F. Skinner, 1904–1990	Gehirn als Black Box. Lernen findet dann statt, wenn eine beobachtbare Veränderung in die gewünschte Richtung stattgefunden hat.	- Positive Verstärkung - Lob - unterstützendes Feedback - E-Learning mit Qualifikationscharakter - Negative Verstärkung - Anstrengung, um keine Aufgaben nach Kursende fertigstellen zu müssen - Bestrafung - störende Teilnehmende werden getadelt
Lernen am Modell/ Beobachtungslernen (Kognitionspsychologie)	A. Bandura, *1925	Gehirn als informationsverarbeitendes System. Lernen findet durch Beobachtung und Nach-ahmung eines geeigneten Modells statt.	- Mentoring, - Coaching - Teamprojekt - Projektmitarbeit
Lernen durch Einsicht (Kognitionspsychologie)	Diverse	Gehirn als informationsverarbeitendes System. Lernen findet durch Nachdenken statt. Es werden neue Lösungsansätze durch mentale Repräsentation entwickelt, ohne etwas auszuprobieren oder nachzuahmen.	- Bedeutung der Reflexion für das Lernen vermitteln - Gezielte Förderung der individuellen Selbstreflexion mittels Development Center, 360-Grad-Feedback, kollegiale Fallberatung, Fuckup Nights - Reflexionsphasen für Teams/Gruppen und Individuen in Weiterbildungen einbauen

Im ► Abschn. 8.3.1, werden entscheidenden Punkte bei der Gestaltung von Weiterbildungseinheiten im Detail aufgeführt.

8.2 Lehre in der beruflichen Bildung – oder wie sind effektive Lernumgebungen zu gestalten

Erst wenn verstanden worden ist, wie Lernen geschieht, können daraus Schlüsse für die Gestaltung von effektiven Lernumgebungen in der betrieblichen Weiterbildung gezogen werden. Für welche Lehrform sich Bildungsverantwortliche beziehungsweise eine Organisation entscheidet, hängt stark von dem eigenen Weiterbildungsverständnis und der Vorstellung, wie Lernen passiert, ab. Bevor näher auf die Gestaltung von effektiven Lernumgebungen eingegangen wird, soll zuerst beleuchtet werden, was Lehren genau heißt, in welchem Verhältnis Lehre und Lernen stehen und welche Rolle Didaktik dabei spielt.

8.2.1 Was hat Lehre mit Lernen zu tun

Lehren bezieht sich intentional auf Lernen, während Lernen auch ohne Lehren im Alltag stattfinden kann. Lehren garantiert also nicht automatisch Lernerfolg (Ludwig 2018, S. 258). Vielmehr impliziert Lehre die Absicht zu lehren und umfasst dabei alle Lehrhandlungen, auch wenn kein Lernen stattfindet (vgl. von Hippel et al. 2019; Pachner 2018).

Lernen kann somit nicht vom Lehrenden erzeugt, sondern lediglich beabsichtigt und ermöglicht werden (Schüssler 2010, S. 44; zit. nach von Hippel et al. 2019). In diesem Zusammenhang wird auch der Begriff der Ermöglichungsdidaktik verwendet (vgl. Arnold und Schön 2019). Was aber heißt Didaktik? Götz und Häfner (2010, S. 15) verstehen unter Didaktik die Wissenschaft vom Lehren und Lernen und meinen damit alle Faktoren, die den Lehr- und Lernprozessen beeinflussen, unabhängig von der jeweiligen Lernform.

Lernen kann nicht angeordnet oder befohlen werden.

Lehner (2019, S. 12) spricht ebenfalls von Didaktik als Wissenschaft von der Lehre (reflexive Aspekte) und als Kunst des Unterrichtens (handwerkliche Aspekte). Zum Thema Didaktik gibt es unterschiedliche Zugänge mit unterschiedlichen Begriffsverwendungen, allen gemeinsam ist jedoch der Gestaltungsaspekt. Im Unterschied zum Begriff Lehre ist Didaktik weiter gefasst und beinhaltet dabei nicht nur die Gestaltung von Lernarrangements, sondern auch die Planung und Eva-

Didaktik beeinflusst Lehr- und Lernprozesse.

luation von Lehr- und Lernprozessen von Hippel et al. (2019). Siebert (2010, S. 160) definiert Didaktik als Verknüpfung von Psychologik (Lern- und Motivationsstruktur der Teilnehmenden), Sachlogik (Struktur des Lerninhalts) und Handlungslogik, (Verwendungssituation) und schreibt im Zusammenhang mit einer Begriffserweiterung ebenfalls, dass didaktisches Handeln nicht mehr an erster Stelle nur Unterrichten bedeutet, sondern Kontextgestaltung, Beratung und Bildungshilfe (Siebert 2009, S. 20 zit. nach Pachner 2018, S. 1442–1443). Didaktisches Handeln kann somit auf unterschiedlichen Ebenen betrachtet werden. Die genaue Zuordnung der didaktischen Handlungsebenen wird in der Literatur jedoch unterschiedlich gehandhabt. Gemäß dem Modell von Schrader (2011) lassen sich zusammengefasst 3 Ebenen unterscheiden: System- oder Makroebene (z. B. institutionelles Umfeld, nationale Akteure usw.), Organisations- oder Mesoebene (z. B. Organisation der Weiterbildung, Personalentwicklung) und schließlich die Interaktions- oder Mikroebene (Weiterbildungsangebot/Lehr-Lern-Prozess). Bei didaktischen Entscheidungen auf einer Ebene gilt es die Rahmenbedingungen oder Realitäten der darüber oder darunter liegenden Ebene zu berücksichtigen (von Hippel et al. 2019).

Abschließend erwähnt, jedoch nicht weiter ausgeführt werden soll die Methodik als Teilbereich der Didaktik. Diese befasst sich mit dem Wie des Lehrens (dem Weg der Lernzielerreichung) und meint die Gestaltung von Lehr-Lern-Situationen durch die Auswahl passender Methoden (vgl. Siebert 2010).

8.2.2 Theoretische Ansätze des Lehrens

Theoretische Ansätze des Lehrens, auch didaktische Modelle der Konzepte genannt, erklären „wie Lehren als Vermittlungsverhältnis von Lehren und Lernen gelingt" (Ludwig 2018, S. 263). Je nach Autor oder Autorin werden unterschiedliche Ansätze und Modelle diskutiert sowie unterschiedliche Begriffe und Systematisierungen verwendet. Die nachfolgend beschriebenen Ansätze, welche auch als didaktische Modelle bekannt sind, wurden einerseits in Bezug zu den in diesem Beitrag besprochenen Lerntheorien ausgewählt und andererseits unter dem Aspekt der Relevanz für die betriebliche Bildung. Diese Ansätze schließen sich nicht gegenseitig aus, sondern bieten Unterstützung für reflektierte, situationsangepasste Gestaltungsentscheidungen.

8.2.3 Lerntheoretischer Ansatz

Beim lerntheoretischen Ansatz, der empirisch-analytischen Wissenschaften entstammt, geht es darum, die wichtigsten Aspekte des Lehr- und Lernprozesses möglichst umfassend zu beschreiben, zu analysieren und planbar zu machen (vgl. Götz und Häfner 2010; Pachner 2018). Berücksichtig werden dabei sogenannte Bedingungs- und Entscheidungsfelder. Aufgrund der **Bedingungsfelder**, bestehend aus individuellen Voraussetzungen der Lernenden und institutionellen Voraussetzungen (Bildungspläne, Gesetze, Räume etc.), treffen Bildungsverantwortliche Entscheidungen innerhalb der **Entscheidungsfelder** Lernziele, Inhalte, Methoden und Medien und gestalten daraufhin passende Lehr- und Lernprozesse. In der anschließenden Evaluation der Bildungsmaßnahme werden der Erfolg, die **Wirkung**, überprüft und Schlussfolgerungen für die weitere Planung gezogen. Die Interdependenz und Wechselwirkung der drei beschriebenen Felder werden dadurch deutlich (Negri 2010, S. 12, 21).

Vier didaktische Ansätze, die in der betrieblichen Bildung relevant sind.

8.2.4 Curriculumtheoretischer Ansatz

Charakteristisch für den curriculumstheoretischen Ansatz ist, dass sich Lerninhalte nicht mehr an abstrakten Bildungsidealen orientieren, sondern auf der Basis empirischer Situationsanalysen bestimmt werden (Siebert 2014, S. 96). Um Lehrpläne, sogenannte Curricula, zu erstellen, werden demnach zuerst Anwendungssituationen analysiert, notwendige Qualifikationen abgeleitet und schließlich Inhalte und praxisnahe Methoden ausgewählt.

8.2.5 Konstruktivistischer Ansatz

Wissen wird gemäß dem konstruktivistischen Ansatz von der lernenden Person selbst konstruiert und über die eigene, aktive Beteiligung erworben. Dabei wird das neu aufgebaute Wissen in bereits bestehende Wissensstrukturen eingebaut. Außerdem findet Lernen in Interaktion mit Anderen und in situativen Kontexten statt (vgl. Lehner 2019; Mandl und Kopp 2006). Lernen kann von Lehrenden wie bereits erwähnt nicht erzwungen, sondern nur initiiert, begleitet und ermöglicht werden. Für die Gestaltung von Lernumgebungen aus konstruktivistischer Sicht bedeutet dies, selbstgesteuertes Lernen anzuregen, auf Vorerfahrungen aufzubauen und Austauschmöglichkeiten anzubieten, um nur einige Aspekte zu nennen. Die Lehrenden nehmen damit mehr die Rolle von Lernbegleitenden oder Lernberatenden ein.

8.2.6 Problemorientierter Ansatz

Beim problemorientierten Ansatz ist der Lernende mit seinen aus dem Berufsalltag zu bearbeitenden Problemstellungen im Zentrum. Es wird ebenfalls von einem selbstgesteuerten, aktiven Lernprozess ausgegangen. Da jedoch nicht alle Lernenden in der Lage sind, ihren Lernprozess selbstständig zu planen und zu gestalten, bedarf es einer optimalen Unterstützung auf Seiten der Lehrenden (Mandl und Kopp 2006). Beim problemorientierten Ansatz wird dabei „eine Balance zwischen Instruktion und Konstruktion in Abhängigkeit von den Lernvoraussetzungen und dem Lerngegenstand hergestellt. Der Lernprozess wird als eigenaktiv und konstruktiv angesehen, der jedoch durch den Lehrenden angeregt, gefördert und verbessert werden kann und soll" (Kraft 2006, S. 214).

8.3 Prinzipien des Lehrens

Je nachdem, welche theoretischen Annahmen über Lehr- und Lernprozesse in einer Organisation leitend sind, lassen sich daraus verschiedene Prinzipien für die Lehre folgern. Diese dienen vor allem als Orientierung zur Gestaltung von Lernumgebungen und sind eher allgemeiner Natur. Auch bieten sie Argumentationskriterien für die Begründung von Entscheiden in der Gestaltung von Lehr- und Lernprozessen. Von Hippel et al. (2019) schreiben dazu „… denn ein zentrales Charakteristikum professionellen didaktischen Handelns ist es, begründen zu können, warum etwas vor erwachsenenpädagogischem Hintergrund gemacht wird, das heißt, begründet didaktische Entscheidungen treffen zu können" (S. 80).

Wie bei den theoretischen Ansätzen der Lehre besteht auch bei den Prinzipien der Lehre eine Vielzahl an unterschiedlichen Begriffsverwendungen, Prinzipiennennungen und Kategorisierungen. So wird z. B. auch oft von didaktischen Prinzipien oder didaktischen Gütekriterien gesprochen (vgl. von Hippel et al. 2019; Lehner 2019; Siebert 2010). Im Folgenden werden einige Prinzipien der Lehre aufgelistet, welche für die berufliche Bildung Relevanz haben. Diese sind nicht abschließend zu verstehen.

8.3.1 Zielgruppen- und Teilnehmendenorientierung

Die antizipierten und tatsächlichen Interessen und Bedürfnisse der Zielgruppe sowie die Voraussetzungen und Vorerfahrungen des Individuums sollen bei der Gestaltung von Lehr- und Lernprozessen berücksichtigt werden. Während sich die Zielgruppenarbeit mehr auf die Planungsphase der Lehre bezieht, betrifft die Teilnehmendenorientierung eher die Durchführung selbst (vgl. Siebert 2014).

8.3.2 Anwendungsbezug

Die Methodenwahl soll so gestaltet werden, dass der Umgang mit realen Problemstellungen und alltagsnahen Situationen ermöglicht wird und auf dem Erfahrungswissen der Lernenden aufbaut. Hierzu eigenen sich z. B. Rollenspiele, Fallbeispiele oder Transferübungen (vgl. Mandl und Kopp 2006; Siebert 2010).

8.3.3 Perspektivenverschränkung

Die Fähigkeit, sich in die Lage von anderen zu versetzten, eine andere Perspektive einzunehmen und agil und flexibel zu handeln, wird immer wichtiger. Lehrende können Lernende dabei unterstützen, indem sie Lernumgebungen so gestalten, dass spezifische Inhalte in unterschiedlichen Situationen von mehreren Standpunkten aus betrachtet werden können. Diskussionen, Rollenspiele oder andere Austauschmöglichkeiten können hier eingesetzt werden (vgl. Siebert 2010).

8.3.4 Selbstreflexion

Der Selbstreflexion kommt insbesondere bei konstruktivistischen Ansätzen eine wichtige Bedeutung zu. Lernumgebungen sind so zu gestalten, dass Lernende die Möglichkeit haben, ihre eigenen Lernprozesse zu beobachten, über ihre Lernfortschritte nachzudenken und sich über Transfermöglichkeiten Gedanken zu machen. Als reflexive Methoden eigenen sich z. B. Lerntagebücher, Lerntandems oder Lernberatungsangebote.

8.3.5 Erlebnisqualität

Neben den bereits erwähnten Prinzipien der Lehre können auch das Lernklima, das Ambiente der Räumlichkeiten, die Auswahl und Darbietung von Praxisbeispielen sowie die Lehrperson selbst mit ihrer Persönlichkeit und ihrem Engagement einen Einfluss auf das Lerngeschehen nehmen. Dies gilt es bei den Gestaltungsentscheidungen zu berücksichtigen, indem passende Lernorte und interessante und begeisterungsfähige Experten und Expertinnen ausgewählt werden und mit abwechslungsreichen Methoden sowie spannenden und anschaulichen Beispielen gearbeitet wird.

8.3.6 Konstruktivistische Gestaltungsprinzipen

In einem Artikel von Dubs (1995), werden die wichtigsten Grundzüge eines auf konstruktivistischen Prinzipien aufgebauten Unterrichts beschrieben. Er erwähnt 7 Gestaltungsprinzipien, die auch bei der Gestaltung von Weiterbildungen im beruflichen Bereich gültig sind, damit Lernen und Lehren für Erwachsene erfolgreich gelingt.

A) Orientierung an komplexen, lebens- und berufsnahen Inhalten. Keine Vereinfachung von Problemstellungen, sondern die Realität unstrukturierter Probleme.

   Das bedeutet für Weiterbildungsinhalte die Verwendung von Praxisbeispielen, in denen sich die Teilnehmenden in ihrer beruflichen Realität wiedererkennen.

B) Lernen ist ein aktiver Prozess, währendem das eigene Vorwissen und Können aus neuen Erfahrungen verändert und neues Wissen konstruiert wird. Gelernt wird das, was mit neuem Wissen verknüpft werden kann.

   Mittels Literatur, Selbstlerneinheiten/e-Learnings oder Problemstellungen aus der eigenen beruflichen Praxis und mit kurzen Präsenzinputs wird für die Teilnehmenden eine gemeinsame Wissensbasis geschaffen, mit denen sie neues Wissen verknüpfen und konstruieren können.

C) Dem kollektiven Lernen oder dem Lernen in Teams kommt eine große Bedeutung zu, denn erst die Diskussion mit Anderen über die individuelle Interpretation einer Lernsituation oder selbstentwickelter Lösungsansätze/ Hypothesen unterstützt beim Überdenken der eigenen Lösungssituation und hilft, diese neu strukturieren und zu optimieren.

   Hier gilt es in der betrieblichen Bildung Möglichkeiten zu schaffen, in denen in der Gruppe über das Erreichte diskutiert werden kann und durch Verbesserungsvorschläge von anderen das Teamlernen gefördert wird.

D) Fehler sind bedeutsam und müssen in Diskussionen thematisiert und korrigiert werden. Die Auseinandersetzung mit Fehlerüberlegungen fördern das Verständnis und tragen zu einer besseren Konstruktion von verstandenem Wissen bei.

In der Weiterbildung ist darauf zu achten, dass echtes konstruktiv-kritisches Feedback entweder durch die Teilnehmenden oder durch den Trainierenden erfolgt. Dabei ist wesentlich, dass Fehler angesprochen, thematisiert und besprochen werden.

E) Die komplexen Lernbereiche sind auf die Vorerfahrungen und Interessen der Lernenden auszurichten, denn Lerninhalte sind dann am herausforderndsten, wenn sie dem realen Erfahrungsschatz und den Interessen der Lernenden entsprechen.

Dies geschieht durch das Lösen von Fallbeispielen aus der Praxis der Teilnehmenden oder durch realitätsnahe Problemstellungen aus Expertenerfahrung. Die Lösungsfindung erfolgt anschließend mittels des Instruments der kollektiven Fallbearbeitung.

F) Beim kollektiven Lernen beschränkt sich das Lernen nicht nur auf die kognitiven Aspekte, sondern auch auf Gefühle wie Ärger, Ängste oder Freude. Auch die persönliche Identifikation mit dem Lerninhalt sind bei der Entwicklung einer Lösung mitbeteiligt. Rationalität allein führt nicht zum Erfolg.

Gefühle spielen eine wichtige Rolle beim Lernen. Negative Emotionen wie Angst und Stress stoppen oder beeinträchtigen den Lernprozess stark (Spitzer 2010). Positive Emotionen wie Freude, Spaß, Humor verstärken den Lernprozess. So sind Wettbewerbe innerhalb der Kursgruppe zulässige Elemente in Lerneinheiten und lösen Gefühle aus.

G) Das Ziel in einem konstruktivistischen Lernprozess ist nicht Wissensproduktion, sondern eigene Wissenskonstruktion. Deshalb ist eine Überprüfung der Lernfortschritte mit Tests nicht sinnvoll. Viel geeigneter ist eine Selbstevaluation, mit der die eigenen Lernstrategien und Lernfortschritte beurteilt werden.

Dieses Prinzip ist im Grunde ein Plädoyer für den Return of Education (Kauffeld 2016) anstelle des Return on Investment. Der Return of Education macht eine Aussage über den Outcome oder die Wirksamkeit der Weiterbildung, also den Lerntransfer und fokussiert nicht auf Kennzahlen wie Anzahl der Weiterbildungstage, Weiterbildungsbudget, Trainings/Weiterbildungen, besuchte Weiterbildungsquote pro mitarbeitende Person, Führungskraft usw.

Interessanterweise tauchen viele dieser Prinzipien im Kontext des Lernens mittels agiler Methodik wieder auf. Konkret sind hier zu erwähnen: die Bedeutung des kollektiven Lernens (C), die Bedeutsamkeit des Feedbacks und Rückmeldungen (D), der Einbezug von Vorerfahrungen und Interessen beim Entwickeln von Lösungen sowie die Beteiligung von Gefühlen (F) während der Arbeit, wie z. B. beim Feiern von gemeinsamen Erfolgen.

8.4 Effektive Gestaltung von Lernumgebungen

Für eine optimale Weiterbildung braucht es beides: Erkenntnisse aus der Lerntheorie und Berücksichtigung der Lehrprinzipien.

Erst durch das Verstehen, wie Lernen funktioniert, durch die Kenntnis theoretischer Ansätze und Prinzipen der Lehre lassen sich begründete Entscheidungen zur effektiven Gestaltung von Lernumgebungen treffen. Institutionelle und organisationale Rahmenbedingungen sowie Voraussetzungen und Vorerfahrungen der Lernenden (Bedingungsfelder) sind dabei ebenfalls zu berücksichtigen. Bei den Gestaltungsentscheidungen (Entscheidungsfelder) geht es dann unter anderem darum, Lernziele und -inhalte zu bestimmen, die Struktur des Lehr-Lern-Prozesses zu definieren, passende Methoden und Medien auszuwählen und sich Gedanken zur Evaluation (Wirkung) zu machen.

◘ Abb. 8.1 stellt den Zusammenhang von Lerntheorien, theoretischen Ansätzen sowie Prinzipien der Lehre dar und zeigt, wie diese in die Entscheidungen zur Gestaltung von Lernumgebungen einfließen. Außerdem wird deutlich, wie die im lerntheoretischen Ansatz beschrieben Faktoren Bedingung (institutionelle und individuelle Voraussetzungen), Entscheidung (Ziele, Inhalte, Methoden, Medien etc.) und Wirkung (Erfolg des Lernarrangements) zueinander in Relation stehen.

8.4.1 Wichtige Erkenntnisse aus der Lern- und Lehrpsychologie für in der betrieblichen Bildung tätige Personen

Die Erkenntnisse aus der Lern- und Lehrpsychologie geben wichtige Hinweise, wie Weiterbildungen geplant und durchgeführt werden müssen, damit Lernen bei den Teilnehmenden stattfinden kann. Die Weiterbildung ist so zu gestalten, dass möglichst viele unterschiedliche Elemente der Lerntheorien erfahrbar sind. Das bedeutet, Lob, Rückmeldung, Beobachtung, Nachahmung oder Reflexion sollen erfahrbar sein. Gleichzeitig gilt es aber auch, die Prinzipien für einen erfolgreichen Lehr-Lern-Prozess zu berücksichtigen. Gemäß

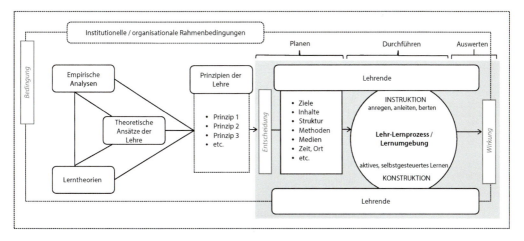

Abb. 8.1 hier einfügen/Lehr-lern-theoretische Zusammenhänge/Quelle: (in Anlehnung an von Hippel et al. 2019, Reimann-Rothmeier und Mandl 2001 zit. nach Mandl und Kopp 2006, S. 119)

dem problemorientierten Ansatz ist es wichtig, eine Balance zwischen Instruktion aufseiten der Lehrenden und Konstruktion aufseiten der Lernenden herzustellen, um die Selbstlernkompetenz optimal unterstützen und fördern zu können. Dies lässt sich jedoch in der Planungsphase nur bedingt festlegen und muss während des laufenden Lehr-Lern-Prozesses durch kontinuierliche Reflexion überprüft und gegebenenfalls angepasst werden.

Aber damit ist die Arbeit für Weiterbildungsverantwortliche noch lange nicht getan. Denn nur mit einer Optimierung der Weiterbildungen durch Erkenntnisse aus Lern- und Lehrtheorie deckt man erst einen Teil der Herausforderungen der Zukunft ab.

8.5 Wann ist meine Weiterbildungsabteilung fit für die Zukunft?

Die Personalentwicklung sieht sich vielfältigen Herausforderungen gegenüber. So verändern sich die Arbeitsmethoden durch agile oder hybride Formen der Zusammenarbeit mit Methoden wie Scrum, Kanban, DevOps oder Human Centered Design.

Daraus resultiert ein Bedürfnis nach mehr Partizipation, mehr Mitsprache, mehr Anerkennung und mehr Verantwortung. Aber auch die Struktur der Zusammenarbeit verändert sich. Virtuelle Zusammenarbeit über internetbasierte Plattformen, Co-Working-Spaces, abnehmende Hierarchien und Teambüros lösen die vormaligen Landschaften von Einzel- und Zweierbüros zunehmend ab. Hinzu kommen die

Die Herausforderungen der Zukunft verlangen nach neuen Rollen und Konzepten in der Personalentwicklung.

Megatrends Wissenskultur und Konnektivität, beide verändern die Art und Weise, wie wir mit Wissen umgehen. So wird beispielsweise durch die Digitalisierung Wissen schneller und mehr Menschen verfügbar gemacht (zukunftsInstitut 2020). Lernen bleibt also eine Schlüsselkompetenz der Zukunft (Hays, HR Report Hays, Lebenslanges Lernen 2020).

Um diese Herausforderungen meistern zu können, braucht es neue Rollen und Konzepte in der Personalentwicklung. Als Lösung bietet sich das agile Mindset an, das gerade als Antwort auf diese Herausforderungen im Jahr 2001 entwickelt worden ist.

Agile Konzepte sind erfolgreich, weil sie menschlichen Bedürfnissen entsprechen. So werden mehr Entscheidungen durch das Team gefällt und nicht mehr durch die Führungskraft, was flachere Hierarchien ermöglicht. Komplexe Projektziele werden in sogenannte „baby steps" heruntergebrochen, dadurch gibt es regelmäßige Fortschritte, und es werden Erfolgserlebnisse ermöglicht. Die Kommunikation steht über ausschweifenden Dokumentationen. Dies bedingt vermehrte Interaktionen mit Anderen und generiert dadurch Sinnfindung. Und mit systematischen Retros und Feedbackschlaufen wird Lernen institutionalisiert. Im ZHAW Blog „Agilität: Die Antwort auf menschliche Bedürfnisse" findet sich eine lesenswerte Einführung zu diesem Thema (Duméril 2017)

Wie oben erwähnt, werden durch das agile Arbeiten viele lern- und lehrpsychologische Prinzipien abgedeckt. Im agilen Manifest aus dem Jahr 2001 sind 4 Grundwerte beschrieben, die für die Zusammenarbeit bedeutsam sind (Agiles Manifest 2001).

Agile Werte als Ausgangslage für eine neue Personalentwicklung.

Überträgt man diese Werte auf eine moderne Personalentwicklung, so lassen sich daraus folgende neue Hauptaufgaben ableiten:

■ Wert 1: Interaktionen im Team sind wichtiger als Prozesse und Werkzeuge

Die Personalentwicklung fokussiert sich stärker auf Weiterbildungen im Bereich Team-/Organisationslernen. Gleichzeitig befähigt die Personalentwicklung Mitarbeitende in den Kompetenzen Lernfähigkeit, Selbstmanagement und individuelle Zielsetzung.

Eine wichtige Grundlage dafür bilden die Erkenntnisse aus der Lern- und Lehrpsychologie. Für das Teamlernen von besonderer Bedeutung ist eine gelebte konstruktiv-kritische Feedbackkultur. Aus der agilen Vorgehensweise bietet sich dazu die Methode der Retros an. Hier reflektiert das Team in regelmäßigen Abständen kritisch die eigene Leistung, benennt Positives und Kritisches und sucht anschließend gemeinsam nach Optimierungsmöglichkeiten (geekbot.com 2019)

- **Wert 2: Der Kundennutzen steht im Vordergrund**

Die Personalentwicklung misst ihren Erfolg oder ihre Bedeutung am Outcome beziehungsweise Transfererfolg und nicht an ihrem Output (Kauffeld 2016; von Graf et al. 2019).

- **Wert 3: Eine enge Zusammenarbeit mit dem Kunden zählt mehr als Verträge und Regelwerke**

Die Personalentwicklung entwickelt ihre Angebote zusammen mit dem Business und führt sie teilweise auch mit dem Business durch.

Dafür würden sich beispielsweise auf die Bedürfnisse der Personalentwicklung abgeänderte Sprint Reviews eignen, wie sie in der agilen Methodik schon lange verankert sind (eine Erläuterung dazu findet sich unter Kriegisch 2020)

Dabei wird dem Kunden das entwickelte Produkt/die Maßnahme durch das gesamte Team vorgestellt sowie Verbesserungsvorschläge und Feedback dazu abgeholt. Diese Besprechungen finden in regelmäßigen Abständen statt und sind standardisiert.

- **Wert 4: Offenheit/Anpassungsfähigkeit für Veränderungen ist wichtiger als das Festhalten an mittel- bis langfristigen Plänen**

Die Personalentwicklung arbeitet stärker bedarfsorientiert und bietet nur noch wenige Weiterbildungen standardisiert an. Das verlangt von Mitarbeitenden in der Personalentwicklung eine höhere Fach-, Methoden- und Selbstkompetenz, um flexibel und schnell die notwendigen Programme anzupassen oder neu entwickeln zu können. Standardisierte Weiterbildung findet nur noch für spezielle, unternehmensübergreifende Themen statt, wie z. B. Lernverständnis, Führungsverständnis/-kultur oder Unternehmensstrategie.

8.5.1 Welche Handlungsfelder ergeben sich daraus für eine moderne Personalentwicklung?

Mithilfe von 8 identifizierten Handlungsfeldern werden in ▪ Tab. 8.2 die größten Unterschiede zwischen einer herkömmlichen und einer modernen Personalentwicklung sichtbar. Die Ausrichtung der modernen Personalentwicklung geschieht auf der Grundlage der agilen Werte, die identifizierten Handlungsfelder werden anschließend einzeln erläutert.

8 neue Handlungsfelder für eine moderne Personalentwicklung.

8

● **Tab. 8.2** Herkömmliche versus moderne Personalentwicklung (eigene Darstellung von Jürg Gabathuler, in Anlehnung an von Graf et al. 2019)

Handlungsfelder	Herkömmliche Personalentwicklung	Moderne Personalentwicklung
Menschenbild	Defizitorientierung, Mitarbeitende haben Entwicklungsfelder und müssen entwickelt werden.	Mitarbeitende sind zu einem großen Teil im Lernen selbstgesteuert unterwegs
Bildungsverständnis	PE kennt die Lernbedarfe in der Unternehmung und verfügt über die notwendige Einschätzungsexpertise	PE ist verantwortlich für den Aufbau einer Lern- und Lehrkultur und stellt dafür die notwendigen Weiterbildungen/Lernsettings zur Verfügung
Zweck	Entwicklung von Angeboten zur Deckung des Weiterbildungsbedarfs	Dient allen Mitarbeitenden zur Erhaltung ihrer Arbeitsmarktfähigkeit
Instrumente	Anforderungsprofile, Kompetenzprofile	Beratung, Unterstützung, Begleitung
Steuerung des Lernangebotes	Nach Bedarfsanalyse durch PE, mindestens 1× jährlich	Nach Bedürfnis des Business, rollierende Bedarfsanalyse
Entwicklung des Lernangebotes	Durch Experten der Weiterbildung	Durch Experten der Weiterbildung in enger Zusammenarbeit mit dem Business, z. B. mit dem Human-Centered-Design-Ansatz
Wirksamkeit	Return on Investment, weitere Kennzahlen wie Kurstage, Anzahl Weiterbildungen, Kosten pro Weiterbildungstag …,	Return on Education (Messung des Transfererfolgs), Objective Key Results
Lernorte	Mehrheitlich formale Weiterbildungen wie Seminare, Workshops, Trainings, e-Learnings …	70 % informelles Lernen 20 % Lernen durch Beobachtung/Nachahmung 10 % formales Lernen

8.5.1.1 Handlungsfeld: Menschbild

Eine moderne Personalentwicklung verabschiedet sich vom Selbstverständnis der allwissenden Abteilung über Kompetenzen von Mitarbeitenden. Es braucht ein neues Selbstverständnis als Unterstützer für individuelles, team- und organisationales Lernen, und die Entwicklungsverantwortung gehört in die Hände der Mitarbeitenden und Teams einer Unternehmung (Pfläging 2016, in von Graf et al. 2019).

8.5.1.2 Handlungsfeld: Bildungsverständnis

Die Personalentwicklung der Zukunft wird Weiterbildung nicht mehr über Kompetenzprofile steuern, sondern einen entscheidenden Beitrag zur Lernkultur im Unternehmen leisten. Damit stellt sie sicher, dass die Mitarbeitenden Change- und Transformationsprozesse optimal bewältigen können. Ebenso unterstützt die Personalentwicklung die Mitarbeitenden bei der Befähigung des selbstgesteuerten Lernens. Viele Mitarbeitende leben noch in einer Kultur des Lernkonsums und sind überfordert bei der Identifizierung und Umsetzung von eigenen Lernzielen. Eine moderne Personalentwicklung stellt sicher, dass die Entwicklung von Lern settings nach lern- und lehrpsychologischen Grundsätzen geschieht, um möglichst effiziente Weiterbildungsbedingungen zu schaffen. Die Personalentwicklung übernimmt damit die Rolle des Lerncoachs, des Lernförderes und des Learning Designers. Dabei steht die Frage der Erhaltung der Arbeitsmarktfähigkeit oder Employability im Vordergrund. Es geht somit nicht um die Frage, was Mitarbeitende wissen müssen, sondern was sie brauchen, um die beruflichen Herausforderungen der Zukunft meistern zu können (von Graf et al. 2019).

8.5.1.3 Handlungsfeld: Zweck

Hier geht es darum, dass die PE beim Organisieren des Lernens unterstützt, sei es für Teams oder einzelne Mitarbeitende. Dies geschieht nicht mehr mit einer unübersichtlichen Zahl an Weiterbildungsangeboten, sondern im Aufzeigen von Wegen, wie Arbeiten und Lernen optimal verknüpft werden können. Hierzu gehört das informelle Lernen (siehe ▶ Kap. 3 von Urs Blum, Der Nutzen von informellen Lernprozessen) oder das 70-20-10-Modell (Lombardo und Eichinger 1996).

8.5.1.4 Handlungsfeld: Instrumente

Nicht mehr nur Kompetenzbeschreibungen und daraus abgeleitete Bedarfe stehen im Fokus, sondern Entwicklungs-, Beratungs- und Begleitgespräche. Mögliche Instrumente, die in diesen Feldern unterstützen, sind Selbsteinschätzungen, Rückmeldungen von Teamkollegen oder Vorgesetzten, Leistungsbeurteilungen, 360-Grad-Feedbacks oder individuelle Entwicklungspläne mit Milestone-Gesprächen. Dazu gehören SMART formulierte Ziele, auch um den Erfolg einer Maßnahme zu messen und als positiven Verstärker zu nutzen.

8.5.1.5 Handlungsfeld: Steuerung des Lernangebotes

Damit die Lernangebote aktuell und für das Unternehmen mehrwertstiftend sind, muss die Personalentwicklung stärker mit Business verknüpft sein, damit die Weiterbildungsbedürfnisse des Business rasch erkannt und darauf mit entsprechenden Angeboten reagiert werden kann (von Graf et al. 2019). Nice-to-have-Angebote sind zu ersetzen durch Need-to-know-Angebote, die einen konkreten Nutzen stiften. In der Praxis wären dafür z. B. sogenannte Learning Ambassadors zuständig, die in jedem Team ernannt werden. Diese Person würde beim Aufkommen eines identifizierten Bedarfs die Spezialistinnen und Spezialisten der Personalentwicklung informieren und beiziehen. Es sollte also jemand sein, der neben seiner fachlichen Aufgabe im Team auch noch eine Affinität für Lernangebote hat, mit denen das Erreichen der Ziele unterstützt werden kann.

8.5.1.6 Handlungsfeld: Entwicklung des Weiterbildungsangebotes

Die Entwicklung von Weiterbildungsangeboten soll nicht mehr nur ausschließlich in den Händen von Experten und Expertinnen der PE, sondern in enger Zusammenarbeit mit dem Kunden passieren. Dies kann z. B. mit der Methode des Human-Centered-Design-Ansatzes geschehen, indem in regelmäßigen Abständen mit dem Kunden die entwickelten Lösungsvorschläge diskutiert und aufgrund von Feedback optimiert werden. Oder mit einer abgeänderten Form von Sprint Reviews, in denen geplante PE-Maßnahmen vorgestellt und aufgrund der Feedbacks aus dem Team angepasst werden.

8.5.1.7 Handlungsfeld: Wirksamkeit

Bisher ein schwieriges Gebiet für die PE. Die Wirksamkeit von PE-Maßnahmen lässt sich genauso wenig in genauen Zahlen ausdrücken wie die Wirkung einer Marketingmaßnahme. Deshalb steht nicht mehr der Output-Gedanke im Fokus des Interesses, sondern das Outcome, also der Transfererfolg oder die Wirksamkeit einer Weiterbildungsmaßnahme für die Organisation.

Hierfür braucht es in erster Linie die Einsicht der entsprechenden Stakeholder, dass ein Paradigmenwechsel hin zu einer Wirksamkeitsmessung auf Ebene des Outcome notwendig ist. Für diese Art der Wirksamkeitsmessung/Transfererfolges sind die nachfolgenden Bedingungsfelder zu evaluieren und zu optimieren (Kauffeld 2016):

- Weiterbildungsteilnehmende: Einschätzung Selbstwirksamkeit, Ergebnis- und Leistungserwartung,
- Training: siehe oben: ▶ Abschn. 8.4.1 zur Lern- und Lehrpsychologie in diesem Beitrag,
- Arbeitsumgebung: Veränderungsbereitschaft beim Team/Führungskraft, Rückmeldungen zur Arbeitsleistung nach der Weiterbildung.

8.5.1.8 Handlungsfeld: Lernort

Standardisierte Seminare und Weiterbildungen, die im Angebotskatalog der PE gebucht werden können, werden zunehmend an Bedeutung verlieren. Bei der Vermittlung von teamübergreifenden Inhalten wie der Vermittlung der Unternehmensstrategie, einem gemeinsamen Führungsverständnis oder bei der Einführung einer neuen Lernkultur sind fremdgesteuerte Lernformate nach wie vor sinnvoll. Aber wenn Mitarbeitende zunehmend ihr Lernen selbstgesteuert in die Hand nehmen, werden andere Lernorte wie die zeit- und ortsunabhängige eigenständige Recherche im Internet oder informelles Lernen immer wichtiger. Informelles Lernen (siehe ▶ Kap. 3, Der Nutzen von informellen Lernprozessen) passiert z. B. durch die Mitarbeit in Projekten, in Communities of Practise (detailliert beschrieben in von Graf et al. 2019, S. 70) oder in internen als auch externen **Hack Days** wie z. B. am Hack Day der Schweizerischen Radio- und Fernsehgesellschaft (SRG SSR 2019). Der Beitrag, den die Personalentwicklung beim informellen Lernen leisten kann, liegt im Bereitstellen der Möglichkeiten und in der Beratung und Unterstützung beim Auftreten von Schwierigkeiten beispielsweise im sozialen Lernen.

8.6 Veränderte Rollen für eine moderne Personalentwicklung

Nimmt man die beschriebenen Handlungsfelder als Basis für eine moderne Personalentwicklung, so lassen sich daraus 3 große Rollen für eine moderne Personalentwicklung ableiten.

- **Facilitator einer optimalen Lernkultur:**
  Hier ist die Personalentwicklung in die strategischen Ziele der Unternehmung eingebunden, indem sie die Zielerreichung durch eine entsprechend ausgestaltete Lernkultur unterstützt. Dabei arbeitet sie eng mit dem Business zusammen und berät und unterstützt z. B. bei Entscheidungen, in welchen Geschäftsbereichen agile Methoden sinnvoll sind und wo eher nicht, oder wie selbstautonomes oder selbstverantwortliches Lernen im Unternehmen gefördert werden kann.

Eine moderne Personalentwicklung ist Facilitator einer optimalen Lernkultur, Learning Expert und Learning Consultant.

- **Learning Expert**: Die Personalentwicklung ist ein Center of Competence für das Lernen. Ihre Kernkompetenz ist das Wissen, wie Weiterbildungsveranstaltungen geplant, entwickelt oder gestaltet werden müssen, damit Lernen und Lehren wirksam stattfinden kann. Darunter fallen auch Empfehlungen für Insourcing/Outsourcing. Gleichzeitig coacht und begleitet die Personalentwicklung die Linie, damit ein Transfer in die Praxis stattfindet und der Return on Education erhoben werden kann.
- **Learning Consultant:** Hier unterstützt die Personalentwicklung bei individuellen Fragestellungen der Mitarbeitenden. Diese Rolle entspricht am ehesten der traditionellen Rolle der Personalentwicklung, jedoch mit dem Verständnis, dass Mitarbeitende selbstgesteuert lernen und lehren und nicht entwickelt werden müssen. Damit verbunden ist der Aufbau der dazu notwendigen Kompetenzen für die Mitarbeitenden, z. B. im Bereich Selbstmanagement (eigene Ziele setzen, Achtsamkeit für eigene Life Balance), Selbstreflexion und Offenheit für Veränderungen. Und auch die Unterstützung der Führungskräfte findet in dieser Rolle statt; sei es, um das Lernen und Lehren der Mitarbeitenden oder Teams zu erleichtern oder in der Unterstützung bei schwierigen Führungssituationen.

Checkliste

Eine moderne Personalentwicklung zeichnet sich aus durch

- ein Menschenbild, in dem Mitarbeitende ihre Lernbedürfnisse in großen Teilen selbstgesteuert an die Hand nehmen,
- ein Bildungsverständnis, in dem die PE proaktiv für den Aufbau einer Lern- und Lehrkultur verantwortlich ist,
- die Fokussierung auf die Befähigung der Mitarbeitenden, sodass diese die Herausforderungen in ihrem beruflichen Alltag bewältigen können,
- den Einsatz der Instrumente Beratung, Begleitung und Unterstützung,
- eine rollierende Bedarfsplanung nach den Bedürfnissen des Business,
- eine enge Zusammenarbeit bei der Planung und Entwicklung von Weiterbildungsmaßnahmen mit dem Business,
- die Ausrichtung der Weiterbildungsmaßnahmen auf das 70-20-10-Modell,
- die Messung des Outcomes/Nutzens für das Business.

Literatur

Agiles Manifest (2001). https://agilemanifesto.org/iso/de/manifesto.html. Zugegriffen am 30.05.2020

Arnold R, Schön M (2019) Ermöglichungsdidaktik: Ein Lehrbuch. hep, Bern

Bak PM (2019) Modelllernen. In: Bak PM (Hrsg) Lernen, Motivation und Emotion: Allgemeine Psychologie II – das Wichtigste, prägnant und anwendungsorientiert. Springer, Berlin/Heidelberg, S 39–48

Dubs R (1995) Konstruktivismus: Einige Überlegungen aus der Sicht der Unterrichtsgestaltung. Z Pädagogik 41(6):889–903

Duméril JC (2017) Agilität: Die Antwort auf menschliche Bedürfnisse. Blog ZHAW.CH, https://blog.zhaw.ch/iap/2017/09/21/agilitaet-die-antwort-auf-menschliche-beduerfnisse/. Zugegriffen am 15.06.2020

Edelmann W (2012) Lernpsychologie: Mit Online-Materialien, Wittmann S (Hrsg), 7., vollständig überarbeitete Aufl., Online-Ausgabe. Beltz, Weinheim

Franken S (2019) Verhaltensorientierte Führung: Handeln, Lernen und Diversity in Unternehmen, 4., vollständig überarbeitete. Aufl. Springer Gabler, Wiesbaden

Geekbot.com (2019). https://geekbot.com/blog/what-is-a-sprint-retrospective-and-how-to-run-it/. Zugegriffen am 15.06.2020

Götz K, Häfner P (2010) Didaktische Organisation von Lehr- und Lernprozessen. Ziel, Augsburg

Graf N, Gramß D, Edelkraut F (2019) Agiles Lernen – inkl. Augmented-Reality-App: Neue Rollen, Kompetenzen und Methoden im Unternehmenskontext. Haufe Lexware, Freiburg

Hays Recruiting Experts Worldwide. HR-Report (2020) Lebenslanges Lernen https://www.hays.ch/personaldienstleistung-aktuell/studie/hr-report-2020-lebenslanges-lernen. Zugegriffen am 10.06.2020

von Hippel A, Kulmus C, Stimm M (2019) Didaktik der Erwachsenen- und Weiterbildung. Ferdinand Schöningh, Paderborn

Hoffmann J, Engelkamp J (2013) Lern- und Gedächtnispsychologie. Springer, Berlin/Heidelberg

Kauffeld S (2016) Nachhaltige Personalentwicklung und Weiterbildung. Springer, Berlin/Heidelberg

Klauer KJ, Leutner D (2012) Lehren und Lernen. Beltz, Weinheim

Kraft S (2006) Die Lehre lebt. „Lehrforschung" und Fachdidaktiken für die Weiterbildung – Resümee und Forschungsbedarfe. In: Nuissl E (Hrsg) Vom Lernen zum Lehren. DIE spezial, Bielefeld, S 209–216. https://www.die-bonn.de/doks/2006-lehr-lernforschung-01.pdf. Zugegriffen am 15.06.2020

Lehner M (2019) Didaktik. Haupt, Bern

Lombardo M, Eichinger R (1996) The career architect development planner. Lominger, Minneapolis

Ludwig J (2018) Lehr-Lerntheoretische Ansätze in der Erwachsenenbildung. In: Tippelt R, von Hippel A (Hrsg) Handbuch Erwachsenenbildung/Weiterbildung. Springer, Wiesbaden, S 257–274

Mandl H, Kopp B (2006) Lehren in der Weiterbildung aus pädagogisch-psychologischer Sicht. Sechs Leitprinzipien didaktischen Handelns. In: Nuissl E (Hrsg) Vom Lernen zum Lehren. DIE spezial, Bielefeld, S 117–128. Verfügbar unter: https://www.die-bonn.de/doks/2006-lehr-lernforschung-01.pdf

Myers DG (2014) Psychologie, 3., vollständig überarbeitete und erweiterte Aufl., Online-Ausgabe. Springer, München

Negri C (2010) Angewandte Psychologie für die Personalentwicklung. Konzepte und Methoden für Bildungsmanagement, betriebliche Aus- und Weiterbildung. Springer, Heidelberg

Pachner A (2018) Lehren in der Erwachsenen- und Weiterbildung. In: Tippelt R, von Hippel A (Hrsg) Handbuch Erwachsenenbildung/Weiterbildung. Springer, Wiesbaden, S 1439–1456. https://doi.org/10.1007/978-3-531-19979-5

Pfläging N (2016) Personalentwicklung ist Gängelung. managerSeminare, Heft 225, Dezember 2016, S 16–17

Reinmann-Rothmeier G, Mandl H (2001) Unterrichten und Lernumgebungen gestalten. In A. Krapp & B. Weidenmann (Hrsg.), *Pädagogische Psychologie* (S. 601–646), Weinheim: Beltz

Schrader J (2011) Struktur und Wandel der Weiterbildung. Bertelsmann, Bielefeld

Schüssler I (2010) Methoden der Erwachsenenbildung. In T. Fuhr, P. Gonon & C. Hof (Hrsg.), *Erwachsenenbildung - Weiterbildung. Handbuch der Erziehungswissenschaft* (S. 449–461). Stuttgart: utb

Kriegisch A (2020) SCRUM-MASTER.DE agiles Projektmanagement. Zugegriffen am 18.06.2020 unter https://scrummaster.de

Siebert H (2009) *Didaktisches Handeln in der Erwachsenenbildung. Didaktik aus konstruktivistischer Sicht.* Augsburg: Ziel

Siebert H (2010) Methoden für die Bildungsarbeit. Leitfaden für aktivierendes Lehren. Bertelsmann, Bielefeld

Siebert H (2014) Didaktisches Handeln in der Erwachsenenbildung. Didaktik aus konstruktivistischer Sicht. Ziel, Augsburg

Spitzer M (2010) Lernen und Gehirn, Der Weg zu einer neuen Pädagogik, Caspary R (Hrsg). Herder, Freiburg im Breisgau

SRG SSR (2019) Hackdays zum ersten Mal an drei Standorten. https://www.srgssr.ch/de/news-medien/news/hackdays-2019-zum-ersten-mal-an-drei-standorten. Zugegriffen am 01.07.2020

Zimbardo PG (Hrsg) (2016) Psychologie mit E-Learning „MyLab | Psychologie". Pearson Deutschland GmbH, Stuttgart

zukunftsInstitut (2020). https://www.zukunftsinstitut.de/dossier/megatrend-wissenskultur, Zugegriffen am 15.06.2020

Serviceteil

Stichwortverzeichnis – 187

Stichwortverzeichnis

A

agile Lehr-Lern-Formate 35
agiles Lernen 35
agiles Mindset 176
Agilität, agile Methodik 174
Ansätze des Lehrens 168
anthropologische Grundbedürfnisse 22
Appell 123
Arbeitsgedächtnis 9
Arbeitswelt 4.0 59
Augmented Reality 99, 100
Axiome 121

B

baby steps 176
Bandura, Albert 164
Befürchtungen 115
Behaviorismus 162
Beobachtungslernen 164
Beratung
– Beziehung 135
– Experten 135, 149
– Fach 135, 149
– Haltung 144
– Kontinuum 140
– Lernberatung 133
– Lernprozessberatung 133
– lösungsorientiert 135, 142
– Prozess 135, 149
Bestrafung 162
betriebliche Bildung 177
Beziehungsdidaktik 25
Beziehungsebene 123
Bildkarteien 147
bildungspolitische Konzepte 19
Bildungsverständnis 179
Blended Learning 85
Bologna-Prozess 30

C

Center of Competence 182
Coaching 140, 164
– Kurzzeit 147
curriculumstheoretischer Ansatz 169

D

Datenanalyse 103
Deep Learning 98
Delegation 142
Denkprozesse 9
DevOps 175
Dialog 23
Dialogkultur 24
Didaktik 102, 132, 167
didaktische Entscheidungen 174
didaktische Handlungsebene 168
didaktische Modelle 168
didaktische Reduktion 70, 71, 76
digitale Medien 85
digitales Lernen 85, 103
Digitalisierung 61, 93
Digitalität 37
disruptive Veränderungen 37
Dualismus 3

E

Educational Data Mining 102
Erkenntnisse 174
Ermöglichungsdidaktik 27, 125, 167
ermutigen 146
Erwachsenenbildung, Systeme 21
Erwartungshaltung 139
Erzeugungsdidaktik 27
Expertenmodell 149
explizites Lernen 11
exploratives Lernen 36

F

Feedback 173
Fehler 173
Flipped Classroom 85, 86
formales Lernen 20, 48, 94
– Nachteile 54
– Vorteile 52
fragen 144
Führungspersonen 92

G

Game-based Learning 87
Gamification 88

Gedächtnis 2
Gefühle 173
Gehirn
– Anatomie 5
– Formbarkeit 11
– Funktionen" 7
– Gehirnzellen 5
– Physiologie 5
Grenzen 151
GRETA-Kompetenzmodell 133
Gründlichkeit 80
Gruppendynamik 117
Gruppengefühl 119
Gruppenorientierung 119
Gruppenrolle 118

H

Handlungsfelder 177
Handlungskompetenzen 2
Handlungspläne 7
Herausforderungen 175
Hochschule 30
Human Centered Design 175

I

ICAP-Modell 89
implizites Lernen 10
Individualität 119
informelles Lernen 20, 21, 49, 50, 60, 94, 164
– double loop learning 52
– Nachteile 54
– single loop learning 52
– Vorteile 54
inhaltliche Gliederung 78
Inhaltsstrukturierung 94
Instruktion 141
Intervision 77, 141
inverted Classroom 85

K

Kanban 175
Kernbotschaften 73, 75, 76
kognitive Neurowissenschaften 3
Kompetenzen 61, 73, 135
Kompetenzentwicklung 60, 93
– Stufen 33
Komplexitätsreduktion 70, 73
Konditionierungslernen 162
Konflikt 112
– Definition 114
Konstruktivismus 125, 165
konstruktivistische Gestaltungsprinzipien 172
konstruktivistischer Ansatz 169

konstruktiv-kritisches Feedback 164
Kontinuum-Modell 54
Kümmerer-Lernkultur 181
künstliche Intelligenz 98
Kuratierung 95

L

Langzeitgedächtnis 9, 12
Learning Analytics 103
Learning by Doing 92
Learning Consultant 182
Learning Expert 182
lebenslanges Lernen 20, 176
– Dimensionen 19
– internationales Begriffsverständnis 20
– Ziele 19
Lehren 27
– Rolle der Lehrenden 28
Lehr- und Lernprozesse 167
Lernaktivitäten 89, 91
Lernangebote 59, 60, 67
– Formalität 55, 57
– Informalität 55, 57
Lernarten 33
Lernen 2
– Definition 161
– double loop 138
– single loop 138
Lernen am Modell 164
lernende Organisation 39
Lernen durch Einsicht 164
Lernerfahrungen 116
Lernformate 67
Lernformen 116, 126
Lernfortschritte 90
Lernkultur 27, 28
Lernmanagementsysteme 37
Lernmethoden 85
Lernorte 31, 181
Lernplattformen 96, 97
Lernprozess 8
lerntheoretischer Ansatz 169
Lernumgebungen 27, 167, 174
Lernvoraussetzungen 68
life-deep 19
life-long 19
life-wide 19
Lob 174

M

Makroebene 168
Materialismus 3
Megatrends 176
Menschenbild 179

Mentoring 164
Mesoebene 168
Mikroebene 168
Mixed Reality 101
70:20:10-Modell 33
Monismus 3

N

Natural Language Processing 98
Natural Language Understanding 99
negative Verstärkung 162
neues Lernen 33, 37
Neurobiologie 26
neurobiologische Befunde 4
Neurowissenschaften 3
Nürnberger Trichter 161

O

Öffnung der Hochschulen 31
operantes Konditionieren 163
operatives Lernen 36
Organisationsentwicklung 38
Orientierungsphase 117

P

Partizipation 175
Pawlow, Iwan Petrowitsch 162
Peer-Feedback 96
Performanz 69
Personalentwicklung 35, 59, 176
Plastizität 11
positive Verstärkung 162
Postulate 122
Prinzipien des Lehrens 170
problemorientierter Ansatz 170
Projektmitarbeit 164
Prozessmodell 149
psychosoziale Vorstruktur 115

Q

Qualifikationen 61

R

Reduktionstechniken 74
Reflexion 164
Reflexionsprozess 38
Ressourcenaktivierung 138, 142, 146
Retros 176
Return of Education 173

Rivalitäten 118
Rolle der Lehrenden 28

S

Sachebene 123
Schlaf 13
Scrum 175
Seitengespräche 122
Selbstbestimmungstheorie 22
selbstgesteuertes Lernen 48, 91
Selbstmanagement 176, 177
Selbstoffenbarung 123
selbstorganisiertes Lernen 33
Selbstreflexion 164
Signalverarbeitung 7
Simplifizierung 73
Skinner, Burrhus Frederic 162
Solution Walk 147
soziale Beziehungen 24
soziale Nachhaltigkeit von Bildung 24
Spiegelneuronen 26
Spieldesign 88
Sprachverarbeitung 98
Stuhlwechselmethode 147
subjektive Deutung 143
Supervision 140
Systeme der Erwachsenenbildung 21
Systemstrukturen 5

T

technologischer Wandel 48
themenzentrierte Interaktion 120
Third Mission 32
Thorndike, Edward Lee 162
Training 141
Transflexing 39
Transformation 36
Transformationsprozess 22
Tutoring 88

U

Unfreiwilligkeit 116, 123
user generated content 96

V

Vermittlungsdidaktik 125
Verstärkung, positive/negative 162
Virtual Reality 101
Visualisierungen 87
Vollständigkeit 72, 80
VUKA 32, 36

W

Weiterbildungsmanagement 28, 40
Weiterbildungsverständnis 167
wertschätzen 145
Widerstand 112, 126
– Definition 112
– Entstehung 114, 115
– Lösung 114
Wirksamkeit 180
Wirksamkeitsmessung 180
wissenschaftliche Weiterbildung 29

Wissenschaftskommunikation 32
Wissensproduktion 173
Workplace Learning 33

Z

zentrale Exekutive 9
3-Z-Formel 71
Zielsetzung 176
zuhören 144
zukünftige Herausforderungen 61

Printed by Printforce, the Netherlands